消防监督与自主管理
实用手册

应志刚　钱美君　主　编
韦　泉　万　竞　邢鲁宁　副主编

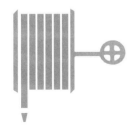

浙江工商大学 出版社｜杭州
ZHEJIANG GONGSHANG UNIVERSITY PRESS

图书在版编目(CIP)数据

消防监督与自主管理实用手册 / 应志刚，钱美君主编. —杭州：浙江工商大学出版社，2024.1

ISBN 978-7-5178-5749-5

Ⅰ. ①消… Ⅱ. ①应… ②钱… Ⅲ. ①消防－监督管理－中国－手册 Ⅳ. ①D631.6－62

中国国家版本馆 CIP 数据核字(2023)第 186256 号

消防监督与自主管理实用手册

XIAOFANG JIANDU YU ZIZHU GUANLI SHIYONG SHOUCE

应志刚　钱美君 主编

韦　泉　万　竞　邢鲁宁 副主编

责任编辑	张婷婷
责任校对	都青青
封面设计	望宸文化
责任印制	包建辉
出版发行	浙江工商大学出版社
	(杭州市教工路 198 号　邮政编码 310012)
	(E-mail:zjgsupress@163.com)
	(网址:http://www.zjgsupress.com)
	电话:0571-88904980,88831806(传真)
排　　版	杭州朝曦图文设计有限公司
印　　刷	杭州高腾印务有限公司
开　　本	710mm×1000mm　1/16
印　　张	16
字　　数	237 千
版 印 次	2024 年 1 月第 1 版　2024 年 1 月第 1 次印刷
书　　号	ISBN 978-7-5178-5749-5
定　　价	56.00 元

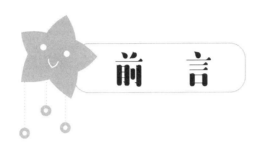

前　言

　　本书是在党的二十大报告提出"提高公共安全治理水平"的正确指引下，以坚持安全第一、预防为主，建立大安全大应急框架，完善公共安全体系，推动公共安全治理模式向事前预防转型为主题，根据《中华人民共和国消防法》《中华人民共和国安全生产法》等法律法规编写的。

　　本书力求服务社会单位消防安全自主管理，从消防专业的角度，讲解火灾基础知识、社会单位自主管理、消防监督管理、建筑消防设施等基础知识，分类别讲解公众聚集场所、大型商业综合体等重点场所的消防安全管理，语言精练、概念清晰、重点突出，为了便于读者理解，编制重点场所典型火灾案例评析，整理消防主要相关法律法规，为广大社会单位消防工作者提供实用性参考。

　　本书共计 11 章，由应志刚、钱美君任主编，韦泉、万竞、邢鲁宁任副主编；由应志刚编写第 7 章和第 10 章部分共计 2.6 万余字；由钱美君编写第 4 章和第 10 章部分共计 3.9 万余字；由卢君编写第 1 章和第 10 章部分共计 1.6 万余字；由韦泉、万竞、邢鲁宁、华璐编写第 2 章、第 3 章和第 10 章部分共计 7.4 万余字；由钱芳编写第 5 章和第 10 章部分共计 1.6 万余字；由孙涵艳编写第 6 章共计 1.6 万余字；由傅亮亮编写第 8 章和第 10 章部分共计

1.6 万余字;由万春伟编写第 9 章和第 10 章部分共计 1.6 万余字;由陈琪编写第 11 章和第 10 章部分共计 1.6 万余字。

　　限于编者的理论水平和实践经验,书中不足之处在所难免。欢迎广大社会单位消防工作者和其他读者批评指正。

目 录

第一章 火灾基础知识

第一节 燃烧

燃烧是指可燃物与氧化剂作用发生的放热化学反应。燃烧反应过程极其复杂,能够引起燃烧的因素很多。燃烧时通常会看到火焰、发光和发烟等现象,三种现象并不一定同时存在。

一、燃烧的分类

按照燃烧时火焰的情况,燃烧可以分为有焰燃烧和无焰燃烧。有焰燃烧时,通常能看到明火。无焰燃烧时,主要是有些固体发生表面燃烧,有发光发热的现象,但是没有火焰产生。如纸张、锯末、胶乳橡胶等堆积的时候,就有可能发生燃烧。

二、燃烧的条件

从实际过程看,燃烧发生必须具备三个必要条件,分别是可燃物质、助燃物质和着火源。可燃物质是指能够与空气中的氧或其他氧化剂起剧烈化学反应的物质。固体、液体、气体都可以是可燃物质,如木材、纸张、汽油、酒精等。助燃物质是指能帮助和支持燃烧的物质,如空气、氧、氯等。空气中含有大约21%的氧,可燃物在空气中的燃烧以游离的氧作为氧化剂,这种燃烧是最普遍的。着火源是指能够引起可燃物和助燃物发生燃烧反应的热能源,如明火、电火花、电能等。

通常情况下,即使具备了燃烧的三个必要条件,燃烧也不一定能持续发生。如果可燃物质浓度不够,氧气不足或者着火源的热量不大,温度不够,都会使燃烧停止。所以,燃烧还需要三个充分条件,分别是一定的可燃浓度、一定的氧气含量或氧化剂、一定的着火能量。

三、燃烧的本质

从本质上看,燃烧是一种自由基的链式反应。链式反应一般经历链引发、链传递、链终止三个过程。链引发过程就是引起燃烧,产生自由基的过程。热离解、光照法、加入引发剂、氧化还原反应、催化法、放射线照射等都是引发的常见方式。链传递过程是持续燃烧,自由基作用于参加反应的分子,在反应中产生新的自由基,使链反应自发地一个传一个不断进行下去的过程。链终止是燃烧结束的过程,主要是自由基与器壁碰撞成为稳定的分子,或者两个自由基与第三个惰性分子相撞后失去能量而成为稳定的分子,或反应物全部反应完,自由基消失,链反应终止。

四、燃烧的产物

物质燃烧时生成的气体、固体等物质均为燃烧产物,比如灰烬、炭粒(烟)等。燃烧产生的物质中,烟实质上是碳颗粒,人们可以通过烟的颜色等情况来判断火灾情况,而烟也是造成人员伤亡的最主要因素。以二氧化碳为例,它本身虽然无毒,但在有些火场中浓度可达15%,会刺激人的呼吸中枢,导致呼吸急促、烟气吸入量增加。火灾产生的烟气中含有大量的有毒成分,如一氧化碳、二氧化硫、二氧化氮等。这些气体均对人体有不同程度的危害。以一氧化碳为例,它是火灾中致死的主要燃烧产物之一,能够阻碍人体血液中氧气的输送,造成窒息危及生命。

根据燃烧过程中生成的物质是否能继续燃烧,燃烧产物可分为完全燃烧产物和不完全燃烧产物。通常来说,燃烧产物都不是单一的。完全燃烧产物是指在燃烧时生成不能再燃烧的物质。完全燃烧产物主要有二氧化碳、二硫化碳、水等,由于这些物质都不能再继续燃烧,这些产物在反应中具有冲淡氧含量抑制燃烧的作用。不完全燃烧产物是指燃烧时生成的还可以继续燃烧的物质。通常,可燃物质在不充足的空气(或氧化剂)或低温下进行的燃烧所形成的是不完全燃烧产物。如木材在空气不足时燃烧,除生成二氧化碳、水和灰分外,还生成一氧化碳、甲醇、丙酮、乙醛、醋酸等,这些产物都能继续燃烧,与空气混合后再遇着火源时,有发生爆炸的危险。

第二节　火灾

火灾是在时间或空间上失去控制的燃烧所造成的灾害。人类能够对火进行利用和控制,是文明进步的一个重要标志。火善用之则为福,不善用之则为祸。人类在利用火进行生产生活的同时,也一直在尽可能地减少火灾。随着社会的不断发展和社会财富的日益增多,火灾发生的因素也在不断增多,火灾的危害越来越大,已成为威胁公众安全和社会发展的主要灾害之一。

一、火灾的分类与扑救原则

根据《火灾分类》(GB/T 4968—2008),火灾根据可燃物的类型和燃烧特性,分为 A、B、C、D、E、F 六大类。

A 类火灾:指固体物质火灾。这种物质通常具有有机物性质,一般在燃烧时能产生灼热的余烬。如木材、干草、煤炭、棉、毛、麻、纸张、塑料(燃烧后有灰烬)等火灾。扑救 A 类火灾可选择水型灭火器、泡沫灭火器、磷酸铵盐干粉灭火器。

B 类火灾:指液体或可熔化的固体物质火灾。如煤油、柴油、原油、甲醇、乙醇、沥青、石蜡等火灾。扑救 B 类火灾可选择泡沫灭火器(化学泡沫灭火器只限于扑灭非极性溶剂)、干粉灭火器、二氧化碳灭火器。

C 类火灾:指气体火灾。如煤气、天然气、甲烷、乙烷、丙烷、氢气等火灾。

扑救 C 类火灾可选用干粉灭火器、水型灭火器、七氟丙烷灭火器。

D 类火灾:指金属火灾。如钾、钠、镁、钛、锆、锂、铝镁合金等火灾。扑救 D 类火灾可选择粉状石墨灭火器、专用干粉灭火器,也可用干砂或铸铁屑末代替。近年来,锂电池行业发展迅速,锂电池的火灾事故呈现明显上升趋势。从目前看,还没有针对性强、特别有效的灭火剂。对于少量锂电池火灾,很多灭火剂都行之有效。对于大量锂电池火灾,最经济、实用性最强的灭火剂是水。

E 类火灾:指带电火灾。包括家用电器、电子元件、电气设备(计算机、复印机、打印机、传真机、发电机、电动机、变压器等)及电线电缆等燃烧时仍带电的火灾。扑救 E 类火灾可选择干粉灭火器、二氧化碳灭火器等。扑救初起的带电设备线路火灾时,一般都应采取断电灭火的方法,然后进行扑救。在不能确定电源是否被切断的情况下,可用干粉、二氧化碳等灭火剂进行扑救。最新研究中,全氟己酮灭火剂能有效阻隔电流传导,达到阻止火势蔓延的效果。

F 类火灾:指烹饪器具内的烹饪物(如动植物油脂)火灾。扑救 F 类火灾可选择便携式食用油专用灭火器或者厨房设备灭火装置系统。有研究表明,扑救家庭厨房 F 类火灾时,灭火效能最优的是泡沫灭火器,其次是干粉灭火器,然后是二氧化碳灭火器,最后是灭火毯。

二、火灾损失程度分类

根据《生产安全事故报告和调查处理条例》,按照火灾的损失程度可以将火灾事故分为特别重大火灾、重大火灾、较大火灾和一般火灾四个等级。

特别重大火灾指造成 30 人以上死亡,或者 100 人以上重伤,或者 1 亿元以上直接财产损失的火灾。重大火灾指造成 10 人以上 30 人以下死亡,或者 50 人以上 100 人以下重伤,或者 5000 万元以上 1 亿元以下直接财产损失的火灾。较大火灾指造成 3 人以上 10 人以下死亡,或者 10 人以上 50 人以下重伤,或者 1000 万元以上 5000 万元以下直接财产损失的火灾。一般火灾指造成 3 人以下死亡,或者 10 人以下重伤,或者 1000 万元以下直接财产损失的火灾。(注:"以上"包括本数,"以下"不包括本数。)

三、火灾的发展过程

火灾的发展经历五个阶段，即初起阶段、发展阶段、猛烈阶段、下降阶段和熄灭阶段。

在火灾初起阶段，物质在起火后的十几分钟里，燃烧面积不大，烟气流动速度较缓慢，火焰辐射出的能量还不多，周围物品和结构开始受热，温度上升不快，但呈上升趋势。根据燃烧物质的不同，初起阶段的持续时间不同。电动自行车的锂电池、泡沫彩钢板引发的火灾初起阶段持续时间极短，给灭火救援带来巨大困难。在这一阶段，需要火灾发生点周边人员第一时间报警并采取措施进行灭火。

在火灾发展阶段，随着燃烧的进行，燃烧强度增大，烟气不断增多，在烟气流和火焰热辐射共同作用下，可以使周围可燃物受热并开始分解，气体对流加强，燃烧面积增大，燃烧速度加快。在这一阶段需要一定的灭火力量才能有效扑灭火灾。

在火灾猛烈阶段，随着燃烧的发展，燃烧面积扩大，大量的热释放出来，温度急剧上升，可以使周围可燃物几乎全部卷入燃烧，火势达到猛烈程度。这个阶段的燃烧强度最大，热辐射最强，温度和烟气对流达到最大限度，大火突破建筑物外壳并向周围扩大蔓延。在这一阶段，各种因素叠加，新的情况会不断影响火势。

在火灾下降阶段和熄灭阶段，随着可燃物燃烧完和火灾灭火措施作用的发挥，火势得到控制，逐渐减弱直到熄灭。

综观火势发展的过程，初起阶段是控制和消灭火灾的关键时间，所以要千方百计抓住这个有利时机，扑灭火灾，抢救人员。如果错过这一阶段，火灾扑救就需要动用更多的人力和物力，付出很大的代价，造成更为严重的损失。

四、灭火的基本原理

灭火从本质上来说就是破坏燃烧条件，使燃烧反应终止。因此，灭火的基本原理可以归纳为冷却、窒息、隔离和化学抑制四种类型。

由于燃烧是指物质在火焰或热的作用下达到了本身的着火温度,因此,对一般可燃物火灾,将可燃物冷却到该物质的燃点或闪点以下,燃烧反应就会中止。水的灭火机理主要就是利用冷却作用灭火。

由于燃烧必须在可燃物的最低氧气浓度以上进行,否则燃烧不能持续进行,因此,通过降低燃烧物周围的氧气浓度也可以起到灭火的作用。通常使用的二氧化碳、氮气、水蒸气等的灭火机理就是利用窒息作用灭火。

由于将可燃物与引火源或氧气隔离开来,燃烧反应就会自动中止,因此,关闭相关阀门、在火灾现场设置防火堤,可以切断流向着火区的可燃气体和液体的通道;打开相关阀门,可以使已经发生燃烧的容器中的液体可燃物通过管道导至安全区域,这些都是利用隔离灭火的措施。

由于燃烧是自由基的链式反应在起作用,因此,可以使用灭火剂,使灭火剂与链式反应的中间体自由基反应,中断燃烧的链式反应,燃烧也就不能再进行了。常用的干粉灭火剂、卤代烷灭火剂的主要灭火机理就是利用化学抑制作用灭火。

第三节　建筑火灾

随着社会经济和城市的发展,建筑的高度、体量、功能都不断增加,在城市,高层建筑鳞次栉比,新材料、新技术、新结构的建筑不断增多,火灾荷载增多,在给火灾防范带来挑战的同时也对火灾扑救提出了更高的要求。因此,我们必须了解建筑火灾发展和蔓延特点,掌握建筑火灾扑救的程序要求。

一、建筑火灾蔓延的机理

火灾的发生和发展本质上是一个能量传播的过程。在火灾中,热量传递主要有热传导、热对流和热辐射三种方式。在建筑火灾中,热量的传播与建筑类型、建筑材料、可燃物情况、周边建筑情况都有关系。

热传导是热量通过直接接触的物体,从温度较高部位传递到温度较低部位的过程。不同物质导热性不同,影响热传导的主要因素是:温差、导热系数,以及导热物体的厚度和截面积。导热系数愈大,导热物体厚度愈小,传导的热量愈多。

热对流是热量通过流动介质,由空间的一处传播到另一处的现象。根据流动介质的不同,分为气体对流和液体对流。室内发生火灾时,被加热的空气和燃烧产物首先向上扩散,当遇到楼板、顶棚阻挡后,便向四周平行移动,碰到障碍便转折回来,聚集于建筑空间的上部。热对流是热传播的重要方式,是影响初起火灾发展的最主要因素。发生火灾时,建筑通风孔洞面积愈大,所处位置愈高,热对流速度愈快。

热辐射是以电磁波形式传递热量的现象。在物质燃烧过程中产生的热,主要是火焰通过辐射向外传播热能。热辐射是造成建筑室内火灾及建筑之间火灾蔓延的重要原因。这也是建筑火灾防范中必须设置防火间距的主要原因。当火灾处于猛烈阶段时,热辐射成为热传播的主要形式。

二、建筑火灾蔓延的途径

发生火灾时,烟气流动会造成火灾蔓延,烟气流动的方向通常是建筑内部火灾蔓延的一个主要方向。在建筑物之间和建筑物内部的火灾蔓延途径主要有:通过建筑物的外窗、洞口蔓延;通过突出于建筑物防火结构的可燃构件蔓延;通过建筑物内的门窗洞口,各种管道沟和管道井、开口部位蔓延;通过未做防火分隔的大空间结构及未封闭的楼梯间蔓延;通过各种穿越隔墙或防火墙的金属构件和金属管道蔓延;通过未做防火处理的通风、空调管道蔓延。在建筑火灾蔓延时,主要考虑火风压和烟囱效应。

在起火房间,烟气的流动主要有烟气羽流、顶棚射流和烟气层沉降。明火出现后可燃物迅速燃烧,火源上方会生成烟气,这些烟气流动完全由浮力效应控制。烟气上升,遇到房间顶棚后,会沿着顶棚水平运动,形成一个较薄的顶棚射流层。随着燃烧不断进行,烟气不断向上补充,烟气层厚度不断增加,上部烟气的温度逐渐升高,浓度逐渐增大。如果建筑内可燃物充足,烟气不能充分地从上部排出,烟气层会一直下降,直到浸没火源。

在起火房间内,由于温度上升,室内气体膨胀,会对楼板和四壁形成压力,这就是火风压。当火风压大于门窗等处进风口的压力时,大量烟火将通过外墙窗口蔓延。当火风压小于等于门窗等处进风口的压力时,烟火会从内部蔓延,进入楼梯间、电梯井、管道井等处。

在走廊,烟气在上层流动,空气在下层流动,如果没有外部气流干扰,这一室内烟气空气的流动状态能保持40—50米。烟气层的厚度一般在一定的范围内能维持不变,从着火房间的烟气出口算起,通常可达20—30米。走廊中的烟气还要向楼梯间、电梯间、竖井、通风管道等部位扩散,并迅速向上层流动。室内外温度差引起空气密度差,密度差会引起浮力驱动空气流动。如果室内温度高于室外温度,则室内空气向上流动,建筑越高,流动越强,形成一座高耸的烟囱。这就是烟囱效应。烟囱效应会给火灾发展带来极大不利因素,因此在建筑设计和日常管理中都要加以防范。

三、轰燃和回燃

建筑火灾发生到一定程度,满足一定条件时,会发生轰燃,这是在火灾救援中必须引起高度重视的。轰燃是火灾由局部燃烧向所有可燃物表面燃烧的突然转变的过程,通常只有几秒钟或几分钟,虽然是一个短暂的过程,却是建筑火灾发展的重要转折点。影响轰燃的因素主要包括室内可燃物的数量、房间的大小、房间开口情况、室内装修情况、燃烧特性等。初起火灾扑救就是要将火灾控制在轰燃之前。通过实践总结来看,轰燃前可能有以下现象:屋顶的热烟气层开始出现火焰,热烟气层突然下降,温度突然上升,在室内顶棚及门窗顶部出现的热烟气中出现了形状类似手指头的滚动火焰。

回燃是在火灾救援中必须引起高度重视的另一个现象。当建筑火灾发生到一定阶段,在室内通风不良、燃烧处于缺氧状态时,如果突然将门窗打开,新鲜空气进入,室内会发生爆炸或快速燃烧的情况,这就是回燃。回燃主要取决于室内可燃物的情况、火灾荷载、通风情况、当时的燃烧情况等。回燃发生前也会有一些特殊现象,需要引起高度重视,如有烟气被倒吸入室内,门窗及把手温度高,门窗及把手上有油状沉积物,室内热烟气出现蓝色火焰,现场有呼啸声等。

了解轰燃、回燃现象,可以有效指导火灾现场的灭火救援行动,确保救援人员生命安全。

第四节　爆炸与易燃易爆危险品

爆炸是物质由一种状态迅速地转变为另一种状态,并在瞬间以机械功的形式释放出巨大能量,或是气体在瞬间发生剧烈膨胀的现象。爆炸时通常会发生放热,会有巨大声响和发光等现象。在日常生产生活中,除了危化品企业的生产活动外,一般我们遇到的爆炸与瓶装液化气、管道燃气、存储部分危化品的实验室、医疗机构等有关。近年来,已发生了多起沿街商铺管道燃气爆炸事故,给人民群众生命财产安全带来影响,社会影响力也很大。

一、爆炸的本质

爆炸最重要的一个特征就是爆炸点周围发生剧烈的压力突跃变化。发生爆炸时,会有高压气体生成或释放。爆炸必须具备两个基本要素,一是爆炸介质,二是引爆能源,两者缺一不可。引起爆炸的直接原因有物料原因、作业行为原因、生产设备原因、生产工艺原因。常见引发爆炸的引火源有撞击、摩擦等机械火源,高温热表面、日光照射并聚焦等热火源,电火花、静电火花、雷电等电火源,明火、化学反应热、发热自燃等化学火源。

二、爆炸的分类

按爆炸产生的原因和性质不同,通常可以分为物理爆炸、化学爆炸和核爆炸。物理爆炸主要是指物质因状态变化导致压力发生突变。物理爆炸时虽然物质自身没有发生燃烧反应,但爆炸产生的冲击力有可能造成火灾。如蒸汽锅炉会因为水的快速汽化,导致容器压力急剧上升,发生爆炸。化学爆炸主要是指物质急剧氧化或分解的反应,导致温度、压力的急剧上升。化学爆炸时,物质的化学成分发生改变,爆炸时通常会产生大量热能和气体压力,这种爆炸能直接导致火灾发生。如各种炸药、可燃气体、可燃粉尘的爆炸。核爆炸不常见,主要是指原子核裂变或聚变反应释放出了核能。

三、爆炸极限

可燃气体、蒸气或粉尘与空气混合后,遇到火会发生爆炸,能够发生爆炸时该物质的最高或最低浓度,就是物质的爆炸极限。最高浓度可以称为爆炸上限,最低浓度可以称为爆炸下限,两者之间的范围就是爆炸范围。

不同物质由于自身性质不同,爆炸极限不同。同一物质在不同外界条件下,爆炸极限也会不同。主要影响因素有火源能量、初始压力、初始温度和惰性气体情况等。

一般来说,爆炸范围越大、爆炸下限越低,越容易发生爆炸,火灾爆炸危险性越大。爆炸极限是判断场所火灾危险性的依据之一,对于不同火灾危险性场所,其建筑的耐火等级、防火间距、消防设施配备等都会有不同要求。为确保安全,在生产、存储、运输、使用过程中,必须根据物质的爆炸极限和危险性,采取不同的防火防爆措施。

四、易燃易爆危险品

化学危险物品是指具有爆炸、易燃、毒害、腐蚀、放射性等危险性质,在运输、装卸、生产、使用、储存、保管过程中,在一定条件下能引起燃烧、爆炸,导致人身伤亡和财产损失等事故的化学物品。按照国家标准《危险货物分类和品名编号》(GB 6944—2012)和《危险货物品名表》(GB 12268—2012),主要分为爆炸品、易燃气体、易燃液体、易燃固体、易于自燃的物质、遇水放出易燃气体的物质、氧化性物质和有机过氧化物。

爆炸品指在受热、撞击等外界作用下,能发生剧烈的化学反应,瞬间产生大量的气体和热量,使周围压力急骤上升,发生爆炸,对周围环境造成破坏的物品。有的爆炸品虽然没有整体爆炸危险,但具有燃烧、抛射及较小爆炸的危险,或仅产生热、光、声响或烟雾等一种或几种作用。

易燃气体物质指易燃的气体、混合气体,如甲烷、氢气。能与空气形成爆炸性混合物的爆炸危险物质分为三类:Ⅰ类是矿井甲烷;Ⅱ类是爆炸性气体、蒸气或薄雾;Ⅲ类是爆炸性粉尘、纤维。

易燃液体物质指易燃的液体、液体混合物或含有固体物质的液体,但不包括由于其危险特性而被列入其他类别的液体。如汽油、松节油、香蕉水等。

易燃固体指燃点低,对热、撞击、摩擦敏感,易被外部火源点燃,燃烧迅速,并可能散发出有毒烟雾或有毒气体的固体,但不包括已列入爆炸品的物质。如红磷、硫黄、镁粉。

自燃物品指自燃点低,在空气中易于发生氧化反应,放出热量,而自行燃烧的物品。如白磷。

遇湿易燃物品指遇水或受潮时,发生剧烈化学反应,放出大量的易燃气体和热量的物品。有些不需明火,即能燃烧或爆炸。如钾、钠、铯、锂、碳化钙、磷化镁、磷化钙、硅化镁。

氧化剂指处于高氧化态,具有强氧化性,易分解并放出氧和热量的物质。包括含有过氧基的有机物,其本身不一定可燃,但能导致可燃物的燃烧,与松软的粉末状可燃物能组成爆炸性混合物,对热、震动或摩擦较敏感。如氯酸钾、高锰酸钾、高氯酸、过硫酸钠。

有机过氧化物指分子组成中含有过氧基的有机物,其本身易燃易爆,极易分解,对热、震动或摩擦极为敏感。如过氧乙醚。

第二章　社会单位自主管理基本要求

　　单位是社会的基本单元,也是社会消防管理的基本单元,是消防安全管理的核心主体。单位的消防安全管理情况,反映了一个社会的公共消防安全管理水平。单位的消防自主管理能力已经成为影响一个地区消防安全状况的重要因素问题,只有每个社会单位落实主体责任,落实各项消防安全要求,强化自主管理,提升管理水平,才能从根本上保障社会安全。

第一节　消防安全责任制

　　《中华人民共和国消防法》明确消防工作"单位全面负责"的原则,社会单位消防安全管理必须坚持安全自查、隐患自除、责任自负。机关、团体、企业、事业等单位是消防安全的责任主体,法定代表人、主要负责人或实际控制人是本单位、本场所消防安全责任人,对本单位、本场所消防安全全面负责。

一、消防安全的责任主体

　　机关、团体、企业、事业等单位是消防安全的责任主体,一般单位、消防安全重点单位、火灾高危单位应根据消防法律法规要求,履行相应的消防工作职责,落实逐级消防安全责任制和岗位消防安全责任制,明确逐级和岗位消防安全职责,确定各级、各岗位消防安全责任人,推动落实各项消防安全管理措施,确保自身消防安全。

二、消防安全责任人

单位、场所的法定代表人、主要负责人、实际控制人对消防工作全面负责，不仅是对本单位、本场所的责任，也是对社会应负的责任。单位、场所可以安排副职分管消防工作，但不能因此减轻或免除法定代表人、主要负责人、实际控制人对单位消防工作所负的责任。对不履行或不按规定履行消防安全职责的法定代表人、主要负责人、实际控制人，依法追究责任。法定代表人、主要负责人、实际控制人应统一领导、统筹协调，对单位消防安全负全面责任，应将消防工作纳入工作决策，保障消防安全工作与生产、科研、经营、管理等工作同步进行、同步发展。

三、消防安全管理人

消防安全管理人是具体组织和实施单位消防安全管理工作的人员，对单位消防安全责任人负责，一般应取得相应的消防职业资格或具备一定的消防安全职业素养。对于未确定消防安全管理人的一般单位，消防安全管理工作由消防安全责任人负责组织实施。

四、消防安全责任书

各单位应分级、分岗位层层签订消防安全责任书，落实消防安全责任。责任书中应包括：各级各部门消防安全管理制度；各部门确定的专兼职消防工作人员及各岗位消防工作责任人要定期参加单位和有关部门举办的消防培训；单位因施工动用明火须事先征得单位安全部门同意，落实防范措施后才能动火；单位的生产、经营物品、可燃品、易燃品和危险品，须指定专人负责保管；定期检查各类电器的运行情况，定期开展电气消防安全检测，及时发现消除电气火灾隐患；部门负责人须严格落实消防安全责任制，做到全程监督，对发现的不安全因素，做到"谁主管、谁负责；谁在岗，谁负责"，对违反安全操作规定的员工给予必要的经济处罚和行政处罚。

五、考核制度

各单位应由消防安全责任人牵头,相关部门负责人及消防安全管理人组成检查考核机构,建立并完善消防工作检查考核奖惩机制,定期组织开展检查,每年实施考核,将各岗位消防工作落实情况与单位其他考评奖惩挂钩。对在消防工作中成绩突出的部门(班组)和个人,单位应当给予表彰奖励。对未依法履行消防安全职责或者违反单位消防安全制度的行为,应当对责任人给予处分或者其他处理,确保消防安全各项规章制度有效落实。

第二节　消防安全职责

消防安全工作人人有责。社会单位应当建立纵向到底、横向到边的全员消防安全责任制,明确单位各部门负责人是本部门的消防安全责任人,各岗位工作人员对其所在岗位的消防安全负责,确保消防工作人人有责,各负其责。人员调整、岗位变动时,要及时做出修改,明确相关人员和事项。本节主要提供单位内部涉及的各主要岗位人员的消防安全职责。这些职责需要单位在消防安全工作制度制定、操作规程明确等方面加以具体细化和落实。

一、消防安全责任人职责

单位(场所)的法定代表人、主要负责人、实际控制人是单位(场所)的消防安全责任人,对本单位(场所)消防工作全面负责。

消防安全责任人应主动贯彻执行消防法律、法规,保障场所消防安全符合规定,按照规定办理相关审批手续,确保单位(场所)具备合法条件,属于公众聚集场所的,在投入使用、营业前应向场所所在地的县级以上地方人民政府消防救援机构申请消防安全检查,未经消防安全检查或者经检查不符合消防安全要求的,不得投入使用、营业;要清楚掌握本单位消防安全状况;要逐级确定消防安全责任,确定本单位消防安全工作组织架构;批准实施消防安全管理制度和操作规程;要将消防工作与本单位的发展计划、重点项目、重要活动统筹安排,批准并督促实施单位年度消防工作计划;要强化资金支持,确保单位防火巡查和检查,消防设施器材改造、检测、维护和保养,火灾隐患排查和整改,专职消防队、微型消防站、志愿消防队建设等消防安全工作所需资金;要按规定建立单位专职消防队、微型消防站或志愿消防队,并配备相应的消防器材装备,确保其日常运行;要组织召开工作会议,研究部署消防安全工作;要组织防火检查,督促整改火灾隐患,及时处理涉及消防安全的重大问题;要结合本单位的实际情况组织制订灭火和应急疏散预案并实施演练;要制定单位消防工作检查考核、工作奖惩机制并落实。

二、消防安全管理人职责

消防安全管理人是具体组织和实施单位消防安全管理工作的人员,对单位消防安全责任人负责。各单位可以根据实际来确定消防安全管理人是专职还是兼职,但无论是否专职,其必须承担消防安全职责。

消防安全管理人应组织制订年度消防安全工作计划,组织实施日常工作;组织制定消防安全制度和操作规程,在实际工作中督促落实并不断完善;组织制订本单位各类各级消防安全人员构成,有条件的单位可以设置专职消防管理员;制订单位消防安全工作资金安排计划;分析研判本单位消防安全状况,提出加强消防安全工作的意见和建议,发现并及时报告涉及消防安全的重大问题;组织人员落实防火巡查和检查,督促整改火灾隐患;组织实施对本场所消防设施、器材和消防安全标志的维护保养,确保完好有效和处于正常运行状态,确保疏散通道和安全出口畅通;组建本单位专职消防队、微型消防站或志愿消防队,建立日常管理制度,落实日常工作资金保障;分级分类组织开展消防知识、技能的宣传教育和培训,组织灭火和应急疏散预案的实施和演练;组织开展消防安全管理情况考评,提请消防安全责任人进行奖惩;完成消防安全责任人委托的其他消防安全管理工作。

三、部门消防安全责任人职责

单位内各部门的负责人是本部门的消防安全责任人,单位应在本单位消防安全工作组织架构中予以明确,并通过文件等形式予以明确。部门消防安全责任人要负责组织实施并落实涉及本部门的各项消防安全制度和操作规程。

部门消防安全责任人应组织实施本部门的消防安全管理工作计划;根据本部门的实际情况细化完善消防安全管理制度,落实消防安全规程;组织落实人员开展防火巡查、检查,加强消防安全重点部位管理,确保消防设施器材完好有效;及时发现和消除火灾隐患,不能立即消除的应采取相应防范措施,并及时向消防安全管理人报告;组织本部门开展消防安全教育与培训;发现火灾或得知本部门发生火灾时立即报警,组织人员疏散和初起火灾扑救。

四、消防控制室值班员职责

设有消防控制室的单位应组织员工参加消防设施职业技能鉴定或招聘具有消防设施职业技能鉴定证的人员担任本单位消防控制室值班员,单位有专门物业管理的可以委托物业管理消防控制室并确保消防控制室值班员持证上岗,消防控制室应落实 24 小时值班制度。

消防控制室值班员应熟悉和掌握本单位消防控制室设备的功能及操作规程,确保消防控制室设备的正常运行;每日开展系统自检,做好火警、故障和值班等记录;消防设施有发出报警时,应能立即对火警信号进行确认。确认真实火灾后,应立即拨打 119 报警,启动自动消防设施,按要求向单位消防安全责任人或管理人报告火情并启动单位火灾应急预案;若为系统故障报警信号应及时确认,排除故障,不能排除的应立即向主管人员或消防安全管理人报告;按要求参加相关培训和单位应急疏散演练。

五、消防设施操作维护人员职责

设有自动消防设施的单位应聘请具有相应消防设施职业技能鉴定证的人员作为消防设施维护人员,以确保消防设施完好有效。

消防设施操作维护人员应熟练掌握本单位所有消防设施的功能和操作规程;应定期对消防设施进行检查,保证消防设施处于正常运行状态,确保所有阀门处于正确位置;应能够发现故障及时排除,不能排除的及时向消防安全管理人报告;应及时记录单位消防设施检查、维护、管理等情况;应督促消防设施维护保养机构履行维保合同中确定的各项内容;按要求参加相关培训和单位应急疏散演练。

六、保安人员职责

单位设有保安的或者委托物业落实保安工作的,按照单位管理规定的范围、部门进行防火巡查,并做好记录,发现问题应及时报告;发现火灾及时通知周边人员,拨打119报火警并报告主管人员,参与实施灭火和应急疏散预案,协助灭火救援;劝阻和制止违反消防法规和消防安全管理制度的行为;接到消防控制室通知后,对有关报警信号及时确认并反馈给消防控制室。

七、专职消防队、志愿消防队或微型消防站队员职责

各单位应按单位性质不同,按要求建立专职消防队、志愿消防队或微型消防站等应急救援力量,落实初起火灾扑救、消防巡查检查和消防宣传教育三大职能。

队员应熟悉单位基本情况、灭火和应急救援疏散预案、消防安全重点部位和消防设施及器材设置情况;应参加消防业务培训及消防演练,熟悉消防设施及器材、安全疏散路线和场所火灾危险性、火灾蔓延途径,掌握消防设施及器材的操作使用方法与引导疏散技能;定期开展灭火救援技能训练,加强与辖区消防部门的联勤联动,掌握常见火灾特点、处置方法及防护措施;发生火灾时,积极参加扑救火灾、疏散人员、保护现场等工作;根据单位安排,参加日常防火巡查和消防宣传教育。

八、各岗位员工职责

单位应建立人人负责的消防安全责任,各岗位员工应根据本岗位实际情况落实消防安全责任。

员工应严格执行消防安全管理制度、规定及安全操作规程;接受消防安全教育培训,掌握消防安全知识和逃生自救能力;保护消防设施器材,保障消防车通道、疏散通道、安全出口畅通;班前班后检查本岗位工作设施、设备、场地,发现隐患及时排除并向上级主管报告;熟悉本单位及自身岗位火灾危险性、消防设施及器材、安全出口的位置,积极参加单位消防演练,发生火灾时,及时报警并引导人员疏散;及时发现、制止或报告影响消防安全的行为。

九、电气焊工、电工、易燃易爆化学物品操作人员等特殊岗位人员职责

电气焊工、电工、易燃易爆化学物品操作人员等特殊岗位人员应严格执行消防安全制度和操作规程,履行审批手续;严格落实相应作业现场的消防安全措施,保障消防安全;发生火灾后应在实施初起火灾扑救的同时立即报火警。

第三节　消防安全制度

各单位在生产、经营、管理等活动中必须结合本单位实际制订保证消防安全的各项具体措施,明确各类行为要求。消防安全制度主要包括:消防安全工作制度,安全疏散设施管理制度,消防设施、器材维护管理制度,消防控制室值班制度,防火巡查、检查制度,火灾隐患整改制度,消防安全重点部位管理制度,消防安全教育培训制度,专职、志愿消防队和微型消防站组织管理制度,灭火和应急疏散预案演练制度,用火用电安全管理制度,防火防爆制度,燃气和电气设备管理制度,消防安全工作考评和奖惩制度,等等。本节以示例形式列

举了主要消防安全制度的内容,供社会单位参考使用,可在日常工作中结合本单位实际进行修订完善。

一、消防安全工作例会制度

为了认真贯彻落实《中华人民共和国消防法》、公安部令第 61 号《机关、团体、企业、事业单位消防安全管理规定》,及时安排部署当前消防安全工作,研究解决当前消防安全工作中的重大问题,进一步加强和改进单位消防安全工作,特制定本制度。

消防安全例会应每月至少召开一次。参加人员为消防安全委员会(领导组织)全体成员。会议主要的内容应以研究、部署、落实本单位(场所)的消防安全工作计划和措施为主。如涉及消防安全的重大问题,应随时组织召开专题性会议。消防安全例会应由消防安全责任人主持,有关人员参加,形成会议纪要或决议下发有关部门并存档。会议议程主要有听取消防安全管理人员有关消防情况的通报,研究分析本单位消防安全形势,对有关重点、难点问题提出解决办法,布置消防安全下一阶段的工作。涉及消防安全重大问题的专题会议纪要或决议,应报送当地消防救援机构,并提出针对性解决方案和具体落实措施。本单位如发生火灾事故,事故发生后应召开专门会议,分析查找事故原因,总结事故教训,制订整改措施,进一步落实消防安全管理责任,防止事故再次发生。

二、消防安全管理制度

消防安全管理应当落实逐级消防安全责任制和岗位消防安全责任制,明确逐级和岗位消防安全职责,确定各级、各岗位的消防安全责任人,做到消防工作层层有人抓,处处有人负责管理。

建立消防安全例会制度,定期召开消防安全例会,处理涉及消防安全的重大问题,研究、部署、落实本单位(场所)的消防安全工作计划和措施。建立防火巡查和防火检查制度,确定巡查和检查的人员、内容、部位和频次。利用多种形式开展经常性的消防安全宣传、教育与培训。建立疏散设施管理制度,明确消防安全疏散设施管理的责任部门和责任人,明确定期维护、检查的要求,确保安全疏散设施的完好、有效、通畅。建立消防设施管理制度,明确消防设施管理的责任部门和责任人,明确消防设施的检查内容和管理要求,明确消防设施定期维护保养的要求。建立火灾隐患整改制度,明确火灾隐患整改责任部门、责任人、整改的期限、整改合格标准和所需经费来源。建立用火、用电、动火安全管理制度,明确用火、用电、动火管理的责任部门和责任人,用火、用电、动火的审批范围、程序和要求,以及操作人员的岗位资格及其职责要求等内容。建立易燃易爆化学物品使用、管理制度,明确易燃易爆化学物品管理的责任部门和责任人。建立消防安全重点部位管理制度,确定消防安全重点部位,明确消防安全管理的责任部门和责任人。建立消防档案管理制度,明确消防档案管理的责任部门和责任人,明确消防档案的制作、使用、更新及销毁的要求。制订有针对性的灭火和应急疏散预案,并开展消防演练。制订火灾处置程序。明确火灾发生后立即启动灭火和应急疏散预案,疏散建筑内所有人员,实施初起火灾扑救,并报火警。明确保护火灾现场,接受火灾事故调查,总结事故教训,改善消防安全管理的工作程序及要求。

单位应确保消防工作所需资金投入。单位开展防火检查巡查、消防设施器材维护保养、建筑消防设施检测、火灾隐患整改、专职或志愿消防队和微型消防站建设等消防工作,均需要资金的投入。生产经营单位安全费用应当保证适当比例用于消防工作。

三、防火巡查制度

防火巡查应确定巡查的人员、内容、部位和频次,及时开展防火巡查。

防火巡查时应填写《每日防火巡查(夜查)记录表》并存档备查,巡查人员应在记录表上签名。巡查中发现能当场整改的火灾隐患应填写《火灾隐患整改通知单》并消除隐患;不能当场消除的,填写《火灾隐患整改通知单》并及时上报主管负责人。

应进行每日防火巡查,并结合实际组织夜间防火巡查。公共娱乐场所在营业时间应至少每 2 小时巡查一次,营业结束后应检查并消除遗留火种。防火巡查应包括下列内容:用火、用电有无违章情况;安全出口、疏散通道是否畅通,有无锁闭;安全疏散指示标志、应急照明是否完好;常闭式防火门是否处于关闭状态,防火卷帘下是否堆放物品;消防设施、器材是否在位、完整有效,消防安全标志是否完好清晰;消防安全重点部位的人员在岗情况;其他消防安全情况。

四、防火检查制度

防火检查应定期开展,各岗位应每天一次,填写《每日防火巡查(夜查)记录表》;各部门应每周一次,填写《每周防火检查情况记录表》;单位应每月一次,填写《每月防火检查情况记录表》;对建筑消防设施检查每季度一次,填写《第×季度建筑消防设施功能检查记录表》。

检查中发现能当场整改的火灾隐患,填写《单位火灾隐患当场整改通知单》并消除隐患;不能当场消除的,填写《单位火灾隐患限期整改通知单》并及时上报主管负责人,并记录存档。防火检查应包括下列内容:消防车通道、消防水源;安全疏散通道、楼梯,安全出口及其疏散指示标志、应急照明;消防安全标志的设置情况;灭火器材配置及其完好情况;建筑消防设施运行情况;消防控制室值班情况、消防控制设备运行情况及相关记录;用火、用电有无违章情况;消防安全重点部位的管理;防火巡查落实情况及其记录;火灾隐患的整改及防范措施的落实情况;易燃易爆危险物品场所防火、防爆和防雷措施的落实情况;楼板、防火墙和竖井孔洞等重点防火分隔部位的封堵情况;消防安全重点部位人员及其他员工消防知识的掌握情况。

五、火灾隐患整改制度

因违反或不符合消防法规而导致的各类潜在不安全因素,应认定为火灾隐患。

巡查、检查中发现可当场整改的火灾隐患,应立即填写《单位火灾隐患当场整改通知单》,并当场改正;不能立即改正的,填写《单位火灾隐患限期整改通知单》，并逐级报告消防安全管理人采取措施整改。

消防安全管理人或部门消防安全责任人应组织对报告的火灾隐患进行认定，明确火灾隐患整改责任部门、责任人、整改的期限和所需经费来源。

在火灾隐患整改期间，应采取相应措施，保障安全。

消防安全管理人或部门消防安全责任人应对火灾隐患整改完毕的情况进行复查确认，填写《单位火灾隐患整改复查单》。

对消防救援机构责令限期改正的火灾隐患和重大火灾隐患，应在规定的期限内改正，并将火灾隐患整改复函送达公安消防机构。

重大火灾隐患不能立即整改的，应自行将危险部位停产停业整改。

对于涉及城市规划布局而不能自身解决的重大火灾隐患，应提出解决方案并及时向上级主管部门或当地人民政府报告。

六、安全疏散设施管理制度

应明确消防安全疏散设施管理的责任部门和责任人，定期维护、检查，确保安全疏散设施的管理。

安全疏散设施管理应符合下列要求：安全疏散设施处应设置统一标识和检查、测试、使用方法的文字或图示说明；确保疏散通道、安全出口的畅通，禁止占用、堵塞疏散通道和楼梯间；在使用和营业期间疏散出口、安全出口的门不应锁闭；封闭楼梯间、防烟楼梯间的门应完好，门上应有正确启闭状态的标识，保证其正常使用；常闭式防火门应经常保持关闭；需要经常保持开启状态的防火门，应保证其火灾时能自动关闭；自动和手动关闭的装置应完好有效；平时需要控制人员出入或设有门禁系统的疏散门，应有保证火灾时人员疏散畅通的可靠措施；安全出口、疏散门不得设置门槛和其他影响疏散的障碍物，且在其1.4米范围内不应设置台阶；消防应急照明、安全疏散指示标志应完好、有效，发生损坏时应及时维修、更换；消防安全标志应完好、清晰，不应遮挡；安全出口、公共疏散走道上不应安装栅栏、卷帘门；窗口、阳台等部位不应设置影响逃生和灭火救援的栅栏；各楼层的明显位置应设置安全疏散指示图，指示图上应标明疏散路线、安全出口、人员所在位置和必要的文字说明；举办展览、展销、演出等大型群众性活动,应事先根据场所的疏散能力核定容纳人数,同时活动期间应对人数进行控制,采取防止超员的措施。

七、消防设施、器材管理制度

消防设施、器材管理应明确责任部门和责任人,消防设施的检查内容和要求,消防设施定期维护保养的要求。

消防设施管理应符合下列要求:消防设施应有明显标识,并附有使用操作、检查测试说明;室内消火栓箱不应上锁,箱内设备应齐全、完好;室外消火栓不应埋压、圈占,距室外消火栓、水泵接合器 2 米范围内不得设置影响其正常使用的障碍物;展品、商品、货柜、广告箱牌、生产设备等的设置不得影响防火门、防火卷帘、室内消火栓、灭火剂喷头、机械排烟口和送风口、自然排烟窗、火灾探测器、手动火灾报警按钮、声光报警装置等消防设施的正常使用;应确保消防设施和消防电源始终处于正常运行状态;需要维修时,应采取相应的措施启动备用设施,维修完成后,应立即恢复到正常运行状态;按照相关标准定期检查、检测消防设施,并做好记录,存档备查;自动消防设施应按照有关规定,每年委托具有相关资质的单位进行全面检查测试,达到合格标准,并出具检测合格报告,存档备查。

消防控制室应保证其环境满足设备正常运行要求。室内应设置消防设施平面布置图,存放完整的消防设施设计、施工和验收资料,以及灭火和应急疏散预案等。

八、消防安全重点部位管理制度

人员集中的厅(室),以及储油间、变配电室、锅炉房、厨房、空调机房、资料库、可燃物品仓库、消防控制室等应确定为消防安全重点部位,并明确消防安全管理的责任部门和责任人;根据实际需要配备相应的灭火器材、装备和个人防护器材;制订和完善事故应急处置操作程序;列入防火巡查范围,作为定期检查的重点。

九、用电防火安全管理制度

明确用电防火安全管理的责任部门和责任人;采购电气、电热设备,应选用合格产品,并应符合有关安全标准的要求;电气线路敷设、电气设备安装和维修应由具备职业资格的电工操作;不得随意乱接电线、擅自增加用电设备;电器设备周围应与可燃物保持 0.5 米以上的间距;对电气线路、设备应定期检查、检测,严禁超负荷运行;营业场所营业结束时,应切断营业场所的非必要电源。

十、燃气、电气设备安全管理制度

明确管理的责任部门和责任人;采购电气、电热设备,应选用合格产品,并应符合有关安全标准的要求;燃气管路、电气线路敷设、电气设备安装和维修应由具备职业资格的人员操作;不得随意改动燃气管路,不得随意乱接电线、擅自增加用电设备;燃气、电器设备周围应与可燃物保持 0.5 米以上的间距;对燃气管路、设备及电气线路、设备应定期检查、检测,严禁电气设备超负荷运行。

十一、用火、动火安全管理制度

用火、动火安全管理应明确管理的责任部门和责任人,用火、动火的审批范围、程序和要求,以及电气焊工的岗位资格及其职责要求,等等。

用火、动火安全管理应符合下列要求:需要动火施工的区域与使用、营业区之间应进行防火分隔;电气焊等明火作业前,实施动火的部门和人员应填写《单位临时用火、用电作业审批表》,办理动火审批手续,清除易燃可燃物,配置灭火器材,落实现场监护人和安全措施,在确认无火灾、爆炸危险后方可动火施工;禁止在营业时间进行动火施工;演出、放映场所需要使用明火效果时,应落实相关的防火措施;不应使用明火照明或取暖,如特殊情况下需要使用时,应有专人看护;烟道等取暖设施与可燃物之间应采取防火隔热措施;厨房的烟道应至少每季度清洗一次;燃油、燃气管道应经常检查、检测和保养。

十二、易燃易爆化学物品管理制度

易燃易爆化学物品的管理由消防安全管理人负责；非特定的易燃易爆化学物品生产储存单位严禁生产、储存易燃易爆化学物品；需要使用易燃易爆化学物品时，应根据需要限量使用，存储量不超过一天的使用量，且应由专人管理、登记、备案，掌握使用情况；地下场所禁止经营和储存火灾危险性为甲、乙类商品，禁止使用液化石油气及闪点小于60℃的液体燃料；公共娱乐场所营业厅不应使用甲、乙类清洗剂；盛装可燃液体、气体的密闭容器应避免日光照射；使用、储存、运输易燃易爆化学危险物品必须严格遵守操作规程并采取相应的技术措施保证安全。

十三、消防控制室值班制度

单位应建立消防控制室值班制度，明确值班人员的职责，实行每日24小时专人值班，同时值班人员应不少于2人。消防控制室值班人员应经培训合格后持证上岗。值班人员按时交接班，做好值班记录及消防巡查、发现问题处置、事故处理等情况的交接手续。未履行交接班手续，值班人员不得离岗。发现消防设施运行故障问题，应及时采取措施并报告主管负责人。非工作所需，不得使用消控中心内线电话，非消防控制中心值班人员禁止进入值班室。发现火灾时，迅速按灭火和应急疏散预案紧急处理，并拨打119火警电话报警，同时报告部门主管。《消防控制室值班记录》应填写完整，字迹清晰，保存完好。

十四、火灾事故处置制度

确认火灾发生后，应立即启动灭火和应急疏散预案，通知建筑内所有人员立即疏散，实施初起火灾扑救，并报火警。

火灾发生后，应保护火灾现场。消防救援机构划定的警戒范围是火灾现场保护范围;尚未划定时,应将火灾过火范围及与发生火灾有关的部位划定为火灾现场保护范围。未经消防救援机构允许,任何人不得擅自进入火灾现场保护范围内,不得擅自移动火场中的任何物品。未经消防救援机构同意,任何人不得擅自清理火灾现场。应接受事故调查,如实提供火灾事故情况,协助火灾调查。应做好火灾伤亡人员及其亲属的安排、善后事宜。火灾调查结束后,应及时分析事故原因,总结事故教训,及时改进消防安全管理工作,预防火灾事故再次发生,并将事故情况记入防火档案。

十五、消防宣传教育培训制度

通过多种形式开展经常性的消防安全宣传与培训。消防安全教育与培训由消防安全管理人负责组织,根据不同季节、节假日的特点,结合各种火灾事故案例,利用张贴图画、消防刊物、视频、网络、举办消防文化活动等各种形式,宣传防火、灭火和应急逃生等常识,使员工提高消防安全意识和自防自救能力。

至少每半年组织一次对从业人员的集中消防培训,应对新上岗员工或重点岗位人员、特殊工种人员等有关从业人员进行上岗前的消防培训,培训结束后应考试,成绩不合格的或未经消防安全教育、培训的职工不得上岗。

消防培训应包括下列内容:有关消防法规、消防安全管理制度、保证消防安全的操作规程等;本单位、本岗位的火灾危险性和防火措施;建筑消防设施、灭火器材的性能、使用方法和操作规程;报火警、扑救初起火灾、应急疏散和自救逃生的知识、技能;本场所的安全疏散路线,引导人员疏散的程序和方法等;灭火和应急疏散预案的内容、操作程序。

十六、灭火和应急疏散预案编制和演练制度

单位应根据人员集中、火灾危险性较大和重点部位的实际情况,制订有针对性的灭火和应急疏散预案。

预案应包括下列内容:明确火灾现场通信联络、灭火、疏散、救护、保卫等

任务的负责人。规模较大的人员密集场所应由专门机构负责,组建各职能小组,并明确负责人、组成人员及其职责,火警处置程序,应急疏散的组织程序和措施,扑救初起火灾的程序和措施,通信联络、安全防护、人员救护的组织与调度程序及保障措施。

消防安全责任人或消防安全管理人担负消防救援力量到达火灾现场之前的指挥职责,组织开展灭火和应急疏散等工作,规模较大的单位可以成立火灾事故应急指挥机构。

灭火和应急疏散各项职责应由当班的消防安全管理人、部门主管人员、消防控制室值班人员、保安人员、志愿消防队承担。规模较大的单位可以成立各职能小组,由消防安全管理人、部门主管人员、消防控制室值班人员、保安人员、志愿消防队及其他在岗的从业人员组成。

预案实施程序,当确认发生火灾后,应立即启动灭火和应急疏散预案,并同时开展下列工作:向消防救援机构报火警;当班人员执行预案中的相应职责;组织和引导人员疏散,营救被困人员;使用消火栓等消防器材、设施扑救初起火灾;派专人接应消防车辆到达火灾现场;保护火灾现场,维护现场秩序。

应定期组织员工熟悉灭火和应急疏散预案,并通过预案演练,逐步修改完善预案。

十七、专职消防队、义务消防队、微型消防站管理制度

专职消防队、义务消防队、微型消防站等单位灭火应急处置的消防组织应在消防工作归口管理部门领导下开展业务学习和灭火技能训练,各项技术考核应达到规定的指标。要结合对消防设施、设备、器材的维护检查,有计划地对队员进行轮训,使每个人都具有实际操作技能。按照灭火和应急疏散预案每半年进行一次演练,并结合实际不断完善预案,明确分工职责。每年举行一次防火、灭火知识考核,考核优秀给予表彰。不断总结经验,提高防火灭火自救能力。

十八、消防安全工作考评奖惩制度

单位应当将消防安全工作纳入内部检查、考核、评比内容。对在消防安全工作中成绩突出的部门(班组)和个人,单位应当给予表彰奖励。对未依法履行消防安全职责或者违反单位消防安全制度的行为,应当依照有关规定对责任人员给予行政纪律处分或者其他惩处。违反消防法律法规,依法应当给予行政处罚的,依照有关法律法规予以处罚;构成犯罪的,依法追究刑事责任。

十九、消防档案管理制度

明确消防档案管理的责任部门和责任人,以及消防档案的制作、使用、更新、销毁的要求。

消防档案管理应符合下列要求:按照有关规定建立纸质消防档案,并宜同时建立电子档案;消防档案应包括消防安全基本情况、消防安全管理情况、灭火和应急疏散预案;消防档案内容应翔实,全面反映消防工作的基本情况,并附有必要的图纸、图表;消防档案应由专人统一管理,按档案管理要求装订成册。

消防安全基本情况应包括下列内容:基本概况和消防安全重点部位情况;建筑(装修)消防设计审核、验收或者公众聚集场所开业前消防安全检查的许可文件和相关资料;消防组织和各级消防安全责任人;消防安全管理制度和保证消防安全的操作规程;消防设施、灭火器材配置情况;志愿消防队人员及其消防装备配备情况;消防安全管理人、自动消防设施操作人员、电气焊工、电工、易燃易爆化学物品操作人员的基本情况;新增消防产品、防火材料的合格证明材料。

消防安全管理情况应包括下列内容:消防安全例会纪要或决定;公安消防机构填发的各种法律文书;消防设施定期检查记录、自动消防设施全面检查测试的报告及维修保养记录;火灾隐患、重大火灾隐患及其整改情况记录;防火检查、巡查记录;有关燃气、电气设备检测等记录资料;消防安全培训记录;灭火和应急疏散预案的演练记录;火灾情况记录;消防奖惩情况记录。

第四节 建筑消防安全管理

每一个单位都坐落于某一建筑或多个建筑群内,因此单位的安全管理与建筑的安全管理密不可分。近年来,由于建筑火灾隐患引发的火灾或因为建筑管理不当导致火灾蔓延的情况越来越突出,火灾造成的损失也越来越大。单位所开展的生产、经营活动的性质不同,其所在建筑的高度、建筑结构、建筑周边情况等都会有不同要求。如群租房、"三合一"场所、淘宝网店等新型业态,都存在生活、生产、经营活动与建筑不匹配,安全管理跟不上导致的火灾隐患。因此,每一个单位的消防安全自主管理必须与建筑安全管理结合起来。

建筑在设计和建设过程中采取了主动和被动防火措施,被动防火措施包括了建筑防火间距、建筑耐火等级、建筑防火构造、建筑防火分区分隔、建筑安全疏散等,建筑主动防火措施主要包括了火灾自动报警系统、自动灭火系统等建筑消防设施的设置。本节主要介绍建筑被动防火措施在日常中的管理。

一、建筑消防安全要求

凡是按照国家工程建设消防技术标准需要进行消防设计的建设工程,都必须严格依照国家工程建设消防技术标准的要求进行设计、施工,这样可以防止建设工程本身在结构、材料等方面存在引发火灾事故的隐患。要切实防范火灾发生,单位必须加强火灾隐患的源头控制,确保单位所处的建筑本身符合消防安全要求,不能带有先天性、结构性问题,留下隐患。

在实际生产经营活动中,很多单位建筑是租赁的,因此必须在单位投入生产、经营前确认该建筑是否具备了消防安全条件,是否取得了建筑等相关部门的许可,应该在与租赁房签订合同时明确建筑应具有合法性、应具备相关条件等涉及消防安全的要求。

二、建筑自主安全管理措施

在实际生产经营活动中,同一个建筑有两个以上单位管理或使用的情况非常多,就必须明确各方的消防安全责任,并确定责任人对共用的疏散通道、安全出口、消防车通道、消防设施器材等进行统一管理。委托物业服务企业的,物业服务企业应当按照合同约定,对管理区域内共用的疏散通道、安全出口、消防车通道、消防设施器材等进行维护和管理。

保证疏散通道、安全出口、消防车通道畅通。疏散通道是建筑物的走道、楼梯、连廊等;安全出口是指供人员安全疏散用的楼梯间、室外楼梯的出入口或者直通室内外安全区域的出口;消防车通道是指消防车在实施灭火救援时能够顺利通过的道路。疏散通道、安全出口、消防车通道是发生火灾后人员逃生和实施救援的生命通道。各单位有责任确保疏散通道、安全出口、消防车通道的畅通。任何单位和个人都不得有占用、堵塞、封闭疏散通道、安全出口、消防车通道等妨碍畅通的行为。

涉及这一类问题较为普遍的违法行为有:为将不同单位之间进行完全隔离而人为在疏散通道上设置不符合安全要求的门禁,为扩大使用面积而在楼梯间增设办公室等其他活动用房或堆放杂物,为了活动方便将通向顶楼的安全出口锁闭,常闭式防火门处于开启状态,防火卷帘下堆放杂物或设置房间、铺位等,为方便各种活动需要在安全出口堆放杂物,在消防车通道上停车,将消防车通道改造成绿化等其他设施或设置隔离设施导致消防车不能通行,等等。

保障疏散通道、安全出口、消防车通道的检查应纳入单位每日防火巡查的内容,对发现存在堵塞通道的问题,应立即予以整改。不能立即整改的,应落实防范措施,制订整改方案,在限期内落实整改。相关问题应在单位相关消防管理记录中体现。

保证防火防烟分区、防火间距符合消防技术标准。防火分区是指在建筑内部采用防火墙、耐火楼板及其他防火分隔设施分隔而成,能在一定时间内防止火灾向同一建筑内的其他部分蔓延的局部空间。防烟分区指在建筑内部屋顶或者顶部、吊顶下采用具有挡烟功能的构配件进行分隔所形成的,具有一定蓄烟功能的空间。防火间距是防止着火建筑的辐射热在一定时间内引燃相邻建筑,且便于火灾扑救的间隔距离。防火分区、防烟分区和防火间距都是火灾中防止火灾蔓延扩大的重要保障。从现实情况看,部分单位和个人为了追求经济利益或者装饰效果,擅自扩大防火防烟分区,占用防火间距,都会导致火灾的蔓延扩大,造成无法挽回的损失。

涉及这一类问题较为普遍的违法行为有:擅自拆除部分隔墙、隔板,将封闭楼梯间拆除,在建筑物之间加装雨棚等类似建筑构件,等等。

保证防火防烟分区、防火间距符合要求的检查应纳入单位每日防火巡查、每月防火检查的内容,对发现存在堵塞通道的问题,应立即予以整改。不能立即整改的,应落实防范措施,制订整改方案,在限期内落实整改。相关问题应在单位相关消防管理记录中体现。

人员密集场所的门窗不得设置影响逃生和灭火救援的障碍物。人员密集场所是指公众聚集场所,医院的门诊楼、病房楼,学校的教学楼、图书馆、食堂和集体宿舍,养老院,福利院,幼儿园,公共图书馆的阅览室,公共展览馆、博物馆的展示厅,劳动密集型企业的生产加工车间和员工集体宿舍,旅游、宗教活动场所等。这些场所人流量大,人员逃生和灭火救援本身就较为困难,如果违规在建筑外墙设置广告牌、装饰物、栅栏等障碍物遮挡、封闭门窗,就会严重影响人员逃生和灭火救援。

此类问题较为普遍地表现为外窗设置不能开启的栅栏,将原有的外窗进行封堵制作广告牌、电子屏幕等。

涉及这类问题的检查应纳入单位每日防火巡查、每月防火检查的内容,对发现存在的问题,应立即拆除。不能立即整改的,应落实防范措施,制订整改方案,在限期内落实整改。相关问题应在单位相关消防管理记录中体现。

保证建筑构件、建筑材料和室内装修装饰材料等符合消防技术标准。建筑构件是用于组成建筑的梁、楼板、柱、墙、楼梯、屋顶承重构件、吊顶等。建筑材料按其使用功能分为建筑装修装饰材料、保温隔声等功能材料、管道材料等。建筑构件、建筑材料和室内装饰装修材料的防火性能必须符合消防技术标准。

目前,易燃可燃夹芯彩钢板的使用非常普遍,作为一种简便的建筑材料被广泛应用于建筑工地临时用房、停车棚等临时建筑物构筑物的搭建,作为保温材料用于室内冰雪活动场所、冷库的保温材料,但由于这类彩钢板自身聚氨酯材料的性质,涉及这类材料的单位火灾危险性增大。由彩钢板导致的火灾教训已非常深刻,如2021年山西太原台骀山冰雕馆重大火灾事故等。

涉及该类的检查应纳入单位每日防火巡查、每月防火检查的内容,对发现的问题,应立即予以整改。不能立即整改的,应落实防范措施,制订整改方案,在限期内落实整改。相关问题应在单位相关消防管理记录中体现。

第五节　消防设施、器材的设置和管理

消防设施是指火灾自动报警系统、自动灭火系统、消火栓系统、防烟排烟系统,以及应急广播和应急照明、安全疏散设施等。消防器材是指移动的灭火器材、自救逃生器材,包括灭火器、防烟面罩、缓降器、救生器材及其他灭火工具等。这些消防设施的设置与管理都是建筑主动防火的措施,其设置必须符合消防安全技术标准和相关规范要求。

在实际中,建筑消防设施一般都是共用的,单位必须落实人员进行管理,委托物业服务企业管理的或是多个单位共有建筑消防设施的,必须明确各方建筑消防设施管理责任,落实建筑消防设施和器材的日常管理。本节主要介绍单位对消防设施、器材的日常管理要求。

一、消防设施、器材和消防安全标志

国家出台了相关的技术标准进行规范,例如《建筑设计防火规范》《建筑灭火器配置设计规范》《消防安全标志》《火灾自动报警系统设计规范》《消防给水及消火栓系统技术规范》《气体灭火系统设计规范》《自动喷水灭火系统设计规范》等,单位应当按照国家相关技术标准配备相应的消防设施、器材和消防安全标志。

单位在正式经营前,应对建筑消防设施进行专项检查验收,确保消防设施器材完好有效。

二、定期检验维修

单位应当按照建筑消防设施、器材、安全标志检查和维修保养有关规定的要求,对建筑消防设施、器材的完好有效情况进行检验,确保消防设施、器材、安全标志能够充分发挥其预防和扑灭火灾、引导疏散逃生的作用。对技术性要求较高的,单位应当按照国家有关规定委托专业维修企业进行检验、维修。建筑消防设施的检测是指对各类建筑消防设施的功能进行测试性检查,并且根据检查结果对建筑消防设施存在或可能存在运行故障、缺损、误动作等问题进行修复,使其完好有效。单位应在各类消防系统投入运行后,每年年底前对全部系统设备、组件开展检测,并将年度检测记录报当地消防救援机构备案。在重大节日、重大活动前或者期间,应当根据需要进行检测。

第六节　防火检查、巡查

单位消防安全责任人、消防安全管理人每月应至少组织一次防火检查;单位内设部门负责人每周应开展防火检查;消防安全重点单位每日应进行防火巡查,其他单位每日应对消防安全重点部位进行防火巡查;员工每日应进行岗位防火检查。

防火检查是指单位组织的对本单位消防安全状况进行的检查,是单位在消防安全方面自我管理、自我约束的一种主要形式。为了减少和避免火灾事故的发生,单位有必要经常对本单位进行全面的防火检查,发现本单位所属部门、岗位、人员违反消防法律、法规、规章、消防安全制度、消防安全操作规程的行为,以及可能造成火灾危害的隐患,并根据实际情况采取有效措施落实整改。

防火检查应包括下列内容:消防安全制度、消防安全管理措施和消防安全操作规程的执行和落实情况;用火、用电有无违章;新建、改建、扩建及装修工程有无违章;疏散通道、安全出口和消防车通道是否畅通;消防设施、器材和消防水源是否完好;消防(控制室)值班人员值班情况,消防安全重点部位管理情况;灭火和应急疏散预案的制订与演练情况;员工消防知识掌握情况;防火巡查、火灾隐患整改及防范措施落实情况;其他消防安全情况。

防火检查应当填写检查记录,检查人员和被检查部门负责人应当在检查记录上签名。

防火巡查是指单位消防安全的值班、保卫人员根据单位的实际情况所开展的,按照一定的频次和路线,对员工遵守消防安全制度、安全操作规程,以及消防安全重点部位、场所和防火重点岗位、工序的火灾防范措施落实等情况进行的巡视检查,以便及时发现火灾隐患和苗头,扑救初起火灾。

消防安全重点单位防火巡查应当至少每日一次。公众聚集场所在营业期间的防火巡查至少每两小时一次,营业结束时应当对营业现场进行检查,消除遗留火种。医院,养老院,寄宿制的学校、托儿所、幼儿园应当加强夜间防火巡查,其他消防安全重点单位可以结合实际组织夜间防火巡查。

防火巡查主要包括下列内容:用火、用电有无违章;疏散通道、安全出口是否畅通;消防设施器材、消防安全标志是否完好;重点部位员工在岗在位情况;其他消防安全情况。

员工岗位防火检查应包括下列内容:用火、用电有无违章;疏散通道、安全出口是否畅通;消防器材、消防安全标志完好情况;场所有无遗留火种;其他消防安全情况。

防火巡查应当填写检查记录,检查人员应当在检查记录上签名。

单位消防安全责任人对火灾隐患整改负总责,消防安全管理人和消防工作归口管理职能部门具体负责督促落实火灾隐患整改工作。

单位在防火检查、巡查过程中如发现火灾隐患,能当场整改的当场整改完毕,并在巡查记录或检查记录本上记录;不能当场整改的,检查人应填写《火灾隐患整改情况》,确定存在问题、整改期限、整改意见,并上报消防安全管理人、消防安全责任人签字确认,同时送达《火灾隐患整改通知书》。单位员工发现火灾隐患应立即整改;无法立即整改的,发现人应向消防安全管理人或消防工作归口管理职能部门报告。

对重大火灾隐患,消防安全管理人或消防工作归口管理职能部门应及时研究制订整改方案,确定整改措施、时限、部门和责任人,形成书面报告报消防安全责任人审批。消防安全管理人或消防工作归口管理职能部门应将批准的整改方案及时书面通知相关部门或人员,进行整改。整改期间应采取临时防范措施,确保消防安全。《火灾隐患整改情况记录》要存档备查。

单位因工作需要确需动用明火时,消防安全管理部门应指定专人到场监护,并进行下列内容的防火检查:是否办理动火许可证,动火操作人员是否具备动火资格,动火监护人是否在位;动火地点与周围建筑、设施等的防火间距是否符合要求,动火地点附近是否有影响消防安全的物品;电焊电源、接地点是否符合防火要求;焊具是否合格,燃气、氧气瓶是否符合安全要求,放置地点是否符合规定;动火期间的灭火应急措施是否落实。

第七节　消防安全标识

社会单位在日常管理中应加强标识化管理,通过规范运用标志、标识、标牌等可视载体,实现消防安全管理各个环节可视化、规范化。消防安全标识的制作、设置位置应符合《消防安全标志》(GB 13495—92)和《消防安全标志设置要求》(GB 15630—1995)的相关规定,消防安全标识主要分为提示性、禁止性和引导性标识三类。

一、提示性标识

在疏散通道、安全出口、消防车通道、消防车登高作业场地、水泵接合器、消防控制室、消防水泵房、配电房、消防电梯、消防安全重点部位,以及专职消防队、微型消防站、志愿消防队等应当设置显示设施、部位名称的标识。

在灭火器、室内消火栓、防火卷帘、常闭式防火门、消防泵、备用发电机、室外消火栓、水泵接合器、报警阀、自动喷淋等消防设施器材处应当设置简易操作说明、维护保养责任人、管道阀门的常开常闭状态等内容的标识。

在储油间、变配电室、锅炉房、发电机房、厨房、化学实验室、药剂室、可燃物资仓库和堆场,以及存放易燃易爆化学物品的生产、充装、储存、供应、销售单位,粮棉、木材、百货等物资仓库和堆场明显位置应制作储存物品标识牌,标识储存主要物品的火灾危险性和基本扑救方法。

在宾馆、饭店、商场、医院和娱乐场所等公共场所的房间内、楼层醒目位置应设置安全疏散路线图。

二、禁止性标识

在安全出口、疏散通道、疏散楼梯、防火卷帘、消火栓、消防车道、登高作业场地、灭火救援窗口等应当设置禁止堵塞、占用、圈占和停放车辆等内容的标识。

在具有甲、乙、丙类火灾危险的生产厂区、厂房、储罐、堆场等部位及入口处应设置禁止烟火、禁止带火种、禁止使用手机等标识。

在存放遇水燃烧、爆炸的物质或用水灭火会对周围环境产生危险的地方应设置禁止用水扑救标识。

在旅馆、饭店、商场(店)、影剧院、医院、图书馆、档案馆(室)、候车(船、机)室大厅、车、船、飞机和其他公共场所有明确禁止吸烟规定的,应设置禁止吸烟等标识。

三、引导性标识

在消防水池、消防码头、消防取水点、市政消火栓、消防车回车场地、水泵接合器、室外消火栓等消防设施、器材点周围应设置消防安全引导性标识。

引导性标识应通过柱式、地面箭头或满足视觉连续的间断布置等附着式方式,引导指向一定距离以外的消防设施设置点。

第八节　消防安全重点部位管理

不同单位由于活动性质、活动人员、设备构成不同，所处的建筑类型不同，发生火灾的可能性和一旦发生火灾扑救的难易程度不同，造成损失的危害性也不同，管理方式也会不同。消防安全管理中，将机关、团体、企业事业单位分为一般单位和重点单位两类。消防救援机构会根据单位火灾发生的可能性和一旦发生火灾可能造成的伤亡及损失的情况，将该类单位确定为消防安全重点单位或一般单位。重点单位必须实行建立更为严密的组织，落实更为严格的管理。

一旦被确定为消防安全重点单位，单位消防安全责任人或消防安全管理人要主动报告单位消防安全情况。在日常管理中，同一建筑中多个单位均符合重点单位界定标准的，要各个单位独立确定，建筑物本身符合重点单位界定标准的，应该由产权单位进行确定。因此，一个大型综合体产权单位本身是重点单位，除此之外，综合体内的公众聚集场所等符合界定标准的也应该确定为重点单位。大型高层居住建筑的小区，可以根据实际情况，将提供服务的物业服务企业确定为重点单位。

消防安全重点单位并不是每个部位都容易发生火灾或造成重大财产损失的，为了增强单位管理的针对性和有效性，要将单位的重点部位确定出来，将重点部位的人员消防安全责任落实，将针对性的管理措施落实，这样才能有效避免火灾发生，避免重大伤亡事故。

重点部位的确定主要依据火灾危险源的情况、储存物品的情况、物品的价值情况、人员的情况、隐患可能发生的情况等。主要考虑以下几方面内容：是否容易发生火灾，如化工厂的生产车间、化学危险品的仓库、汽车维修企业的油漆烤漆间、液化石油气的储罐区、医院的氧气站等；发生火灾时是否有较大影响，如消防控制室、变配电站、消防水泵房、锅炉房、电子计算机房等；是否财产相对集中，如原料和产品的仓库；人员是否集中，如医院的病房、单位的集体宿舍等。

重点部门要落实更为严格的消防安全制度和规定。一是明确部位。要使单位每个职工都能了解消防重点部位的火灾危险性,了解应遵守的规定。二是明确工作制度。要根据重点部位的性质、特点和火灾危险性,指定相应的安全制度和防火措施,并落实到每一个相关人员,明确职责任务,层层抓好落实,加强管理。三要突出标识。对消防安全重点部门要设立"重点部位"指示牌,使每一个人能清楚所处部位的危险性。四要针对性培训。对重点部位的相关工作人员,要加强消防安全培训,要培训针对性的操作规程,通过培训考核等提升员工的操作技能。

第九节　消防救援力量建设

火灾扑救的最佳时期是火灾初期,而扑救初起火灾必须依靠单位的消防救援力量。社会单位可以通过建立专职消防队、志愿消防队或微型消防站的方式,建立自身的消防救援力量,以"救早、灭小"为目标,按照"有站点、有人员、有器材、有战斗力"标准建设,达到"1分钟响应启动、3分钟到场扑救、5分钟协同作战"的要求。

一、消防救援力量建设的原则要求

《中华人民共和国消防法》第三十九条规定,下列单位应当建立单位专职消防队,承担本单位的火灾扑救工作:一是大型核设施单位、大型发电厂、民用机场、主要港口;二是生产、储存易燃易爆危险品的大型企业;三是储备可燃重要物资的大型仓库、基地;四是火灾危险性较大、距离消防救援机构较远的其他大型企业;五是距离消防救援机构较远、被列为全国重点文物保护单位的古建筑群的管理单位。单位专职消防队的建立,应当符合国家有关规定,并报当地消防救援机构验收。

如果单位不属于应当建立专职消防队的单位,为了预防和扑救初起火灾,实现"救早、救小、救初期",单位应当建立志愿消防队、微型消防站等消防组织,开展自防自救工作。消防安全重点单位应建立微型消防站并接受消防救援机构的调度指挥。

二、消防救援力量建设的具体要求

单位应完善灭火和应急疏散预案。应明确组织机构、人员、处置程序和措施。任何人员发现火灾后应立即呼叫附近员工参与灭火救援,火灾现场或附近区域的工作人员听到呼叫后立即携带灭火器赶往失火地点。消控室值班人员在接到报警后应按照相应处置程序,确认火警后,迅速通知本单位灭火救援力量到现场组织灭火,同时拨打 119 电话报警,启动相关建筑消防设施。单位灭火救援力量到场后要组成灭火、抢救、疏散和警戒等工作组,实施初起火灾扑救工作。

三、重点单位微型消防站建设标准

单位微型消防站分为三档:(1)属于火灾高危单位的重点单位,应建立三星级微型消防站,其中采用木结构或者砖木结构的全国重点文物保护单位可因地制宜建立。(2)设有独立消控室、员工在 10 人(含)以上的重点单位,应建立二星级微型消防站。(3)其他重点单位,应建立一星级微型消防站。同一建筑内多个重点单位共用消防控制室的,该建筑可合并在公共部位建立三星级微型消防站,每个重点单位则可建立一星级微型消防站;有统一物业的,宜成立消防区域联防协作组织,以便在火灾事故发生时更好地采取应急措施。

单位微型消防站人员配备应满足单位灭火应急处置"1 分钟响应启动、3分钟到场扑救、5 分钟协同作战"的要求。单位微型消防站应设站长、消防员等岗位,设有消控室的单位应设消控室操作员,配有消防车辆的单位微型消防站应设驾驶员岗位,可根据单位微型消防站的规模设置班(组)长等岗位,消防员亦可由员工兼任。站长一般由单位消防安全管理人担任。

微型消防站每班次应设置值班员,负责应急处置指挥。三星级微型消防站每班次在岗人员不应少于 5 人,其中,能到场参与火灾扑救的在岗人员不应少于 4 人。二星级微型消防站每班次在岗人员不应少于 4 人,能到场参与火灾扑救的在岗人员不应少于 3 人。一星级微型消防站能到场参与火灾扑救的在岗人员不应少于 2 人。

单位微型消防站应根据扑救初起火灾需要,配备一定数量的灭火、通信、防护等器材装备,巡查区域较大的,可配备电瓶车,并随车携带灭火器或简易破拆工具。有条件的单位微型消防站可选配消防车辆。消防器材装备应根据灭火救援需要,结合建筑(场所)功能布局、室内(外)消火栓设置,分区域合理设置存放点。

微型消防站队员宜配备统一的工作服,并设置明显标识。消防头盔、消防员灭火防护服、消防员灭火防护靴、消防安全腰带、消防手套、空气呼吸器可根据实际需要选配。生产、储存、经营、使用易燃可燃液体或气体的单位,可根据火灾类别调整灭火器材配置种类。

纵向或横向管理体量大的单位可根据实际情况,多点设置执勤战备器材点(2 盘水带,2 把水枪,2 具 4 公斤 ABC 型干粉灭火器)。

站点设置要求:

(1)单位微型消防站选址应遵循"便于出动、全面覆盖"的原则,选择便于人员车辆出动的场地。

(2)生产、贮存危险化学品的单位,应尽量将单位微型消防站设置在常年主导风向的上风或侧风方向。

(3)同一建筑内多个重点单位共用消防控制室,且合并建立的三星级微型消防站应设置在公共部位,其他一星级微型消防站应设置在各单位内部。纵向或横向管理体量大的单位,应按照"一站多点"建设模式设置多个值守备勤点。

(4)单位微型消防站应根据本单位事故特点建立专业处置队伍。

(5)单位微型消防站宜设置统一的明显标志,张贴(悬挂)"××(单位名称)微型消防站"标牌。

(6)单位微型消防站应设置必要的办公设施,满足值班需求,并将组织架构、重点人员联系方式等张贴上墙。有条件的单位可配备必要的生活设施。

主要职责任务：

（1）开展常态防火检查。单位微型消防站应制定完善日常防火检查巡查、火灾隐患整改制度，明确日常排查、火灾隐患登记、报告、督办、整改、复查等程序。单位微型消防站应当安排人员开展日常防火检查巡查，根据有关规定和单位实际，确定检查巡查人员、内容、部位和频次。日常防火检查巡查的主要内容包括：油、水、电、气的管理情况，安全出口、疏散通道是否畅通，消防设施器材、消防安全标志是否完好有效，重点部位值班值守情况等。对防火检查巡查发现的火灾隐患，应立即整改消除；无法当场整改的，要及时报告消防安全管理人。整改期间应采取管控措施，确保消防安全。单位微型消防站防火检查情况应在纸质或在线系统上如实记录。

（2）开展快速灭火救援行动。单位微型消防站应根据本单位实际情况和火灾特点，按照"1分钟邻近员工先期处置、3分钟第一灭火力量到场扑救、5分钟增援力量协同作战"的要求，制订完善灭火应急救援和疏散预案，定期开展训练演练，提高快速反应能力。应定期开展灭火救援器材装备和疏散逃生路线熟悉，确保器材装备完好有效、疏散逃生路线畅通。消防区域联防协作的单位微型消防站，应建立信息互通机制，遇有火情可及时联络，通知到场增援。宜确定一个三星级消防站作为组织单位，每季度组织不少于一次的联动演练。灭火应急救援演练、处置情况应在纸质或在线系统上如实记录。"1分钟响应启动"程序要求：单位微型消防站值班员（消控室值班员）接到火灾报警后，应立即发出火警指令，启动应急响应程序。就近调派火灾发生地点周边员工1分钟内到达火灾发生地点进行先期处置。同时，通知单位火灾发生地点相邻楼层或区域的消防员及微型消防站在岗人员立即出动，并向当地119消防指挥中心报警。"3分钟到场扑救"程序要求：在接到火警报告或调派指令后，火灾发生地点相邻楼层或区域的消防员或微型消防站队员应在3分钟内到达起火发生地点，就近取用消防器材装备，按应急处置程序开展人员疏散、火灾扑救等工作。"5分钟协同作战"程序要求：起火单位微型消防站全体值班人员应在5分钟内到场参与扑救，加入消防区域联防协作组织的单位微型消防站在其他单位发生火灾后,应按照"一处着火,多点出动"的要求,根据火警信息或调派指令,5分钟内启动联动响应,携带灭火救援装备赶赴起火地点协同作战。消防救援站工作人员到场后,单位微型消防站应服从消防救援机构的统一指挥,协助开展处置。

(3)开展有效消防宣传工作。单位应制定完善消防宣传和教育培训制度,将微型消防站作为消防宣传主要力量。应定期向单位员工宣传消防知识,开展防火提醒提示及应急处置逃生培训授课。通过单位微信群,定期发送消防安全内容,发生火灾时,辅助提醒疏散。应定期组织员工进行消防安全教育培训,对新上岗和进入新岗位的员工,要开展岗前消防培训,使全体员工达到"一懂三会"要求。消防宣传和教育培训情况应在纸质或在线系统上记录。

运行机制:

(1)日常管理机制。微型消防站站长是各项规章制度贯彻落实的具体执行者,应加强教育学习组织,做好日常监督管理,确保正规有序。应主动掌握建筑改造施工、消防设施变动等涉及灭火救援的有关情况,及时报消防救援大队备案。应制定完善微型消防站日常管理、训练、保障制度。应根据有关制度,加强日常管理,定期开展针对本单位火灾特点的初起火灾扑救训练、培训或演练。单位微型消防站的运行经费、队员工资待遇、社会保险等由单位负责。多个单位共用消控室合建微型消防站,要互相签订协议,明确权利义务。单位微型消防站建成后,应及时报当地消防救援大队,由消防救援大队统一编号,登记相关信息。单位微型消防站人员、装备有调整的,应及时报主管当地消防救援大队。单位微型消防站应加强档案资料建设,有关建设情况、活动记录应及时存档。

(2)值班备勤机制。单位微型消防站应制定完善值班备勤制度。根据实际情况提前划定值班备勤地点,落实必要的保障措施,确保队员值班备勤期间不离开任务区域,随时做好出动准备。营业期间,单位微型消防站应科学分班编组,合理安排执勤力量,严格落实值班(备勤),确保战斗力。非营业期间,应落实人员值班巡查。"一楼多站"模式下的单位微型消防站应主动加入消防区域联防协作组织,配合做好有关活动,定期开展联勤联训。

（3）指挥调度机制。为提高火灾处置效率,本着"统一接警、分类处警"的原则,鼓励单位微型消防站安装受理调度系统,安装系统的微型消防站向当地消防救援大队提出联入119消防接处警系统的书面申请,由当地消防救援支队统一增设通信专线。微型消防站联入119消防接处警系统后,应当及时接收并确认消防救援队伍的指挥调度信息,实现119消防指挥中心与单位微型消防站更及时、快速、有效的沟通。应制定完善灭火救援调度指挥和通信联络程序。微型消防站与队员应时刻保持通信联络畅通并定时开展通信测试,确保遇有警情时能第一时间通知到每名值班备勤人员。当地消防救援支队应当统一出警视频监控的功能要求,鼓励单位微型消防站在适当位置安装出警视频监控。三星级单位微型消防站应立足区域联防协作,纳入消防救援机构的统一调度,119消防指挥中心每周测试微型消防站受理调度系统,定期开展拉动演练。

（4）区域联防机制。区域联防联动是指按照"位置相邻"或"行业相近"的原则,划定范围组成一个消防联防区域,建立微型消防站区域联防制度和通讯联络、应急响应机制,定期开展应急调度、联合作战、战斗志愿等方面的演练,逐步实现联防区域内"一点着火、多点出动、协同作战"。单位微型消防站应接受消防区域联防协作组织的调派,协助参与消防区域联防协作组织内其他单位的灭火应急处置。重点单位微型消防站应积极参与消防安全区域联防联控。

第十节 消防安全评估、信用评定

随着社会经济的发展,社会单位变得越来越复杂,单位的火灾危险性也随之增加,因此,消防救援机构设定了一批单位为火灾高危单位,对这类单位,要求在消防安全重点单位的基础上采取更为严格的管理措施。

火灾高危单位是指存在重大火灾隐患,容易发生火灾事故,并且一旦发生火灾事故极易造成群死群伤的单位。每年年初,属地消防救援大队根据规定和有关技术标准确定辖区火灾高危单位,报本级人民政府备案并向社会公告。

一、火灾高危单位消防安全评估制度

消防安全评估可以分为自我评估和委托评估。火灾单位应开展委托评估，是指由具有资质的消防安全评估机构对社会单位、场所、工矿企业等机构的消防安全综合情况进行评估并针对评估结果，依据消防法律法规、技术规范提出解决措施的服务活动。评估结果应报当地消防救援机构备案并向社会公开。这主要是因为火灾高危单位都是容易造成群死群伤火灾的人员密集场所、易燃易爆单位和高层、地下公共建筑等单位，是消防安全重点单位中的重点，必须从软件、硬件、从人防、物防、技防等方面提出更加严格的管理措施。实行消防安全评估，能够让火灾高危单位全面掌握本单位的消防安全状况，发现本单位消防安全问题和薄弱环节，为自身消防安全管理提供指导性意见。

火灾高危单位应每季度开展一次自我评估，每年委托有资质的消防技术服务机构开展一次消防安全评估。火灾高危单位的消防安全评估结果可以作为单位信用评级的重要考核依据。结果向社会公开，可以进一步接受社会监督，消防安全评估机构应依法对单位消防安全评估结果承担责任。

二、火灾高危单位信用评定

火灾高危单位应该建立并运行信用评价机制。证券、保险等单位可以将火灾高危单位效仿安全信用纳入社会信用服务体系。火灾高危单位应积极参加火灾公众责任保险。

第三章　消防监督管理概述

　　消防监督管理是各级政府及部门督促消防法律法规执行,推动社会各主体加强消防工作,确保消防安全的活动。《中华人民共和国消防法》明确规定,国务院应急管理部门对全国消防工作实施监督管理。县级以上地方人民政府应急管理部门对本行政区域内的消防工作实施监督管理,并由本级人民政府消防救援机构负责实施。各级消防救援机构是负责消防法律法规实施的具体机构,负责开展消防监督管理工作。

　　消防监督检查是各级政府及部门监督消防法律法规执行,抽查社会各主体依法落实消防安全职责的活动。消防监督检查是消防监督管理的方式之一,也是监督执法的一种形式。《中华人民共和国消防法》明确规定,消防救援机构应当对机关、团体、企业、事业等单位遵守消防法律法规的情况依法进行监督检查。公安派出所可以负责日常消防监督检查、开展消防宣传教育,具体办法由国务院公安部门规定。消防救援机构、公安派出所的工作人员进行消防监督检查,应当出示证件。消防救援机构在消防监督检查中发现火灾隐患的,应当通知有关单位或者个人立即采取措施消除隐患;不及时消除隐患可能严重威胁公共安全的,消防救援机构应当依照规定对危险部位或者场所采取临时查封措施。

　　按照深化"放管服"改革决策部署,中共中央《关于深化消防执法改革的意见》明确要求,构建科学合理、规范高效、公正公开的消防监督管理体系,在加强事中事后监管方面,实行"双随机、一公开"监管,明确抽查范围、抽查事项和抽查细则,合理确定抽查比例和频次;针对火灾多发频发的行业和领域,适时开展集中专项整治,对隐患突出、有严重违法违规记录的单位,实施重点监管;建立消防举报投诉奖励制度,鼓励群众参与监督;将消防违法违规行为记入信用记录,严重违法失信企业纳入"黑名单"管理,依法实施联合惩戒;完善"互联网＋监管",运用物联网和大数据技术,实时化、智能化评估消防安全风险,实现精准监管;强化火灾事故倒查追责,逐起组织调查造成人员死亡或造成重大社会影响的火灾,倒查工程建设、中介服务、消防产品质量、使用管理等各方主体责任,严肃责任追究。在便民利企服务方面,全面清理于法无据的证明材料,能够通过部门交互获取的信息不再要求单位和个人提供。实行容缺后补、绿色通道、邮政或快递送达等便利化措施,推行预约办理、同城通办、跨层联办、智能导办、一对一专办等服务方式,多渠道多途径提高办事效率和服务水平。

消防监督管理的依据主要有《中华人民共和国消防法》《消防监督检查规定》《火灾事故调查规定》《消防产品监督管理规定》《社会消防安全教育培训规定》《注册消防工程师管理规定》《高层民用建筑消防安全管理规定》和《社会消防技术服务管理规定》等8个部门规章。本章重点介绍消防监督检查形式和内容等消防监督检查的一般规定,以及高层民用建筑和社会消防技术服务机构等特殊场所和机构的消防监督管理规定,便于社会单位了解监管部门的要求,能对照管理要求落实各项措施。

第一节　消防监督检查形式与内容

当前,消防救援机构实行"双随机、一公开"监管,明确抽查范围、抽查事项和抽查细则,合理确定抽查比例和频次;针对火灾多发频发的行业和领域,适时开展集中专项整治,对隐患突出、有严重违法违规记录的单位,实施重点监管。简化公众聚集场所投入使用、营业前消防安全检查,实行告知承诺管理,公众聚集场所作出其符合消防安全标准的承诺后即可投入使用、营业。

一、消防监督检查的形式

消防救援机构消防监督检查的形式主要有五种:对公众聚集场所在投入使用、营业前的消防安全检查;对单位履行法定消防安全职责情况的监督抽查;对举报投诉的消防安全违法行为的核查;对大型群众性活动举办前的消防安全检查;根据需要进行的其他消防监督检查。

消防救援机构根据本地区火灾规律、特点等消防安全需要组织监督抽查;在火灾多发季节,重大节日、重大活动前或者期间,应当组织监督抽查。消防安全重点单位应当作为监督抽查的重点,非消防安全重点单位必须在监督抽查的单位数量中占有一定比例。对属于人员密集场所的消防安全重点单位每年至少监督检查一次。

二、消防监督检查的内容

对单位履行法定消防安全职责情况的监督抽查,需要根据单位的实际情况进行,并包括以下主要内容:建筑物或者场所是否依法通过消防验收或者进行竣工验收消防备案,公众聚集场所是否通过投入使用、营业前的消防安全检查;建筑物或者场所的使用情况是否与消防验收或者进行竣工验收消防备案时确定的使用性质相符;消防安全制度、灭火和应急疏散预案是否制定;消防设施、器材和消防安全标志是否定期组织维修保养,是否完好有效;电器线路、燃气管路是否定期维护保养、检测;疏散通道、安全出口、消防车通道是否畅通,防火分区是否改变,防火间距是否被占用;是否组织防火检查、消防演练和员工消防安全教育培训,自动消防系统操作人员是否持证上岗;生产、储存、经营易燃易爆危险品的场所是否与居住场所设置在同一建筑物内;生产、储存、经营其他物品的场所与居住场所设置在同一建筑物内的,是否符合消防技术标准;其他依法需要检查的内容。

对人员密集场所还应当抽查室内装修材料是否符合消防技术标准、外墙门窗上是否设置影响逃生和灭火救援的障碍物。

对消防安全重点单位履行法定消防安全职责情况的监督抽查,还需要增加检查下列内容:是否确定消防安全管理人;是否开展每日防火巡查,并建立巡查记录;是否定期组织消防安全培训和消防演练;是否建立消防档案、确定消防安全重点部位。

对属于人员密集场所的消防安全重点单位,还应当检查应急疏散预案中承担灭火和组织疏散任务的人员是否确定。

三、火灾隐患的认定和整改

消防救援机构对检查发现的问题,应确定为火灾隐患,并督促落实整改措施。存在问题包括:影响人员安全疏散或者灭火救援行动,不能立即改正的;消防设施未保持完好有效,影响防火灭火功能的;擅自改变防火分区,容易导致火势蔓延、扩大的;在人员密集场所违反消防安全规定,使用、储存易燃易爆危险品,不能立即改正的;不符合城市消防安全布局要求,影响公共安全的;其他可能增加火灾实质危险性或者危害性的情形。

对单位存在的火灾隐患,消防救援机构应制发责令立即整改通知书、责令整改通知书等法律文书;对违法行为轻微并当场改正完毕,依法可以不予行政处罚的,可以口头责令改正,并在检查记录中注明。

单位接到隐患整改要求后,对不能当场改正的火灾隐患,消防工作归口管理职能部门或者专兼职消防管理人员应当管理分工,及时将存在的火灾隐患向单位的消防安全管理人或者消防安全责任人报告,提出整改方案。消防安全管理人或者消防安全责任人应当确定整改的措施、期限,以及负责整改的部门、人员,并落实整改资金。在火灾隐患未消除之前,单位应当落实防范措施,保障消防安全。不能确保消防安全,随时可能引发火灾或者一旦发生火灾将严重危及人身安全的,应当将危险部位停产停业整改。火灾隐患整改完毕,负责整改的部门或者人员应当将整改情况记录,并报送消防安全责任人或者消防安全管理人签字确认后存档备查。

四、重大火灾隐患的判定和整改

重大火灾隐患是违反消防法律法规、不符合消防技术标准,可能导致火灾发生或火灾危害增大,并由此可能造成重大、特别重大火灾事故或严重社会影响的各类潜在不安全因素。重大火灾隐患的判定、立案、督办和销案应当根据

《重大火灾隐患判定方法》(GB 35181—2017)。

重大火灾隐患判定需要按照以下程序开展。开展现场检查:组织进行现场检查,核实火灾隐患的具体情况,并获取相关影像和文字资料;组织集体讨论:组织对火灾隐患进行集体讨论,做出结论性判定意见,参与人员不应少于3人;进行专家技术论证:对于涉及复杂疑难的技术问题,按照标准判定重大火灾隐患有困难的,应组织专家成立专家组进行技术论证,形成结论性判定意见。结论性判定意见应有三分之二以上的专家同意。集体讨论或技术论证时,可以听取业主和管理、使用单位等利害关系人的意见。

消防救援机构在消防监督检查中发现城乡消防安全布局、公共消防设施不符合消防安全要求,或者发现本地区存在影响公共安全的重大火灾隐患的,应当由应急管理部门书面报告本级人民政府。接到报告的人民政府应当及时核实情况,组织或者责成有关部门、单位采取措施,予以整改。

第二节　高层建筑消防监督管理

为加强高层民用建筑消防安全管理,预防火灾和减少火灾危害,应急管理部制定了《高层民用建筑消防安全管理规定》。

一、高层建筑管理对象

高层民用建筑包括高层住宅建筑和高层公共建筑。高层住宅建筑是指建筑高度大于 27 米的住宅建筑;高层公共建筑是指建筑高度大于 24 米的非单层公共建筑,包括办公建筑、科研建筑、文化建筑、商业建筑、体育建筑、医疗建筑、交通建筑、旅游建筑、通信建筑、宿舍建筑、公寓建筑等。

随着我国经济社会的快速发展,高层民用建筑数量剧增,据不完全统计,全国目前已有 75.6 万幢,随之而来的消防安全问题日益突出。高层公共建筑业态、功能复杂多样,人员密集、流动性大,可燃物多、火灾荷载大,一旦发生火灾,极易造成重大人员伤亡和财产损失,与其他建筑相比,火灾风险更高、消防管理难度更大。近年来火灾多发,造成大量人员伤亡和财产损失,消防安全形势十分严峻,主要体现在:一是建筑体量大、功能复杂,整体风险高。二是消防安全条件不达标,历史遗留问题突出。三是日常消防管理不到位,自防自救能力差。四是一旦发生火灾,火势蔓延途径多、速度快,人员疏散困难,救援难度大。

二、高层建筑管理职责要求

高层建筑业主单位、使用单位的消防安全职责和要求较一般单位更为严格,主要有:遵守消防法律法规,建立和落实消防安全管理制度;明确消防安全管理机构或者消防安全管理人员;组织开展防火巡查、检查,及时消除火灾隐患;确保疏散通道、安全出口、消防车通道畅通;对建筑消防设施、器材定期进行检验、维修,确保完好有效;组织开展消防宣传教育培训,制订灭火和应急疏散预案,定期组织消防演练;按照规定建立专职消防队、志愿消防队(微型消防站)等消防组织;法律法规规定的其他消防安全职责。

高层公共建筑的业主、使用人、物业服务企业或者统一管理人应当明确专人担任消防安全管理人。消防安全管理人的姓名、联系方式和消防安全管理职责应当在建筑显著位置公示。

消防安全管理人具体负责整栋建筑的消防安全管理,主要职责有:拟订年度消防工作计划,组织实施日常消防安全管理工作;组织开展防火检查巡查和火灾隐患整改;组织实施建筑共用消防设施维护保养;管理消防组织;组织开展消防安全宣传教育培训;组织编制灭火和应急疏散综合预案并开展演练。由于高层公共建筑的消防安全管理专业性、技术性较强,其消防安全管理人应当具备与其职责相适应的消防安全知识和管理能力。同时,对建筑高度超过100米的高层公共建筑,鼓励聘用相应级别的注册消防工程师或者相关工程类中级及以上专业技术职务的人员担任消防安全管理人。

目前,我国大多数高层公共建筑和高层住宅建筑都委托物业服务企业提供服务。物业服务企业根据法律规定和合同约定,承担着消防安全管理职责,在维护高层民用建筑消防安全方面发挥重要的作用。对于高层公共建筑,接受委托的物业服务企业实施消防安全管理,物业服务企业应当按照约定履行业主单位、使用单位的消防安全职责。对于高层住宅建筑,接受委托的物业服务企业要落实消防安全责任,制定消防安全制度,拟订年度消防安全工作计划和组织保障方案,明确具体部门或者人员负责消防安全管理工作,防火巡查、检查和消除火灾隐患,保障疏散通道、安全出口、消防车通道畅通,督促业主、使用人履行消防安全义务,定期通报消防安全情况和提示消防安全风险,组织开展经常性的消防宣传教育,制订灭火和应急疏散预案并定期组织演练。

当前,不少高层民用建筑实行承包、租赁或者委托经营管理,业主和承包人、承租人、经营管理人在确定承包、租赁、委托经营管理关系时,没有明确消防安全责任,各方消防安全职责不清,在工作中各自为政,发生问题时互相推诿扯皮;还有一些业主将不具备消防安全条件的建筑出租、委托经营,在出租、委托经营之后放手不管,没有承担起相应的消防管理责任,导致这类建筑消防安全问题丛生。为避免出现上述问题,承包、租赁或者委托经营管理有关当事人应履行下列消防安全职责:一是当事人在订立承包、租赁、委托管理等合同时,应当明确各方消防安全责任。二是业主应当提供符合消防安全要求的建筑物,并督促使用人加强消防安全管理。三是委托方、出租方依照法律规定,可以对承包方、承租方、受托方的消防安全工作统一协调、管理。

业主、使用人都有维护消防安全的义务,当发现在高层民用建筑公共门厅、疏散走道、楼梯间、安全出口等处停放电动自行车或者为电动自行车充电的违规行为时,应当及时劝阻,或者向物业服务企业反映。物业服务企业要认真开展防火巡查、检查,对业主反映的和防火巡查、检查发现的上述违规行为应当予以制止;制止无效的,及时报告消防救援机构等有关行政管理部门依法处理。

三、高层建筑的重点管理要求

高层建筑的动火管理,必须做到以下要求:一是因施工等特殊情况需要进行明火作业的,应当按照规定办理动火审批手续,落实现场监护人,配备消防器材,并在建筑主入口和作业现场显著位置公告。二是作业人员应当依法持证上岗,严格遵守消防安全规定,清除周围及下方的易燃、可燃物,采取防火隔离措施。作业完毕后,应当进行全面检查,消除遗留火种。三是高层公共建筑内的商场、公共娱乐场所不得在营业期间动火施工。四是不得在具有火灾、爆炸危险的场所使用明火。

高层民用建筑外墙外保温系统消防安全管理,必须做到以下要求:一是设有建筑外墙外保温系统的高层民用建筑,其管理单位应当在主入口及周边相关显著位置,设置提示性和警示性标识,标示外墙外保温材料的燃烧性能、防火要求。二是对外墙外保温系统破损、开裂和脱落的,应当及时修复。三是高层民用建筑在进行外墙外保温系统施工时,建设单位应当采取必要的防火隔离以及限制住人和使用的措施,确保建筑内人员安全。禁止使用易燃、可燃材料作为高层民用建筑外墙外保温材料。四是禁止在建筑及周边禁放区域燃放烟花爆竹,禁止在其外墙周围堆放可燃物。五是对于使用难燃外墙外保温材料或者采用与基层墙体、装饰层之间有空腔的建筑外墙外保温系统的高层民用建筑,禁止在其外墙动火用电。

关于高层公共建筑消防设施的维修、更新、改造的费用,《高层民用建筑消防安全管理规定》明确由业主、使用人按照有关法律规定承担,共有部分按照专有部分建筑面积所占比例承担。高层住宅建筑的消防设施日常运行、维护和维修、更新、改造费用,由业主依照法律规定承担;委托消防服务单位的,消防设施的日常运行、维护和检测费用应当纳入物业服务或者消防技术服务专项费用。共用消防设施的维修、更新、改造费用,可以依法从住宅专项维修资金列支。

第三节 社会服务机构管理规定

为进一步规范社会消防技术服务活动,维护消防技术服务市场秩序,促进提高消防技术服务质量,应急管理部制定了《社会消防技术服务管理规定》。这对加强消防技术服务机构管理、规范社会消防技术服务活动、推进消防工作社会化、提升社会防控火灾能力具有十分重要的意义。

消防技术服务机构包括两类,分别是消防设施维护保养检测机构和消防安全评估机构。消防技术服务机构应当依照法律法规、技术标准和从业准则,开展社会消防技术服务活动,并对服务质量负责。消防设施维护保养检测机构可以从事建筑消防设施维护保养、检测活动。消防安全评估机构可以从事区域消防安全评估、社会单位消防安全评估、大型活动消防安全评估等活动,以及消防法律法规、消防技术标准、火灾隐患整改、消防安全管理、消防宣传教育等方面的咨询活动。

第四节 火灾调查规定

火灾事故调查是消防救援机构的一项重要任务,火灾原因查不清就不能从事故中吸取教训,就不能采取针对性的整改措施,就不能防止类似的事故发生,就不能分清事故责任,就不能对事故的责任者作出严肃处理。火灾调查的主要任务就是查明火灾原因,统计火灾损失,依法对火灾事故作出处理,总结火灾教训。火灾事故调查由县级以上消防救援机构组织实施。

火灾发生地的县级以上消防救援机构应当根据火灾现场情况,排除现场险情,保障现场调查人员的安全,并初步划定现场封闭范围,设置警戒标志,禁止无关人员进入现场,控制火灾肇事嫌疑人。要根据火灾事故调查需要,及时调整现场封闭范围,并在现场勘验结束后及时解除现场封闭。消防救援机构应当根据现场勘验、调查询问,以及有关检验、鉴定意见等调查情况,及时作出起火原因的认定。

第四章　建筑消防设施概述

　　建筑消防设施是指依照国家、行业或者地方消防技术标准的要求,在建筑物、构筑物中设置的用于火灾报警、灭火、人员疏散、防火分隔、灭火救援行动等防范和扑救建筑火灾的设备,包括火灾自动报警系统、自动灭火系统、消火栓系统、防烟排烟系统、应急广播和应急照明、安全疏散设施等。

第一节　建筑消防设施分类

　　现代建筑消防设施种类多、功能全,使用普遍。按其使用功能不同进行划分,常用的建筑消防设施有以下 15 类:

一、建筑防火分隔设施

　　建筑防火分隔设施是指能在一定时间内把火势控制在一定空间内,阻止其蔓延扩大的一系列设施。各类防火分隔设施一般在耐火稳定性、完整性和隔热性等方面具有不同要求。常用的防火分隔设施有防火墙、防火隔墙、防火门窗、防火卷帘、防火阀、阻火圈等。

二、安全疏散设施

　　安全疏散设施是指在建筑发生火灾等紧急情况时,引导人们向安全区域撤离并提供可靠的疏散安全保障条件的硬件设备与途径。常用的安全疏散设施包括安全出口、疏散楼梯、疏散(避难)走道、消防电梯、屋顶直升机停机坪、消防应急照明和安全疏散指示标志等。

三、消防给水设施

消防给水设施是建筑消防给水系统的重要组成部分,其主要功能是为建筑消防给水系统储存并提供足够的消防水量和水压,确保消防给水系统的供水安全。消防给水设施通常包括消防供水管道、消防水池、消防水箱、消防水泵、消防稳(增)压设备、消防水泵接合器等。

四、防烟与排烟设施

建筑的防烟设施分为机械加压送风的防烟设施和可开启外窗的自然排烟设施。建筑的排烟设施分为机械排烟设施和可开启外窗的自然排烟设施。建筑机械防排烟设施是由送排风管道、管井、防火阀、门开关设备、送排风机等设备组成的。

五、消防供配电设施

消防供配电系统主要包括消防电源、消防配电装置、线路等。消防配电装置是从消防电源到消防用电设备的中间环节。

六、火灾自动报警系统

火灾自动报警系统由火灾探测触发装置、火灾报警装置、火灾警报装置及具有其他辅助功能的装置组成。系统能在火灾初期将燃烧产生的烟雾、热量、火焰等物理量,通过火灾探测器变成电信号,传输到火灾报警控制器,并同时显示出火灾发生的部位、时间等,使人们能够及时发现火灾并采取有效措施。火灾自动报警系统按应用范围可分为区域报警系统、集中报警系统和控制中心报警系统三类。

七、自动喷水灭火系统

自动喷水灭火系统是由洒水喷头、报警组、水流报警装置(水流指示器、压力开关)等组件和管道、供水设施组成的,能在火灾发生时作出响应并实施喷水的自动灭火系统。系统依照采用的喷头分为两类:采用闭式洒水喷头的为闭式系统,包括湿式系统、干式系统、预作用系统、简易自动喷水系统等;采用开式洒水喷头的为开式系统,包括雨淋系统、水幕系统等。

八、水喷雾灭火系统

水喷雾灭火系统是利用专门设计的水雾喷头,在水雾喷头的工作压力下将水流分解成粒径不超 1mm 的细小水滴进行灭火或防护冷却的一种固定灭火系统。其主要灭火机理为表面冷却、窒息、乳化和稀释作用,具有较高的电绝缘性能和良好的灭火性能。

九、细水雾灭火系统

细水雾灭火系统是由供水装置、过滤装置、控制、细水雾喷头等组件和供水管道组成的,能自动和人工启动并喷放细水雾进行灭火或控火的固定灭火系统。该系统的灭火机理主要是表面冷却、窒息、辐射热阻隔、浸湿及乳化作用,在灭火过程中,几种作用往往同时发生,从而实现有效灭火。

十、泡沫灭火系统

泡沫灭火系统由消防泵、泡沫储罐、比例混合器、泡沫产生装置、阀门及管道、电气控制装置组成。系统可分为低倍数泡沫灭火系统、中倍数泡沫灭火系统及高倍数泡沫灭火系统。

十一、气体灭火系统

气体灭火系统是指平时灭火剂以液体、液化气体或气体状态存储于压力容器内,灭火时以气体(包括蒸气、气雾)状态喷射灭火介质的灭火系统。该系统能在防护区空间内形成各方向均一的气体浓度,而且至少能保持该灭火浓度达到规范规定的浸渍时间,实现扑灭该防护区的空间、立体火灾。气体灭火系统按其结构特点可分为管网灭火系统和无管网灭火装置;按防护区的特征和灭火方式可分为全淹没灭火系统和局部应用灭火系统;按一套灭火剂储存装置保护的防护区的多少,可分为单元独立系统和组合分配系统。

十二、干粉灭火系统

干粉灭火系统由启动装置、氮气瓶组、减压阀、干粉罐、干粉喷头、干粉枪、干粉炮、电控柜、阀门和管系等零部件组成,一般为火灾自动探测系统与干粉灭火系统联动。此系统氮气瓶组内的高压氮气经减压阀减压后进入干粉罐,其中一部分氮气被送到干粉罐的底部,起到松散干粉灭火剂的作用。随着罐内压力的升高,部分干粉灭火剂随氮气进入出粉管,并被送到干粉固定喷嘴或干粉枪、干粉炮的出口门处,当干粉固定喷嘴或干粉枪、干粉炮出口门处的压力达到一定值后,阀门打开(或者定压爆破膜片自动爆破),压力能迅速转化为速度能,高速的气粉流便从固定喷嘴或干粉枪、干粉炮的喷嘴中喷出,射向火源,切割火焰,破坏燃烧链,起到迅速扑灭或抑制火灾的作用。

十三、可燃气体报警系统

可燃气体报警系统即可燃气体泄漏检测报警成套装置。当系统检测到泄漏可燃气体浓度达到报警器设置的爆炸临界点时,可燃气体报警器就会发出报警信号,提醒及时采取安全措施,防止发生气体大量泄漏或爆炸、火灾、中毒等事故。报警器按照使用环境可以分为工业用气体报警器和家用燃气报警器;按自身形态可分为固定式可燃气体报警器和便携式可燃气体报警器;按工作原理可以分为传感器式报警器、红外线探测报警器和高能量回收报警器。

十四、消防通信设施

消防通信设施是指专门用于消防检查、演练、火灾报警、接警、安全疏散、消防力量调度以及与医疗、消防等部门之间进行联络的系统设施。其主要包括火灾事故广播系统、消防专用电话系统、消防电话插孔以及无线通信设备等。

十五、移动式灭火器材

移动式灭火器材是相对于固定式灭火器材而言的,即可以人为移动的各类灭火器具,如灭火器、灭火毯、消防梯、消防钩、消防斧、安全锤、消防桶等。

除此以外,一些其他的器材和工具在火灾等不利情况下,也能够起到灭火和辅助逃生等作用,如防毒面具、消防手电、消防绳、消防沙、蓄水缸等。

第二节　建筑消防设施维护与管理

建筑消防设施管理是一项社会责任,各单位对本单位建筑消防设施负有自主管理责任。

一、单位自主管理职责

建筑消防设施的产权单位或者受其委托管理的单位应当履行日常管理责任。当建筑使用权全部或局部转让租赁时,应明确建筑消防设施的日常管理责任。两个或两个以上产权人共用建筑消防设施的,建筑消防设施产权人应当共同协商,订立协议,明确各方的建筑消防设施管理责任,确定责任人或委托一个管理单位进行统一管理。建筑消防设施的使用、管理单位应当依法履行下列管理职责:

(1)贯彻执行国家有关建筑消防设施使用、维护保养的法律法规、技术标准和地方规章。

(2)明确专门部门和专人负责建筑消防设施的操作、检查和维护保养工作。

(3)制定建筑消防设施的管理制度和操作规程。

(4)落实建筑消防设施的日常维护保养制度,及时整改设置与运行中存在的问题。

（5）定期组织对建筑消防设施进行检查测试。

（6）建立建筑消防设施配置、运行等情况的管理档案。

（7）对员工进行建筑消防设施使用常识教育，定期组织消防演练。

（8）履行法律法规规定的其他责任。

二、维护管理的主要内容

消防设施维护管理各个环节的工作均关系到消防设施完好有效、正常发挥作用，建筑使用管理单位要根据各个环节的工作特点，组织实施维护管理。

（一）值班

建筑使用管理单位应根据工作、生产、经营的实际情况建立值班制度。在消防控制室、具有消防配电功能的配电室、消防水泵房、防烟排烟机房等重要设备用房，合理安排符合从业资格条件的专业人员对消防设施实施值守、监控，负责消防设施操作控制，确保火灾情况下能够按照操作技术规程，及时、准确地操作消防设施。消防设施操作人员的职责和具体操作应纳入单位灭火和应急疏散预案，并在预案演练时不断完善。

（二）巡查

根据《建筑消防设施的维护管理》（GB 25201—2010）的规定，消防设施巡查内容主要包括消防设施设置场所（防护区域）的环境状况，消防设施及其组件、材料等外观，消防设施运行状态，消防水源状况，固定灭火设施灭火剂储存量，等等。

建筑管理单位在组织巡查时，要明确各类消防设施的巡查频次、内容和部位；巡查时要准确填写《建筑消防设施巡查记录表》；巡查发现故障或存在问题的，应按规定程序进行故障处置，消除存在问题。

公共娱乐场所营业期间，每2小时组织一次综合巡查。其间，将部分或者全部消防设施巡查纳入综合巡查内容，并保证每日至少对全部建筑消防设施巡查一遍。消防安全重点单位每日至少对消防设施巡查一次。其他社会单位每周至少对消防设施巡查一次。举办具有火灾危险性的大型群众性活动的，承办单位根据活动现场的实际需要确定巡查频次。

（三）检测

建筑消防设施检测应根据《建筑消防设施的维护管理》（GB 25201—2010）的规定执行。消防设施检测主要是指对国家标准规定的各类消防设施的功能性要求进行的检查、测试。

消防设施每年至少检测一次。重大节日或者重大活动，应根据要求安排消防设施检测。设有自动消防设施的宾馆、饭店、商场、市场、公共娱乐场所等人员密集场所、易燃易爆单位，以及其他一类高层公共建筑等消防安全重点单位，自消防设施投入运行后的每年年底，将年度检测记录报当地消防救援机构备案。检测过程中，应如实填写《建筑消防设施检测记录表》。

（四）维修

对于在值班、巡查、检测、灭火演练中发现的消防设施的存在问题和故障，相关人员要向建筑使用管理单位消防安全管理人报告，消防安全管理人应立即通知维修人员或委托具备从业条件的消防设施维修保养单位进行维修。相关人员应按规定填写《建筑消防设施故障维修记录表》。

维修期间，建筑使用管理单位要采取有效措施确保消防安全。故障排除后，消防安全管理人应组织相关人员进行相应功能试验，并将检查确认合格的消防设施恢复至正常工作状态。相关人员应按规定全面准确记录《建筑消防设施故障维修记录表》。

（五）保养

建筑使用管理单位根据建筑规模、消防设施使用周期等，制订消防设施保养计划，载明消防设施的名称、保养内容和周期；储备一定数量的消防设施易损件或者与有关消防产品厂家、供应商签订相关合同，以保证维修保养供应。实施消防设施的维护保养时，维护保养单位相关技术人员填写《建筑消防设施维护保养记录表》，并进行相应功能试验。

(六)档案建立与管理

消防设施档案是建筑消防设施施工质量、维护管理的历史记录,具有延续性和可追溯性,是消防设施施工调试、操作使用、维护管理等状况的真实记录。

建筑消防设施档案至少包含两方面内容:一是消防设施基本情况。主要包括消防设施的验收文件和产品、系统使用说明书,系统调试记录,消防设施平面布置图和系统图等原始技术资料。二是消防设施动态管理情况。主要包括消防设施的值班记录、巡查记录、检测记录、故障维修记录、维护保养计划表、维护保养记录、自动消防控制室值班人员基本情况档案及培训记录等。

消防设施施工安装、竣工验收及验收技术检测等原始技术资料长期保存;《消防控制室值班记录表》和《建筑消防设施巡查记录表》的存档时间应不少于1年;《建筑消防设施检测记录表》《建筑消防设施故障维修记录表》《建筑消防设施维护保养计划表》《建筑消防设施维护保养记录表》的存档时间应不少于5年。

第三节 主要建筑消防设施

一、火灾自动报警系统

火灾自动报警系统是探测火灾早期的物理或者化学变化现象特征,发出火灾报警、警报信号,为人员安全疏散、防止火灾蔓延和启动灭火设备提供控制和指示的系统。它是人类同火灾斗争不可缺少的强有力武器,在现代城市防火中有着极为重要的作用。

最古老的火灾探测器是根据 19 世纪 60 年代的自动洒水器而发展起来的感温火灾探测器件。到了 20 世纪 40 年代,瑞士发明了离子感烟探测器。随着光电技术的发展,到了 20 世纪 60 年代,出现了光电感烟火灾探测器。此后随着计算机、通信等现代科技的高速发展,出现了可燃气体探测器、红外探测器、紫外探测器、线型感烟探测器和主动吸气式感烟探测器等等。到了20世纪80年代末,火灾自动报警系统的结构开始以微型计算机为主体,从多线制连接发展到总线制连接传输数据。慢慢发展到现在,已经初步形成智能化的火灾自动报警系统。

我们国家的火灾自动报警系统的研究、生产和应用起步比较迟,直到20世纪70年代才研制成功第一个离子感烟探测器。20世纪80年代后期,随着我国经济的发展和城市建设的加快,自动火灾报警系统产品得到极大的发展,目前已经形成了门类齐全、技术先进、设备配套、应用广泛的应用体系。特别是近几年来研究的电气火灾预防技术也已经成熟。

对比我们国家与世界其他发达国家使用火灾自动报警系统的情况,世界各国的火灾报警系统的设置场所已经由公共场所扩展到普通的民用住宅,而我们国家仅对54米以上住宅的公共部分和100米以上的住宅进行了强制要求,对其他的住宅未进行强制要求。但是我国民用住宅的火灾发生率一直居高不下。据《中国消防救援年鉴(2019年卷)》统计,2019年全国共发生住宅火灾102257起,死979人,伤546人,直接经济损失约8.2亿元。

火灾自动报警系统是火灾探测报警与消防联动控制系统的简称,可以实现火灾早期探测和报警、向各类消防设备发出控制信号并接收设备反馈信号,进而实现预定消防功能。一般与自动灭火系统、防排烟系统、防火分隔设施等其他消防设施一起构成完整的建筑消防系统。一般情况下,建筑物发生火灾均经历如图4-1所示的过程。

图4-1　建筑物火灾的一般过程

(一)火灾自动报警系统的分类

建筑物的消防安全是本着"以人为本、安全第一"为原则,建筑物内设置火灾自动报警等消防系统的第一任务就是保障人身安全,对于任何需要保护人身安全的场所,设置相应的火灾自动报警系统具有非常重要的意义,只有设置了火灾自动报警系统,才会有应急疏散预案,才能按照预案形成有组织的疏散。同时,火灾自动报警系统在保护财产方面也有不可替代的作用。因此设定的保护对象的消防安全目标直接关系到火灾自动报警系统的选择,一般情况下火灾自动报警系统可以分为区域火灾报警系统、集中火灾报警系统和控制中心火灾报警系统三类。

1.区域火灾报警系统

区域火灾报警系统一般由火灾探测器、手动火灾报警按钮、火灾声光警报器及火灾报警控制器等组成,还可以包括消防控制室图形显示装置和指示楼层的区域显示器。

一般情况下,仅需要火灾报警而不需要联动其他自动消防设备的保护对象可以采用区域火灾报警系统。

区域火灾报警系统的火灾报警控制器应设置在平时都有人值班的场所,确保发生火灾时能及时处理。

区域火灾报警系统的火灾报警控制器应具有将火警等相关运行信息传送到城市远程监控中心的功能,如图 4-2 所示。

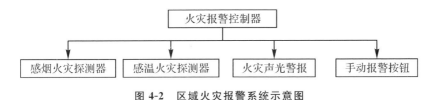

图 4-2　区域火灾报警系统示意图

2.集中火灾报警系统

集中火灾报警系统一般由火灾探测器、手动火灾报警按钮、火灾声光警报器、消防应急广播、消防专用电话、消防控制室图形显示装置、火灾报警控制器、消防联动控制器等组成。

除了上述一些比较简单只需报警的场所外,还需要报警后联动一些自动消防设备的,但只设置一台火灾报警集中控制器(具有消防联动功能)的保护对象可以采用集中火灾报警系统。

集中火灾报警系统应设置专门的消防控制室,必须要有持证的专业人员24 小时值班。单独建造的消防控制室耐火等级不应低于二级,附设在建筑物内消防控制室,应设在建筑物的首层靠外墙部位或设在建筑物的地下一层,要设置直通室外的安全出口。消防控制室严禁与消防设施无关的电气线路或其他管路穿过,不应设置在电磁场干扰较强的设备用房附近。

消防控制室内设置的消防控制室图形显示装置应能显示全部消防系统及相关设备的动态信息,例如火灾报警信号、可燃气体探测报警信号、电气火灾报警信号、屏蔽信号、故障信号、消防泵、喷淋泵的电源工作状态,以及泵的启、停状态信号,防排烟系统的手动、自动工作状态信号,泡沫灭火系统的手动、自动工作状态信号,气体灭火系统的手动、自动工作状态信号,等等。同时还要显示建筑物的消防安全管理信息,例如建筑物的基本情况、消防安全重点部位信息、日常防火检查巡查记录、火灾信息等。

3.控制中心火灾报警系统

控制中心火灾报警系统由火灾探测器、手动报警按钮、火灾声光警报器、消防应急广播、消防专用电话、消防控制室图形显示装置、火灾报警控制器、消防联动控制器等组成,且包含两个及以上的集中火灾报警系统。

随着城市建设发展,建筑物的面积越来越大,高度越来越高,简单的区域报警系统及一台集中报警控制器已经无法满足这些大型建筑的需要了,因此需要设置两台及以上的集中报警控制器或者两个及以上的消防控制室,这些建筑物就应设置控制中心火灾报警系统。

控制中心火灾报警系统除了要满足上述两种报警系统的所有功能,对于设置两个消防控制室的控制中心火灾报警系统还应确定一个消防控制室为主消防控制室,主消防控制室可以对其他消防控制室进行管理,各分消防控制室之间可以互相传输信息,但不能相互控制,特别是一些整个系统中共用的水泵等重要的消防设备一般由主消防控制室统一控制。

(二)火灾自动报警系统的组成

火灾自动报警系统是完整的建筑消防系统中必不可少的重要组成部分,一般由火灾报警控制器、触发器件和火灾警报装置等组成。能及时、准确地探测被保护对象的初起火灾,并作出相应的报警响应,从而使建筑物中的人员有时间在火灾尚未发展蔓延到危害生命安全的程度时疏散至安全地带。

火灾报警装置能接收、显示和传递火灾报警信号,并能发出控制信号及其他辅助功能。火灾报警控制器就是其中最基本的一种。火灾报警控制器能为火灾探测器提供稳定的工作电源,监视探测器及系统自身的工作状态,接收、转换、处理火灾探测器输出的报警信号,进行声光报警,指示报警的具体部位及时间,同时执行相应辅助控制等诸多任务。

火灾自动报警系统应设有自动和手动两种触发装置。火灾探测器属于自动触发装置,可以分为感烟、感温、感光、气体、复合五种基本类型,另外还有红外探测、漏电探测、视频探测等,是能对火灾参数(如烟、温度、火焰辐射、气体浓度等)响应,并能自动产生火灾报警信号的器件。手动火灾报警按钮是一种手动触发器件,通过手动方式产生火灾报警信号以向火灾报警控制器发出报警信号。

火灾警报装置能以区别于环境的声、光、音响等方式向报警区域发出火灾警报信号,以警示人们迅速采取安全疏散、灭火救灾措施。

(三)火灾自动报警系统的工作原理

在火灾自动报警系统中,火灾报警控制器和消防联动控制器是核心组件,是系统中火灾报警与警报的监控管理枢纽和人机交互平台。主要包括火灾探测报警系统和消防联动控制系统。

火灾探测报警系统工作原理为:发生火灾时,安装在保护区域现场的火灾探测器,将火灾产生的烟雾、热量和光辐射等火灾特征参数转变为电信号,经数据处理后,将火灾特征参数信息传输至火灾报警控制器;或直接由火灾探测器作出火灾报警判断,将报警信息传输到火灾报警控制器。火灾报警控制器在接收到探测器的火灾特征参数信息或报警信息后,经报警确认判断,显示报警探测器的部位,记录探测器火灾报警的时间。处于火灾现场的人员,在发现火灾后可立即触动安装在现场的手动火灾报警按钮,手动报警按钮便将报警信息传输到火灾报警控制器,火灾报警控制器在接收到手动火灾报警按钮的报警信息后,经报警确认判断,显示动作的手动报警按钮的部位,记录手动火灾报警按钮报警的时间。火灾报警控制器在确认火灾探测器和手动火灾报警按钮的报警信息后,驱动安装在被保护区域现场的火灾警报装置,发出火灾警报,向处于被保护区域内的人员警示火灾的发生。

消防联动控制系统工作原理为发生火灾时,火灾探测器和手动火灾报警按钮的报警信号等联动触发信号传输至消防联动控制器,消防联动控制器按照预设的逻辑关系对接收到的触发信号进行识别判断,在满足逻辑关系条件时,消防联动控制器按照预设的控制时序启动相应自动消防系统(设施),实现预设的功能。消防联动控制接收并显示消防系统(设施)动作的反馈信息。

(四)消防联动控制系统工作原理

火灾联动控制系统由消防联动控制器、消防控制室图形显示装置、消防电气控制装置(防火卷帘控制器、气体灭火控制器等)、消防电动装置、消防联动模块、消火栓按钮、消防应急广播设备、消防电话等设备和组件组成。

消防联动控制器能通过接收火灾报警控制器发出的火灾报警信息,按照预先设计的逻辑关系对建筑中设置的自动消防系统设备进行联动控制启动。消防联动控制器发出控制信号,通过驱动模块控制现场的设备;除了在消防联动控制器设置逻辑关系自动启动消防设备外,同时可以用消防电气控制装置间接控制受控设备,消防联动控制器均应接收自动消防系统(设施)动作的反馈信号。

消防控制室图形显示装置能接收并显示保护区域内的火灾探测报警,以及联控控制系统、消火栓系统、自动灭火系统、防排烟系统、防火门及卷帘系统、电梯、消防电源、消防应急照明和疏散指示系统、消防通信等各类消防系统及系统中的各类消防设备(设施)运行的动态信息和消防管理信息,并具有信息传输和记录功能。

消防联动模块用于消防联动控制器和其所连接的受控设备或部件之间的信号传输,包括输入模块、输出模块和输入输出模块。

(五)火灾自动报警系统的设计

火灾报警系统适用于人员居住和经常有人员滞留的场所、存放重要物资或燃烧后产生严重污染需要及时报警的场所。

仅需要报警,不需要联动自动消防设备的保护对象宜采用区域报警系统。不仅需要报警,还需要联动自动消防设备且只需要一台具有集中控制功能的火灾报警控制器的保护对象,应采用集中报警系统,并应设置一个消防控制室。设置两个及两个以上消防控制室的保护对象,或已设置两个及两个以上集中报警系统的保护对象,应采用控制中心报警系统。

火灾自动报警系统设置中,火灾探测器应根据探测区域内可能发生的初起火灾的形成和发展特征、房间高度、环境条件及可能引起误报的原因等因素来决定。

对火灾初期有阴燃阶段,产生大量的烟和少量的热,很少或没有火焰辐射的场所,应选择感烟火灾探测器。

对火灾发展迅速,产生大量热、烟和火焰辐射的场所,可选择感温火灾探测器、感烟火灾探测器、火焰探测器或其组合。

对火灾发展迅速,有强烈的火焰辐射和少量的烟、热的场所,应选择火焰探测器。

对火灾初期有阴燃阶段,且需要早期探测的场所,宜增设一氧化碳火灾探测器。

对使用、生产可燃气体或可燃蒸气的场所,应选择可燃气体探测器。

应根据保护场所可能发生火灾的部位和燃烧材料的分析,并根据火灾探测器的类型、灵敏度和响应时间等选择相应的火灾探测器。同一探测区域内设置多个火灾探测器时,可选择具有复合判断火灾功能的火灾探测器和火灾报警控制器。

二、消火栓给水系统

消火栓给水系统是以消火栓为给水点,以水为主要灭火剂,使用最为广泛的灭火系统。古时候用的水龙就是消火栓的原型,主要由消火栓、给水管道、供水设施等组成。

(一)消火栓给水系统的分类与组成

消火栓给水系统按照使用位置的不同,可以分为室外消火栓给水系统和室内消火栓给水系统。按照保护对象的不同,可以分为城市消火栓给水系统和建筑物消火栓给水系统;室内消火栓系统按照建筑类型不同,可以分为低层建筑室内消火栓给水系统和高层建筑室内消火栓给水系统,或者分为工业建筑消火栓系统和民用建筑消火栓系统。

消防给水设施包括消防水源(消防水池)、消防水泵、消防供水通道、增(稳)压设备(消防气压罐)、消防水泵接合器和消防水箱等。

1.消防水泵

消防水泵是输送水或者泡沫溶液等液体灭火剂的消防专用泵,将水或者泡沫等液体灭火剂输送至灭火设备时应满足各种灭火设备的灭火剂量、压力的要求。针对一些特别高的建筑设置的消防转输泵应能提升水源到中间水箱或高位水箱。它是消防给水系统中的核心,目前消防水泵大部分使用离心泵。

2.消防水泵接合器

消防水泵接合器是供消防车向消防给水管网输送水的预留单向接口。它既可以用来补充消防水量,也可以用来提高消防给水管网的水压。在火灾情况下,当建筑物内的消防水泵发生故障或室内消防用水不足时,消防车从室外取水通过水泵接合器将水送到室内消防给水管网,供灭火使用。常见的有室内消火栓系统水泵结合器和自动喷水灭火系统水泵结合器。

3.稳(增)压设备

城市建设中需要设置消防给水系统的建筑一般都采用临时高压消防给水系统,当建筑屋顶消防水箱设置位置高度不能满足系统最不利点灭火设备所需的水压要求时,应设置稳(增)压泵。稳压泵是在消防给水系统中用于保证平时最不利点水压的供水泵,通常为小流量、高扬程的水泵。在实际运行中,为防止稳压泵频繁启动而导致泵损坏,一般情况下稳压泵都与小型气压罐配合使用。

4.消防水池和消防水箱

在市政给水管道、进水管道或天然水源不能满足消防用水量,以及市政给水管道为枝状或只有一条进水管的情况下,室内外消防用水量之和大于25L/s的建(构)筑物应设消防水池。不同建(构)筑物设置的消防水池,其有效容量应根据国家相关消防技术标准经计算确定。

临时高压给水系统设置高位消防水箱的目的,一是提供系统启动初期的消防用水量和水压,特别是在消防水泵出现故障的紧急情况下应急供水,确保喷头开放后能立即喷水,及时控制初起火灾,并为外援灭火争取时间;二是利用高位差为系统提供准工作状态下所需的水压,以达到管道内充水并保持一定压力的目的。设置常高压给水系统或设置干式消防竖管的建筑物,可不设置屋顶消防水箱。

(二)消火栓给水系统的工作原理

消火栓给水系统的工作原理与系统采用的给水方式有关。可以分为常高压消防给水系统、临时高压消防给水系统和低压消防给水系统。

常高压消防给水系统管网内应经常保持足够的压力和消防用水量。当火灾发生后,现场人员可直接从设置在附近的消火栓箱内取出水带和水枪,将水带与消火栓栓口连接,接上水枪,打开消火栓的阀门,直接出水灭火,系统的压力与水量均能满足灭火的需要。

临时高压消防给水系统不同于常高压消防给水系统,平时管网内压力较低,系统中设有消防泵。当火灾发生后,现场人员可从设置在附近的消火栓箱内取出水带和水枪,将水带与消火栓栓口连接,接上水枪,打开消火栓的阀门,同时按下消火栓箱内的消火栓按钮,通过预先设置的逻辑关系启动消防泵,使管网内的压力达到高压给水系统的水压要求。

低压消防给水系统管网内的压力平时较低,当火灾发生后,消防队员打开最近的室外消火栓,将消防车与室外消火栓连接,从室外管网内吸水加入消防车内,然后利用消防车直接加压灭火,或者由消防车通过水泵接合器向室内管网内加压供水。

（三）系统的设置要求

1. 室内消火栓的设置

室内消火栓的选型应根据使用者、火灾危险性、火灾类型和不同灭火功能等因素综合确定。设置应符合下列要求：

（1）应采用 DN65 的室内消火栓，并可与消防软管卷盘或轻便水龙设置在同一箱体内。配置 DN65 有内衬里的消防水带，长度不宜超过 25 米；宜配置喷嘴当量直径 16 毫米或 19 毫米的消防水枪，但当消火栓设计流量为 2.5L/s 时，宜配置喷嘴当量直径 11 毫米或 13 毫米的消防水枪。

（2）设置室内消火栓的建筑，包括设备层在内的各层均应设置消火栓。

（3）屋顶设有直升机停机坪的建筑，应在停机坪出入口处或非电气设备机房设置消火栓，且距停机坪机位边缘的距离不应小于 5 米。

（4）消防电梯前室应设置室内消火栓，并应计入消火栓使用数量。

（5）室内消火栓的布置应满足同一平面有 2 支消防水枪的 2 股充实水柱同时到达任何部位的要求，但建筑高度小于或等于 24 米且体积小于或等于 5000 平方米的多层仓库、建筑高度小于或等于 54 米且每单元设置一部疏散楼梯的住宅，以及《消防给水及消火栓系统技术规范》（GB 50974—2014）规定可采用 1 支消防水枪计算消防量的场所，可采用 1 支消防水枪的 1 股充实水柱到达室内任何部位。

（6）建筑室内消火栓的设置位置应满足火灾扑救要求。

（7）建筑室内消火栓栓口的安装高度应便于消防水龙带的连接和使用，其距地面高度宜为 1.1 米，其出水方向应便于消防水带的敷设，并宜与设置消火栓的墙面成 90°角或向下。

（8）设有室内消火栓的建筑应设置带有压力表的试验消火栓，对于多层和高层建筑，应在其屋顶设置，严寒、寒冷等冬季结冰地区可设置在顶层出口处或水箱间内等便于操作和防冻的位置；对于单层建筑，宜设置在水力最不利处，且应靠近出入口。

（9）室内消火栓宜按直线距离计算其布置间距，对于消火栓按 2 支消防水枪的 2 股充实水柱布置的建筑物,消火栓的布置间距不应大于 30 米,对于消火栓按 1 支消防水枪的 1 股充实水柱布置的建筑物,消火栓的布置间距不应大于 50 米。

(10)建筑高度不大于 27 米的住宅,当设置消火栓系统时,可采用干式消防竖管。干式消防竖管宜设置在楼梯间休息平台,且仅应配置消火栓栓口;应设置消防车供水接口,消防车供水接口应设置在首层便于消防车接近和安全的地点,竖管顶端应设置自动排气阀。

(11)住宅户内宜在生活给水管道上预留一个接 DN15 消防软管或轻便水龙的接口。跃层住宅和商业网点的室内消火栓应至少满足 1 股充实水柱到达室内任何部位,并宜设置在户门附近。

2.室内消火栓栓口压力和消防水枪充实水柱

(1)消火栓栓口动压不应大于 0.5MPa,当大于 0.7MPa 时,必须设置减压装置。

(2)高层建筑、厂房、库房和室内净空高度超过 8 米的民用建筑等场所,消火栓动压不应小于 0.35MPa,且消防水枪充实水柱应达到 13 米;其他场所的消火栓动压不应小于 0.25MPa,且消防水枪充实水柱应达到 10 米。

3.消防软管卷盘和轻便水龙的设置要求

消防软管卷盘由小口径消火栓、软管、小口径水枪等组成。

消防软管卷盘应配置内径不小于 19 毫米的消防软管,其长度宜为 30 米,轻便水龙应配置 DN25 有内衬里的消防水带,长度宜为 30 米。消防软管卷盘和轻便水龙应配置当量喷嘴直径为 6 毫米的消防水枪。

消防软管卷盘和轻便水龙的用水量可不计入消防用水总量。

剧院、会堂闷顶内的消防软管卷盘应设在马道入口处,以方便工作人员使用。

三、自动喷水灭火系统

自动喷水灭火系统指利用加压设备将压力水通过管网送至带有热敏元件的喷头,喷头在热环境中自动开启洒水灭火,同时能发出火灾警报,或者由火灾自动报警系统联动启动喷水系统进行灭火。系统由洒水喷头、报警阀组、水流报警装置（水流指示器或压力开关）等组件，以及管道、供水设施等组成。

(一)自动喷水灭火系统的分类

自动喷水灭火系统根据所选用的喷头的型式，可分为闭式自动喷水灭火系统和开式自动喷水灭火系统；根据系统的用途和配置情况，可分为湿式系统、干式系统、预作用系统、防护冷却系统、雨淋系统、水幕系统、自动喷水—泡沫联用系统等。

(二)自动喷水灭火系统的组成与工作原理

1.湿式自动喷水灭火系统

湿式自动喷水灭火系统（简称湿式系统），由闭式喷头、湿式报警阀组、水流指示器或压力开关、供水与配水管道、供水设施等组成。系统管网内平时充满有压水。

湿式系统是目前应用最为广泛的自动喷水灭火系统之一，适用于温度不低于4℃且不高于70℃的环境。

湿式系统在准工作状态时，由消防水箱或稳压泵、气压给水设备等稳压设施维持管道内的充水压力。发生火灾时，在火灾温度的作用下，闭式喷头的热敏元件动作，喷头开启并开始喷水。此时，管网中的水由静止变为流动，水流指示器动作送出电信号，在火灾报警控制器上显示某一区域喷水的信息。由于持续喷水泄压造成湿式报警阀的上部水压低于下部水压，在压力差的作用下，原来处于关闭状态的湿式报警阀自动开启。此时，压力水通过湿式报警阀流向管网，同时打开通向水力警铃的通道，延迟器充满水后，水力警铃发出声响警报，高位消防水箱流量开关或系统管网压力开关动作并输出信号直接启动供水泵。供水泵投入运行后，完成系统的启动过程。

2.干式自动喷水灭火系统

干式自动喷水灭火系统（简称干式系统），由闭式喷头、干式报警阀组、水流指示器或压力开关、供水与配水管道、充气设备及供水设施等组成。

干式系统适用于环境温度低于 4℃ 或高于 70℃ 的场所。

干式系统在准工作状态时,由消防水箱或稳压泵、气压给水设备等稳压设施维持干式报警阀入口前管道内的充水压力,报警阀出口后的管道内充满有压气体,报警阀处于关闭状态。发生火灾时,在火灾温度的作用下,闭式喷头的热敏元件动作,开式喷头开启,使开式阀的出口压力下降,加速排气阀动作后促使干式报警阀迅速开启,管道开始排气充水,剩余压缩空气从系统最高处的排气阀和开启的喷头处喷出。此时,通向水力警铃和压力开关的通道被打开,水力警铃发出声响警报,高位消防水箱流量开关或系统管网压力开关动作并输出启泵信号,启动系统供水泵。管道完成排气充水过程后,开启的喷头开始喷水。从闭式喷头开启至供水泵投入运行前,由消防水箱、气压给水设备或稳压泵等供水设施为系统的配水管道充水。

3.预作用自动喷水灭火系统

预作用自动喷水灭火系统(简称预作用系统)由闭式喷头、雨淋阀组、水流报警装置、供水与配水管道、充气设备和供水设施等组成。预作用系统与湿式、干式系统的区别就是预作用系统采用了雨淋阀,并配套设置了火灾自动报警系统。

系统处于准工作状态时,由消防水箱或稳压泵、气压给水设备等稳压设施维持雨淋阀入口前管道内的充水压力,雨淋阀后的管道内平时无水或充以有压气体。发生火灾时,由火灾自动报警系统开启预作用报警阀的电磁阀,配水管道开始排气、充水,使系统在闭式喷头动作前转换成湿式系统,系统管网压力开关或高位消防水箱流量开关直接启动消防水泵并在闭式喷头开启后立即喷水。

预作用系统可以在极低温和高温环境中替代干式系统。系统在准工作状态时严禁管道漏水或严禁系统误喷的禁水场所适合采用预作用系统。

4.雨淋系统

雨淋自动喷水灭火系统由开式喷头、雨淋报警阀组、水流报警装置、供水与配水管道、供水设施等组成。

系统处于准工作状态时,由消防水箱或稳压泵、气压给水设备等稳压设施维持雨淋阀入口前管道内的充水压力。火灾发生时,由火灾自动报警系统或传动管自动控制开启雨淋报警阀和供水泵,向系统管网供水,由雨淋阀控制的开式喷头同时喷水。

雨淋系统主要适用于火灾水平蔓延比较快,闭式喷头的开启不能及时有效地覆盖着火区域,需大面积喷水以快速扑灭火灾的特别危险场所,或者室内空间高度比较高且必须迅速扑灭初起火灾的场所。

5.水幕系统

水幕系统由开式洒水喷头或水幕喷头、雨淋报警阀组、供水与配水管道、供水设施等组成。

系统处于准工作状态时,由消防水箱或稳压泵、气压给水设备等稳压设施维持管道内的充水压力。发生火灾时,由火灾自动报警系统联动开启雨淋报警阀组,系统管网压力开关启动供水泵,向系统管网和喷头供水。

防火分隔水幕系统利用密集喷洒形成的水墙或多层水帘,适用于局部防火分隔处。防护冷却水幕系统利用喷水在物体表面形成的水膜,适用于对防火卷帘、防火玻璃墙等防火分隔设施的冷却保护。

(三)自动喷水灭火系统的设计

自动喷水灭火系统设计应以《自动喷水灭火系统设计规范》(GB 50084—2017)等国家标准和规范为依据,根据设置场所和保护对象特点,确定火灾危险等级、防护目的和设计基本参数。自动喷水灭火系统设置场所的火灾危险等级共分为 4 类 8 级,即轻危险级、中危险级(Ⅰ、Ⅱ级)、严重危险级(Ⅰ、Ⅱ级)和仓库危险级(Ⅰ、Ⅱ、Ⅲ级)。

自动喷水灭火系统的消防水泵应同时具备自动控制、消防控制室远程控制和消防水泵房现场机械应急操作的启动方式。其中,自动控制启动方式根据系统的不同类型而有所区别。

湿式和干式系统应由消防水泵出水干管上设置的压力开关、高位消防水箱出水管上的流量开关和报警阀组压力开关直接启动消防水泵。

预作用系统应由火灾自动报警系统、消防水泵出水干管上设置的压力开关、高位消防水箱出水管上的流量开关和报警阀组压力开关直接启动消防水泵。预作用装置的自动控制可采用仅由火灾自动报警系统直接控制，或由火灾自动报警系统和充气管道上设置的压力开关控制的方式。

雨淋系统和自动控制的水幕系统，当采用火灾自动报警系统控制雨淋报警阀组时，应由火灾自动报警系统、消防水泵出水干管上设置的压力开关、高位消防水箱出水管上的流量开关和报警阀组压力开关直接启动消防水泵；当采用充液（水）传动管控制雨淋报警阀时，应由消防水泵出水干管上设置的压力开关、高位消防水箱出水管上的流量开关和报警阀组压力开关直接启动消防水泵。雨淋报警阀的自动控制可采用电动、液（水）动或气动方式。

四、气体灭火系统

气体灭火系统是传统的以气体作为灭火介质的固定灭火系统之一，因其灭火效率高、灭火速度快和对保护对象无污损等优点而应用广泛。气体灭火系统一般根据灭火介质命名系统，其灭火机理与气体灭火剂的属性有关，不同的气体灭火剂其灭火机理也各不相同。目前建筑物内重要场所使用的常见气体灭火系统有二氧化碳气体灭火系统、七氟丙烷灭火系统和 IG541 混合气体灭火系统等。

气体灭火系统一般由灭火剂储存装置、启动分配装置、输送释放装置、监控装置等组成。

（一）灭火机理与适用

1.二氧化碳灭火系统

二氧化碳灭火主要机理是窒息和冷却。在常温常压状态下，二氧化碳为气态，当储存于密闭高压气瓶中，低于临界温度 31.4℃时，二氧化碳是气态、液态两相共存。在灭火过程中，二氧化碳从储气瓶中释放出来，压力骤降，二氧化碳由液态转变为气态，导致燃烧物周边空气中的氧含量发生变化。随着二氧化碳的释放使得空气中氧含量进一步降低，因而可燃物燃烧时的热产生率降低,直至燃烧停止。同时,二氧化碳释放时液态变成气态的过程中会使周边的温度急剧降低,形成细微的固体干冰粒子,从而产生冷却燃烧物的作用。

二氧化碳气体系统主要用于扑救灭火前可切断气源的气体火灾,液体火灾或石蜡、沥青等可熔化的固体火灾,固体表面火灾及棉、毛、织物、纸张等部分固体深位火灾,电气火灾。

二氧化碳气体系统不能用于扑救硝化纤维等含氧化剂的化学制品以及钾、钠等活泼金属火灾和氢化钾等金属氢化物火灾。

2.七氟丙烷灭火系统

七氟丙烷灭火剂是一种无色无味、不导电的气体,密度约为空气密度的6倍,可在一定压力下呈液态储存。与二氧化碳类似,七氟丙烷灭火剂喷射到保护区后,液态灭火剂迅速转变为气体,吸收大量热量,降低了温度,同时,七氟丙烷的热解产物对燃烧过程也具有抑制作用。七氟丙烷灭火剂属于卤代烷灭火剂系列,但与卤代烷1301、1211相比,不会破坏大气环境,但七氟丙烷灭火剂及其分解产物对人有危害。

七氟丙烷灭火系统适用于扑救电气火灾、液体表面火灾或可熔化的固体火灾、固体表面火灾和灭火前可切断气源的气体火灾。

七氟丙烷灭火系统不能用于扑救硝化纤维等含氧化剂的化学制品以及钾、钠等活泼金属火灾和氢化钾等金属氢化物火灾,能自行分解的化学物质如过氧化氢等。

3.IG541混合气体灭火系统

IG541混合气体是惰性气体灭火系统中最为常用的一种,IG541混合气体灭火剂一般由52％的氮气、40％的氩气和8％的二氧化碳气体混合而成。混合气体是完全来自自然的无色、无味、惰性和不导电的压缩气体,释放后,将防护区内氧气降至15％以下,大部分可燃物就会停止燃烧。灭火系统中灭火设计浓度不大于43％时,该系统对人体是安全无害的。

惰性气体灭火系统适用于扑救电气火灾、液体火灾、固体表面火灾和灭火前可切断气源的气体火灾。

（二）系统分类

气体灭火系统分为烷灭火系统和惰性气体灭火系统。其中，惰性气体灭火系统最常用的就是IG541（氮气、氩气和二氧化碳）灭火系统。

按照系统的结构特点分类，可以分为无管网灭火系统和管网灭火系统。无管网灭火系统能将灭火剂储存装置和喷放组件等按照预先设计、组装成套且具有联动控制功能。管网灭火系统能将灭火剂从储存装置经由干管、支管输送至喷放组件实施喷放。

按照应用方式分类，可以分为全淹没灭火系统和局部应用灭火系统。全淹没灭火系统能在规定的时间内，向防护区喷射一定浓度的气体灭火剂，并使其均匀地充满整个防护区。局部应用灭火系统能在规定时间内，向保护对象以设计喷射率直接喷射气体灭火剂，在保护对象周围形成局部高浓度气体并持续一定时间。

按照控制方式分，可以分为自动、手动、机械应急启动和紧急启动/停止四种控制方式。

（三）系统工作原理

气体灭火系统工作原理因灭火剂种类、灭火方式、结构特点、加压方式和控制方式不同而不同。

当防护区发生火灾时，产生烟雾、高温和火焰使感烟、感温、感光等探测器检测到火灾信号，探测器将火灾信号转变为电信号传送到灭火控制器，灭火控制器自动发出声光报警并经预先设定的逻辑判断后启动联动装置。经过一段时间延时，发出系统启动信号，启动驱动气体瓶组上的容器释放驱动气体，打开通向发生火灾的防护区的选择阀，同时打开灭火剂瓶组的容器阀，各瓶组的灭火剂经连接管汇集到集流管，通过选择阀到达安装在防护区内的喷头进行喷放灭火，同时安装在管道上的信号反馈装置动作，将信号传送到灭火控制器，由灭火控制器启动防护区外的释放警示灯和警铃。

(四)系统控制方式

1.自动控制方式

灭火控制器上有可选择的控制按钮,当将其置于"自动"位置时,灭火控制器处于自动控制状态。当其中一种探测器发出火灾信号时,控制器即发出火灾声光报警信号,通知有异常情况发生,但不启动灭火装置释放灭火剂。如确需启动灭火装置灭火时,可人工通过"紧急启动按钮"启动灭火装置释放灭火剂实施灭火。当第二种探测器发出火灾信号时,控制器发出火灾声光警报信号,通知有关人员撤离现场,并发出联动指令,关闭防护区内的风机、防火阀等联动设备。经过一段时间延时后,即发出灭火指令,打开电磁阀,打开容器阀喷放气体,释放灭火剂实施灭火;如在报警过程中发现不需要启动灭火装置,可手动按下保护区外或控制器操作面板上的"紧急停止按钮",即可终止灭火指令的发出。

2.手动控制方式

将控制器上的控制方式选择置于"手动"位置时,灭火控制器处于手动控制状态。当探测器发出火警信号时,控制器即发出火灾声光报警信号,但不启动灭火装置,如果经人工确认火灾的确已经发生,则可通过保护区外或控制器操作面板上的"紧急启动按钮"启动灭火装置释放灭火剂实施灭火。

3.机械应急启动工作方式

在灭火控制器失效且经人员判断为火灾时,应立即通知现场所有人员撤离,手动关闭联动设备并切断电源;在确定所有人员撤离现场后,即可实施机械应急启动,打开对应保护区选择阀,成组或逐个打开对应保护区储瓶组上的容器阀,实施灭火。

4.紧急启动/停止工作方式

该方式适用于以下紧急状态:情况一,当值守人员发现火情而气体灭火控制器未发出声光报警信号时,应立即通知现场所有人员撤离,在确定所有人员撤离现场后,方可按下紧急启动/停止按钮,系统立即实施灭火操作;情况二,当气体灭火控制器发出声光报警信号并正处于延时阶段,如发现为误报火警时可立即按下紧急启动/停止按钮,系统将停止实施灭火操作,避免不必要的损失。

五、泡沫灭火系统

泡沫灭火系统是通过机械作用将泡沫灭火剂、水与空气(也可以用惰性气体、七氟丙烷等代替空气进行发泡)充分混合并产生泡沫实施灭火的灭火系统。主要用于提炼、加工、生产甲、乙、丙类液体的炼油厂、化工厂、油田、油库、为铁路油槽车装卸油品的鹤管栈桥、码头、飞机库、机场及燃油锅炉房、大型汽车库等。

(一)泡沫灭火系统的组成与灭火机理

泡沫是水的载体,也是空气(惰性气体、七氟丙烷等)的载体,水在固态和液态时,比热是最大的,具有较强的冷却作用,而空气具有较低的导热系数,有良好的绝热性能。

泡沫灭火系统的灭火机理主要有稀释氧气隔氧窒息效应、封闭阻隔辐射热效应和吸热冷却效应。

稀释氧气隔氧窒息效应是指在燃烧物表面形成泡沫覆盖层,在可燃物表面的泡沫受到火焰和热作用而破裂时,泡沫液会吸热蒸发,从而降低可燃物表面的温度,同时泡沫中的水汽化后体积扩大 1600 余倍,将会大大降低燃烧区域的含氧量,一旦降到支持燃烧物燃烧的最低含氧量时就会起到窒息灭火的作用。另外覆盖在燃烧物表面的泡沫可以使燃烧物表面与空气隔绝,达到隔氧窒息效果。

辐射热阻隔效应是指泡沫层能阻止燃烧区的热量作用于燃烧物质的表面,减弱燃烧物燃烧的热辐射对可燃物的热反馈作用,从而防止可燃物本身和附近可燃物质的蒸发。

吸热冷却效应是指泡沫析出的水可降低燃烧物表面的温度,从而起到了冷却的效应。

泡沫灭火系统一般有泡沫液储罐、泡沫消防泵、泡沫比例混合器、泡沫产生装置、火灾探测与启动控制装置、控制阀门及管道等系统组件。

(二)泡沫灭火系统的分类

按照喷射方式划分,可分为液上喷射系统、液下喷射系统、半液下喷射系统。其中,液上喷射系统是指泡沫从液面上喷入被保护储罐内的灭火系统,这种系统泡沫不易受油的污染,可以使用廉价的普通蛋白泡沫。液下喷射系统是指泡沫从液面下喷入被保护储罐内的灭火系统,这种系统中泡沫在注入液体燃烧层下部之后,上升至液面表面并扩散开,形成一个泡沫层。半液下喷射系统是指泡沫从储罐底部注入,并通过软管浮升到液体表面进行灭火的灭火系统。

按照系统结构划分,可分为固定式、半固定式和移动式。

按照发泡倍数划分,可以分为低倍数泡沫灭火系统、中倍数泡沫灭火系统和高倍数泡沫灭火系统。其中,低倍数泡沫灭火系统泡沫发泡倍数小于20,中倍数泡沫灭火系统泡沫发泡倍数为20—200,高倍数泡沫灭火系统泡沫发泡倍数大于200。

按照系统形式划分,可以分为全淹没系统、局部应用系统、移动系统、泡沫—水喷淋系统和泡沫喷雾系统。

(三)泡沫灭火系统主要组件

泡沫灭火系统的组件有泡沫液、泡沫消防水泵、泡沫混合液泵、泡沫液泵、泡沫比例混合器、压力容器、泡沫产生装置、火灾探测与启动控制装置、控制阀门及管道等。

泡沫消防泵主要包括泡沫消防水泵、泡沫混合液泵、泡沫液泵。其中,泡沫消防水泵、泡沫混合液泵应选择特性曲线平缓的离心泵,其工作压力和流量应满足设计要求。泡沫液泵应耐受时长不低于10分钟的空载运行。

泡沫比例混合器可以将泡沫原液与水按比例混合成混合液,以供泡沫产生装置发泡。目前主要有环泵式泡沫比例混合器、压力式泡沫比例混合器、平衡式泡沫比例混合器、管线式泡沫比例混合器等四种。

泡沫产生装置可以将泡沫混合液与空气混合形成气体(惰性气体、七氟丙烷)泡沫,并输送至燃烧物表面。泡沫产生装置分为低倍数泡沫产生器、中倍数泡沫产生器、高倍数泡沫产生器、高背压泡沫产生器四种。

六、干粉灭火系统

干粉灭火剂由灭火基料（如小苏打、磷酸铵盐等）、适量的流动助剂（硬脂酸镁、云母粉、滑石粉等）及防潮剂（硅油）在一定工艺条件下研磨、混合而成。平常建筑物内使用较多的就是干粉灭火器，同时干粉灭火也可以由干粉供应源通过输送管道连接到固定的喷嘴上，通过喷嘴喷放干粉。

（一）干粉灭火系统的灭火机理

干粉在动力气体（氮气、二氧化碳）的推动下射向火焰进行灭火。干粉在灭火喷放时粉雾与火焰接触混合，发生一系列物理和化学作用，产生化学抑制及物理抑制的灭火机理。

1. 化学抑制作用

燃烧是一个连锁反应过程，OH·和 H·中的"·"是维持燃烧连锁反应的关键自由基，它们具有很高的能量，非常活泼，使用寿命短。干粉灭火剂的灭火组分是燃烧的非活性物质，当把干粉灭火剂加入燃烧区与火焰混合后，干粉粉末与火焰中的自由基接触时，捕获 OH·和 H·，自由基被瞬时吸附在粉末表面。当大量的粉末以雾状形式喷向火焰时，火焰中的自由基被大量吸附和转化，使自由基数量急剧减少，从而导致燃烧反应链中断。

2. 隔离作用

干粉灭火系统喷出的固体粉末覆盖在燃烧物表面，构成阻碍燃烧的隔离层。当粉末覆盖达到一定厚度时，还可以起到防止复燃的作用。

3. 冷却与窒息作用

干粉灭火剂在动力气体的推动下喷向燃烧区进行灭火时，干粉灭火剂的基料在火焰高温作用下发生一系列分解反应，钠盐和钾盐干粉在燃烧区吸收热量，并放出水蒸气和二氧化碳气体，起到冷却和稀释可燃气体的作用。磷酸盐等还具有导致碳化的作用，它附着于着火固体表面时可碳化，碳化物是热的不良导体，可使燃烧过程变得缓慢，使火焰的温度降低。

(二)干粉灭火系统的组成和分类

根据灭火方式、保护情况、驱动气体储存方式等不同,干粉灭火系统可分为十余种类型。

1.按应用方式分类,可以分为全淹没系统和局部应用系统

全淹没干粉灭火系统能将干粉灭火剂释放到整个防护区,通过在防护区建立起灭火浓度来实施灭火。该系统的特点是对防护区提供整体保护,适用于较小的封闭空间、火灾燃烧表面不易确定且不会复燃的场所,如油泵房。

局部应用干粉灭火系统能通过喷嘴直接向火焰或燃烧表面喷射灭火剂实施灭火。当不宜在整个房间建立灭火浓度或仅保护某一局部范围、某一设备、室外火灾危险场所等时,可选择局部应用干粉灭火系统,例如用于保护甲、乙、丙类液体的敞顶罐或槽,不怕粉末污染的电气设备等。

2.按设计情况分类,可以分为设计型系统和预制型系统

设计型干粉灭火系统能根据保护对象的具体情况,通过设计计算确定。该系统中的所有参数都需经设计确定,并按要求选择各部件设备型号。一般较大的保护场所或有特殊要求的场所宜采用设计系统。

预制型干粉灭火系统是指由工厂生产的系列成套干粉灭火设备,系统的规格是预先设计好的,即所有设计参数都已确定,使用时只需选型,不必进行复杂的设计计算。其适用于保护对象不是很大且无特殊要求的场所。

3.按系统保护情况分类,可以分为组合分配系统和单元独立系统

组合分配系统适用于一个区域有几个保护对象且每个对象发生火灾后不会蔓延的情况,一套系统同时可以用于多个保护对象。

单元独立系统适用于火灾蔓延情况不能预测的情况,需要为每个保护对象单独设立一套系统。

4.按驱动气体储存方式分类,可以分为储气式系统、储压式系统和燃气式系统

储气式干粉灭火系统能将驱动气体(氮气、二氧化碳)单独储存在储气瓶

中,灭火使用时,再将驱动气体充入干粉储罐,进而驱动干粉喷射实施灭火。

储压式干粉灭火系统能将驱动气体与干粉灭火剂同储于一个容器内,灭火时直接启动干粉储罐。

燃气式干粉灭火系统在发生火灾时点燃燃气发生器内的固体燃料,通过燃烧生成的燃气压力来驱动干粉喷射实施灭火。

(三)干粉灭火系统的工作原理

干粉灭火系统启动方式可分为自动控制和手动控制。

1.自动控制方式

保护对象着火后,温度上升达到规定值,探测器发出火灾信号传送到控制器,控制器打开相应的报警设备,当启动机构接收到启动信号后将启动瓶打开,启动瓶内的氮气通过管道将高压驱动气体瓶组的瓶头阀打开,瓶中的高压驱动气体进入集气管,经过高压阀进入减压阀,减压至规定压力后,通过进气阀进入干粉储罐内,搅动罐中干粉灭火剂,使罐中干粉灭火剂疏松,形成便于流动的气粉混合物,当干粉罐内的压力升至规定压力时,定压动作机构启动,打开干粉罐出口球阀,干粉灭火剂通过总阀门、选择阀、输粉管和喷嘴喷向着火对象,或者经喷枪射到着火对象的表面。

2.手动控制方式

手动启动要求手动启动装置安装在靠近防护区或保护对象,同时又是能够确保操作人员安全的位置。为了避免操作人员在紧急情况下错按其他按钮,故要求所有手动装置都应明显地标出其对应的防护区或保护对象的名称。

手动紧急停止是在系统启动后的延迟时段内发现不需要或不能够实施喷放灭火剂的情况时可采用的一种使系统中止的手段。一旦系统开始喷放灭火剂,手动紧急停止装置便失去了作用。启用紧急停止装置后,虽然系统控制装置停止了后续动作,但干粉储罐增压仍然继续,系统处于蓄势待发的状态,这时仍有可能需要重新启动系统,释放灭火剂。

第五章　公众聚集场所消防安全管理

第一节　公众聚集场所火灾危险性及特点

公众聚集场所是我们生活中非常常见的场所,主要是指宾馆、饭店、商场、集贸市场、客运车站候车室、客运码头候船厅、民用机场航站楼、体育场馆、会堂及公共娱乐场所等。其中公共娱乐场所是指向公众开放的下列室内场所:影剧院、录像厅、礼堂等演出、放映场所;舞厅、卡拉 OK 厅、夜总会等歌舞娱乐场所;酒吧、咖啡厅,以及具有娱乐功能的餐馆、茶馆等餐饮场所;网吧、游艺场所;设有汗蒸房的足浴、桑拿、洗浴等场所;洗浴馆、保龄球馆、旱冰场、健身房等营业性健身、休闲场所;等等。

近年来,随着国内大中型城市建设的快速发展,宾馆、饭店、餐饮、商场等社会服务型场所的数量日益增多,服务类型也从单一性向多功能、综合性等功能发展,一般更是集餐厅、商场、客房等辅助用房于一体。同时伴随着生活水平的不断提高,人民对精神文化的需求也在不断地提升,物质文化生活也随之日益丰富起来,以 KTV、酒吧、密室逃脱、剧本杀等为代表的公共娱乐场所也日益增多。但随着各类公众聚集场所的增多,不可避免地给人们带来了许许多多的安全隐患,其中消防安全问题也尤为突出。公众聚集场所人员密集,一旦发生火灾,火势蔓延速度很快,产生的烟雾和毒气多,既不利于安全疏散,也不利于火灾扑救,很容易造成重大人员伤亡和财产损失。

一、公众聚集场所的火灾危险性

(一)耐火等级低,火灾荷载量大

新建的公众聚集场所虽然大多数都采用钢筋混凝土结构或钢结构,其建筑结构的耐火等级比较高,但是一些利用原有建筑改、扩建的公众聚集场所,因其本身的建筑结构耐火等级就不高,加上部分公众聚集场所,例如KTV、酒吧、密室逃脱、剧本杀等,对场所内的美观和功能的需求较高,以及出于一些装修成本的考虑,室内一般会采用大量可燃、易燃装饰和装修材料,加上场所内的生活和办公用品等可燃物,大大地增加了场所的火灾荷载,一旦发生火灾,极易引发场所内的火势蔓延扩大并造成重大人员伤亡和经济财产的损失。

(二)建筑结构本身易造成火灾蔓延迅速,早期发现困难

一些改、扩建的公众聚集场所,像宾馆、饭店、商场、市场等场所,在投入使用前未办理消防安全检查手续的情况下,会存在一些例如选址不合理、防火间距不足、安全通道不畅等先天性的问题,在后续内部装修过程中,又会过分要求自身对功能和空间的需求,随意划分场所内在的功能区,进行违章搭建等改、扩建,人为地破坏了整体建筑物的耐火等级和防火间距。例如分隔出夹层、吊顶未分隔到顶等现象,一旦发生火灾,往往会造成大面积的着火空间。

(三)装修、装饰材料不符合标准

自20世纪90年代以来,我国建筑的内部装修开始普及,由于商业需要,公众聚集场所为了最大限度地吸引顾客,对其内部的装修美观性极其重视,往往会为了突出内在的环境档次,而大量采用木材、塑料、纤维制品等可燃、易燃材料及新型材料来进行装修,而这些材料往往大都未经过相应的阻燃处理,有些虽然经过简易处理,但也达不到防火设计规范的相关要求,燃点低,火灾中极易燃烧,直接导致火灾荷载大幅度增加。

此外,在整个内部装修过程中,有一部分的建设工程项目还缺乏专业人员

的设计及施工,且装修工人对消防技术规范的要求往往会采取敷衍的态度。同时现如今的很多新型建筑材料、装修装饰材料中,又有相当一部分是复合有机材料,含有大量可燃、易燃的高分子聚合物,在火灾中会释放出大量的浓烟和有毒气体,一旦发生火灾,极易造成恶性事故。

(四)电气设备多,用电量大

公众聚集场所中用电设备较多,因此与之连接的线路也多,用电量极大。很多电器线路敷设不符合消防安全要求和消防技术规范规定,极易引起电气线路局部过载、电气线路发热、绝缘层短路等,进而引发火灾。

例如宾馆、饭店的厨房、设备操作间、锅炉房、客房等部位,都是用火、用电、用气的密集区,发生火灾的常见原因主要有:宾馆、饭店内很多线路敷设不符合消防安全要求和消防技术规范规定,易引起电气线路局部过载,电气线路发热,绝缘层老化、短路而引发火灾;厨房内的用火不慎和油锅过热起火引发火灾;维修管道设备和进行可燃装修施工等的违章动火引发火灾;照明灯具表面温度很高,若与可燃、易燃材料靠近,极易引发火灾;同时客房内还存在卧床吸烟、乱丢烟蒂和火柴梗等引发火灾的可能性,火灾危险性大大增加。

公共娱乐场所吊顶内的部分电气线路纵横交错,甚至有些线路还未进行穿管保护,如若安装或者使用不当,也很容易引发火灾;有些娱乐场所的灯具表面温度很高,若长时间贴邻可燃、易燃物,也会引发火灾;再者公共娱乐场所在营业期间,为了营造氛围、吸引消费者消费,可能还会使用蜡烛、冷烟花等各类明火或热源,且场所内抽烟的人较多,烟蒂随处可见,也使场所的火灾危险性大大增加。

商场、市场内除日常电器照明设备和制冷、制热等设备用电外,在其广告橱窗中还常设有霓虹灯、荧光灯,有的还有大量装饰灯,在重大节假日或活动展销期间,可能还会增设许多彩灯,这些方面的用电设备往往属于临时敷设电线,很容易发生超载、短路及日光灯烤着可燃物起火的危险,因此电器线路的火灾隐患极为突出。

(五)人员集中,疏散困难

公众聚集场所一般在营业期间人员进出比较频繁,而且人员聚集度很高,尤其在一些周末或者法定节假日期间,场所内顾客云集,甚至一些客流量都超过了整个场所的总承受能力。这时一旦发生火灾,而场所内的应急照明、疏散指示标志、安全疏散通道不符合相关建筑规范设计的要求,人员在紧急情况下疏散就非常困难,也很容易发生恐慌从而产生惊慌失措心理,导致拥挤,争先恐后地逃生,极易造成人员群死群伤的恶果。

(六)起火快,燃烧猛,易造成重大伤亡

由于公众聚集场所是一个人员集中的地方,且流动性大,大部分的客人对场所的内部环境、疏散通道、安全出口及消防设施等情况均不是很熟悉,一旦发生火灾,整个场所内烟雾弥漫,加上人员的情绪慌张,极易在火场中迷失方向,特别是在夜间,极容易造成重特大的人员伤亡。

二、公众聚集场所的火灾特点

公众聚集场所发生火灾后易造成人员的重特大伤亡和经济财产损失,其主要特点如下。

(一)建筑结构本身易坍塌,经济财产损失人

有一部分公众聚集场所在建造上会选择钢结构框架,以此来节约建造成本,并扩大内部的空间范围。这类钢结构框架在猛烈的火势冲击和炙烤下,很容易发生结构坍塌,从而引发整个建筑物的结构坍塌,造成重大的人员伤亡,也势必会带来巨大的经济财产损失。

(二)火势发展猛烈、蔓延极为迅速

大多数的公众聚集场所一旦发生火灾,烟火将会沿着吊顶向着水平方向快速蔓延,起火楼层很容易就形成全面燃烧。而且大多数的公众聚集场所内的楼梯间、电梯井、电缆井、垃圾道等竖向管道林立,就如同一座座的大烟囱,同时内部还有大量的通风管道纵横交错,一旦发生火灾,整个建筑内很容易产

生烟囱效应,火势将会沿着楼梯间或者堆积的可燃物向上、向下蔓延,并沿着外墙窗口向上蔓延,形成立体燃烧。

(三)可燃物多,燃烧快

公众聚集场所往往内部结构复杂,且其装修材料往往会使用木板、纤维制品等可燃、易燃材料,再加之场所内的如固定家具、窗帘等易燃、可燃装饰物品较多,发生火灾后,这些可燃物的燃烧速度迅速,火势极易迅速向火场四周蔓延开去,且火势发展迅猛,在短时间内可以形成大面积的火灾,并发生一系列的连锁反应。

(四)人员密集,疏散困难,极易造成人员伤亡

人员密集的公众聚集场所一旦发生火灾,在火灾发展的初期,人员很难在短时间内快速疏散完毕,例如酒吧、KTV 等公共娱乐场所,它不同于影剧院,其顾客相对集中、拥挤,加上灯光暗淡,桌椅摆放集中,一旦起火,人员相互拥挤,秩序混乱,再加上若是疏散通道也不畅,那就更易造成人员的重特大伤亡。此外,一些场所内部结构错综复杂,过道曲折,在场所内根本分不清东南西北,宛如进入了一个迷宫,一旦发生火灾,人员疏散也很困难,易造成群死群伤事故。

(五)烟雾浓,毒性大

在公众聚集场所中,场所内存在大量的可燃、易燃装修装饰材料及固定家具物品,同时场所内顾客所随身携带的物品种类繁多,大多数也为可燃物品,一旦发生火灾,火势很容易蔓延扩大,并且燃烧后往往会产生大量的不完全燃烧产物,从而形成浓烟和含一氧化碳、氰化氢、硫化氢、丙烯醛等的有毒气体。而在火场中,浓烟和高温一般又是造成人员重大伤亡的最直接原因,发生火灾后,产生的浓烟不能及时排出,大量积聚在场所内部,在没有良好的通风条件下,极易使来不及疏散的人员窒息或者中毒。据有关资料显示,火场中的死亡者有 80% 以上是因为在火灾中吸入有毒烟气窒息而死的。

（六）疏散困难、扑救难度大

公众聚集场所的内部结构、布局结构一般来说都比较复杂,而且其内部堆放的可燃物也比较多,当火灾发生时产生的"烟囱效应"也会构成建筑内的立体火灾,此外公众聚集场所内的密封空间也比较多,并难以排烟,也会造成相应的火势迅猛,温度增高,给消防救援带来了一定的难度。同时由于公众聚集场所内的人员比较集中,倘若在内部结构上还存在例如安全出口数量不足,疏散通道设置不合理等情况的话,也会进一步加剧被困人员的安全疏散难度;被困人员处于火场中,其心理上很容易产生一些恐慌及骚乱情绪,甚至可能不听消防救援人员的指挥,给救援也带来了一定的难度。

（七）损失大,影响大,扑救困难

目前来说,大部分公众聚集场所内的服务功能众多,比方说场所里可能会设有足浴、餐饮、酒吧及 KTV 等服务项目。而且大多数的公众聚集场所一般会设立在城市中比较繁华的地带或者是交通要道上,一旦发生火灾,倘若不能及时有效地控制火势,极有可能会蔓延到周边的建筑,从而引发连片火灾,造成更大的经济损失和不良影响。公众聚集场所一旦发生火灾,周边的围观群众众多,也很容易造成城市的交通堵塞,从而影响火灾扑救。

第二节　公众聚集场所的消防安全自主管理

公众聚集场所的消防安全自我管理是防止火灾发生极为重要的环节,公众聚集场所应当遵守相关的消防法律法规,贯彻"预防为主、防消结合"的消防工作方针,履行消防安全职责,保障单位自身的消防安全,同时要开展防火检查、防火巡查。

一、消防安全责任

公众聚集场所的消防安全由本单位全面负责,实行消防安全责任制。

（1）场所所在建筑应当为合法建筑,场所在投入使用、营业前,应当依法取得营业执照等合法手续。

（2）公众聚集场所应当明确逐级和岗位消防安全职责，确定各级、各岗位的消防安全责任人员和责任范围。

（3）公众聚集场所的消防安全责任人应当由法定代表人、主要负责人担任，并落实下列消防安全职责：

①贯彻执行消防法律法规，保障场所消防安全条件符合规定，掌握本场所的消防安全情况；

②将消防安全管理与本场所的经营、管理等活动统筹安排，批准实施年度消防工作计划；

③为本场所的消防安全提供必要的经费和组织保障；

④确定逐级消防安全责任，批准实施消防安全制度和保障消防安全的操作规程；

⑤组织防火检查，督促落实火灾隐患整改，及时处理涉及消防安全的重大问题；

⑥依照规定建立专职消防队、志愿消防队或微型消防站；

⑦组织制订符合本场所实际的灭火和应急疏散预案，并实施演练。

（4）公众聚集场所应当依法确定消防安全管理人，负责场所消防工作。消防安全管理人负责组织落实下列消防安全管理工作：

①拟订年度消防工作计划，组织实施日常消防安全管理工作；

②组织制定消防安全管理制度和保障消防安全的操作规程，并检查督促落实；

③拟订消防安全工作的资金投入和组织保障方案；

④组织实施防火检查和火灾隐患整改工作；

⑤组织实施对本场所（责任区域）消防设施、灭火器材和消防安全标志的维护保养，确保其完好有效，确保疏散走道和安全出口畅通；

⑥组织管理专职消防队、志愿消防队或微型消防站；

⑦组织员工开展消防知识、技能的宣传教育和培训，组织灭火和应急疏散预案的实施和演练；

⑧消防安全责任人委托的其他消防安全管理工作。

(5)消防安全责任人、消防安全管理人应当熟悉消防法律法规和消防技术标准,具备与本单位所从事的经营活动相应的消防安全知识和管理能力。鼓励公众聚集场所聘用注册消防工程师从事消防安全管理工作。

(6)公众聚集场所实行承包、租赁或者委托经营、管理时,当事人订立的相关租赁或承包合同应当依照有关法规明确各方的消防安全责任。承包人、承租人或者受委托经营、管理者,在其使用、管理范围内应当履行消防安全责任人的职责。

(7)对于有两个或者两个以上产权者和使用者的公众聚集场所所在建筑,除应当依法履行自身消防管理职责外,还应当明确消防车道、消防车登高操作场地、涉及公共消防安全的疏散设施和其他共用的建筑消防设施的管理责任。

二、消防安全技术条件

公众聚集场所及其所在建筑总平面布局、平面布置、防火分区及防火分隔、安全疏散、内外部装修、消防水源、消防设施、器材及标志、电气线路等应当符合消防法律法规和消防技术标准。

三、消防安全管理

公众聚集场所应当依法履行消防安全职责,落实消防安全管理措施,提升消防安全水平:

(1)建立消防安全制度和操作规程。

(2)严格用火、用电、用油、用气管理,明确用火、动火管理的责任部门和责任人,用火、动火的审批范围、程序和要求,电气焊工的岗位资格及其职责要求等内容。

(3)建筑消防设施的管理应明确主管部门和相关人员的责任,建立完善的管理制度,对消防设施器材设置消防安全标识,并定期对场所内的消防设施器材进行检验、维修,确保完好有效,不得损坏、挪用、擅自拆除消防设施、器材。

(4)在明显位置、疏散楼梯入口处设置本场所(本层)的安全疏散指示图,标明疏散路线、安全出口和疏散门、人员所在位置和必要的文字说明,保障场所内疏散通道、安全出口、消防车通道畅通,保证防火防烟分区、防火间距不被破坏、占用。

(5)确定消防安全重点部位(容易发生火灾、一旦发生火灾可能严重危及人身和财产安全及对消防安全有重大影响的部位),设置明显的防火标志,实行严格管理。

(6)落实消防控制室值班管理,消防控制室实行每日 24 小时值班制度,每班不少于 2 人,值班操作人员应当持有消防行业特有工种职业资格证书。

(7)对执行消防安全制度和落实消防安全管理措施的情况进行日常防火巡查、检查,确定防火检查和巡查的人员、内容、部位、时段、频次。营业期间的防火巡查应至少每 2 小时一次,营业结束后应检查并消除遗留火种,并结合实际组织夜间防火巡查,每月至少进行一次防火检查;举办展览、展销、演出等大型群众性活动前,应当开展一次防火检查,及时消除火灾隐患。

(8)定期开展消防宣传和教育培训,通过张贴图画、广播、视频、网络、举办消防文化活动等形式对公众宣传防火、灭火、应急逃生常识,重点提示该场所火灾危险性、安全疏散路线、灭火器材位置和使用方法,对新上岗员工或从事新岗位的员工进行上岗前的消防安全培训,至少每半年组织一次对全体员工的集中消防安全培训。

(9)根据建筑规模、员工人数、使用性质、火灾危险性、消防安全重点部位等实际情况,制订灭火和应急疏散预案,定期组织消防演练。

(10)按照规定建立专职消防队或者志愿消防队(微型消防站),保证人员值守、器材存放等用房,可与消防控制室合用,根据扑救初起火灾的需要,配备必要的个人防护装备和灭火救援器材,结合值班安排和在岗情况编排每班(组)人员,每班(组)不少于 2 人。

(11)依照规定建立健全消防档案,包括消防安全基本情况、消防安全管理情况、灭火和应急疏散预案,档案内容应当翔实,全面反应消防工作的基本情况,根据变化及时更新和完善,并由专人统一管理,按年度进行分类归档。

第三节　消防部门对公众聚集场所的 消防安全检查要求

消防救援机构要根据本地区的火灾规律、特点等消防安全需要组织监督抽查；在火灾多发季节、重大节日、重大活动前或期间，也应当组织监督抽查。检查采取"双随机一公开"工作机制，随机组合检查单位、检查人员，并定期将监督抽查计划、结果公示于外网，接受群众监督。

消防救援机构对公众聚集场所的消防安全责任、消防安全技术条件、消防安全管理等有关事项进行抽查。

一、对消防安全责任的检查内容

（1）是否明确逐级和岗位消防安全职责，确定各级、各岗位的消防安全责任人员和责任范围。

（2）消防安全责任人是否由该场所单位法定代表人、主要负责人担任，并明确消防安全职责。

（3）公众聚集场所是否依法确定本场所的消防安全管理人负责场所消防工作。

（4）消防安全责任人、消防安全管理人是否熟悉消防法律法规和消防技术标准，具备与本单位所从事的经营活动相应的消防安全知识和管理能力。

（5）公众聚集场所实行承包、租赁或者委托经营、管理时，当事人订立的相关租赁或承包合同是否依照有关法规明确各方的消防安全责任。

（6）公众聚集场所所在建筑由两个以上单位管理或者使用的，应当明确各方的消防安全责任，并确定责任人对共用的疏散通道、安全出口、建筑消防设施和消防车通道进行统一管理。

二、对消防安全技术条件的检查内容

（1）抽查场所所在建筑防火间距是否符合要求、是否被占用，设置的消防车通道是否被占用、堵塞、封闭，设置的消防扑救面是否被占用；抽查场所设置是否符合要求，设置的防火分区和防火分隔是否符合要求；抽查电缆井、管道井等是否采用防火封堵材料封堵；抽查室内装修材料燃烧性能等级是否符合要求。

（2）抽查疏散通道和安全出口数量、宽度和疏散距离，抽查疏散通道和安全出口有无占用、堵塞、封闭及其他妨碍安全疏散的情况。

（3）火灾自动报警系统：抽查防火分区或者楼层至少 2 个火灾报警探测器、1 处手动报警按钮及其配电线路，检查火灾报警探测器探测、发出信号、主机接收信号及配电线路防火保护情况；设置消防电话的，抽查 1 个消防电话，测试通话情况；抽查火灾应急广播的播放情况。

（4）室内消火栓系统：对防火分区或者楼层及最不利点抽查 2 个室内消火栓，检查器材配备是否完善，水压是否正常，并测试远程启泵或者联动启泵功能。

（5）自动喷水灭火系统：检查报警阀，抽取 1 个报警阀组，在最不利点处测试末端试水装置，检查自动喷水灭火系统水压是否正常，并检查水流指示器、压力开关动作情况和喷淋泵联动情况。

（6）消防水源和室外消火栓：对消防水池、消防水箱、消防水泵房进行检查，抽查 1 处室外消火栓，进行放水检查。

（7）水泵接合器：查看是否被埋压、圈占、遮挡，是否标明供水区域和供水系统类型。

（8）气体灭火系统：抽查气瓶间的气瓶压力，以及装置运行情况。

（9）防烟排烟系统：对防火分区或者楼层抽查防烟排烟风机运行情况，抽查 1 个送风口、排烟口，以及防火阀、排烟防火阀外观、运行情况。

（10）防火卷帘：对防火分区或者楼层检查防火卷帘外观、联动、手动升降情况。

（11）防火门：查看封闭楼梯间、防烟楼梯间及其前室的防火门的外观、开启方向，以及顺序器、闭门器是否完好有效；查看常开防火门是否能联动、手动关闭，启闭状态能否在消防控制室正确显示。

（12）疏散指示标志、应急照明：抽查疏散路线上的疏散指示标志、应急照明，设置方式、外观、指示方向是否准确，切断主电源后测试是否具备应急功能。

（13）灭火器：检查灭火器配置点，查看灭火器配置数量、类型是否正确，压力是否符合要求。

（14）消防电梯：检查消防电梯设置、运行情况。

（15）消防控制室：检查场所所在建筑消防控制室设置和运行情况。

（16）其他消防设施：抽查设置和运行情况。

三、对消防安全管理的检查内容

（1）是否制定消防安全制度和操作规程，制度和规程内容是否完整。

（2）用火、用电、用油、用气安全管理是否符合要求。

（3）消防设施、器材标识的设置是否符合要求，是否定期维护保养，是否确保完好有效。

（4）是否将容易发生火灾、一旦发生火灾可能严重危及人身和财产安全、对消防安全有重大影响的部位确定为消防安全重点部位，是否设置明显的防火标志，实行严格管理。

（5）消防控制室是否实行每日 24 小时值班制度，每班是否不少于 2 人，值班操作人员是否持有相应的消防职业资格证书。

（6）是否对新上岗员工或进入新岗位的员工进行上岗前的消防安全培训。

（7）是否制订灭火和应急疏散预案，是否组织员工熟悉灭火和应急疏散预案并开展演练。

（8）是否按照标准建立专职消防队、志愿消防队或微型消防站。

（9）公众聚集场所是否依法建立消防档案。

第四节　公众聚集场所的火灾典型案例分析

公众聚集场所的起火原因归纳起来主要有电气火灾、吸烟、玩火、生产作业类火灾、放火、雷击等原因引起的火灾,而电气线路引发的火灾又是造成公众聚集场所火灾的主要原因,因此,用电设施设备的科学规划布局、保持设施设备的完好、规范相关的电气操作及加强公众聚集场所的内部管理都是减少火灾发生的关键。据《中国消防救援年鉴(2019年卷)》统计,2019年全国宾馆饭店共发生火灾6524起,亡25人,伤66人,直接经济损失约5642.4万元,起火原因中放火36起,电气2069起,生产作业227起,用火不慎3462起,吸烟133起,玩火22起,自燃10起,不明确原因89起,其他443起;商场、市场等商业场所共发生火灾6458起,亡61人,伤37人,直接经济损失约27256.1万元,烧毁建筑204497平方米,起火原因中放火60起,电气3741起,生产作业269起,用火不慎1063起,吸烟220起,玩火57起,自燃118起,不明确原因215起,其他704起;公共娱乐场所共发生火灾404起,亡9人,伤8人,直接经济损失约980.5万元,烧毁建筑16364平方米,起火原因中放火9起,电气233起,生产作业25起,用火不慎51起,吸烟22起,玩火3起,自燃4起,不明确原因10起,其他47起。

案例一

2018年某月,某酒店发生重大火灾事故,此次火灾事故共造成20人死亡、23人受伤,过火面积约400平方米,直接经济损失2500余万元。

火灾起火部位为酒店二期的某区域二层平台靠近西墙北侧顶棚,其上悬挂的风机盘管机组电气线路短路形成高温电弧,引燃周围塑料绿饰材料并蔓延成灾。

造成火灾蔓延扩大原因主要有:

(1)酒店三层常闭式防火门被灭火器箱挡住,使其始终处于敞开状态。起火后,塑料绿植装饰材料燃烧产生的大量含有二氯乙烷、丙烯酸甲酯、苯系物等有毒有害物质的浓烟,迅速通过敞开的防火门进入三层客房走廊,短时间内充满整个走廊并渗入房间,封死逃生路线,导致楼内大量人员被有毒有害气体侵袭,很快中毒眩晕并丧失逃生能力和机会。

(2)由于日常检修维护不到位,自动灭火系统处于瘫痪状态,酒店室内外消火栓系统阀门处于关闭状态,消火栓系统管网无压力无水,事发时整个消防系统不能正常启动。

(3)起火后,酒店员工未能及时报警,延误了最佳灭火救援时间。

(4)酒店消防安全管理混乱,消防安全主体责任不落实,法律意识缺失、安全意识淡薄,自酒店开始建设直至投入使用,始终存在违法违规行为,消防安全管理极为混乱,最终导致事故发生。

案例二

2000 年 12 月,某商厦发生特大恶性火灾事故,死亡 309 人,伤 7 人,直接财产损失 275 万余元。

火灾起火原因是商厦负责人指使店员进行电焊作业,并未做任何安全方面的措施,同时在电焊中也未采取任何防护措施,电焊火花从方孔溅入地下二层的可燃物上,引燃绒布、海绵床垫和木制家具等并蔓延成灾。

造成火灾蔓延扩大原因主要有:

(1)电焊工人发现后,用室内消火栓的水枪射水灭火,在不能扑灭的情况下,既未报警也没有通知楼上人员便逃离现场,延误了最佳灭火救援时间。

(2)火势迅速蔓延后,产生的大量一氧化碳、二氧化碳等有毒烟雾,顺着楼梯间向上蔓延。由于地下一层至三层东北、西北角楼梯与商场采用防火门、防火墙分隔,楼梯形成烟囱效应,大量有毒高温烟雾迅速扩散到四层,因东北角的楼梯已经被烟雾堵住,而其余三处逃生通道却已经被焊死的铁栅栏所封堵,根本无法逃生,除了少数人员跑到窗口获救之外,四层的 309 位工作人员和顾客因为未能及时逃离,在有毒浓烟的包围之中窒息身亡。

案例三

2008年某月,某酒吧发生特大火灾事故,过火面积150平方米,造成44人死亡,其中8人重伤,直接经济损失近1600万元。

该起火灾事故原因为酒吧员工在表演节目时,使用自制道具手枪发射烟花弹,引燃天花板聚氨酯泡沫所致。

造成火灾蔓延扩大原因主要有:

(1)为了制造舞台效果燃放烟火引燃了天花板的易燃材料,这是火灾发生最主要的一个原因,其他的间接原因还有舞厅无证经营。

(2)酒吧外的通道并没有相关应急装置,也没有安全照明灯,再加上通道极其狭窄,导致人们无法快速通过,而且事发当天正赶上周末,许多人都来到舞厅消费,大火燃起后工作人员没有立刻维持秩序,导致人员混乱踩踏事故频发。

(3)酒吧内可燃、易燃装修装饰多,且天花板上采用聚氨酯泡沫塑料,这种易燃材料沾上了烟花散发出的火星立刻就生出了小小的火苗,没过一会儿就演变成了熊熊烈火。随着熊熊大火不断蔓延,这些易燃材料还散发出了大量有毒气体,大厅里的顾客们不少人都呛得眼泪直流,还有人因为吸入大量有毒气体昏倒在火场内部,最终导致亡人事故发生。

第六章　办公、住宅、公寓等建筑消防安全管理

第一节　办公、住宅、公寓等建筑火灾危险性及特点

　　近年来,随着我国经济社会和城镇化建设的快速推进,办公、住宅、公寓等建筑拔地而起,也逐渐成为各大城市中的主流建筑,在城市中广泛存在,且建筑也已不再是从前单一的一种性质,而是将办公、商业、住宅、公寓等集为一体,实现多功能化的全面发展。随着现代居民小区、商住小区、公寓等建筑规模、体量的不断增大,同时建筑物的使用功能也日趋多样化和复杂化,以及建筑群体中各种家用电器、内部可燃装修材料等可燃物的不断增多,也大大增加了整个建筑群体的火灾危险性,使得办公、住宅、公寓等建筑的消防安全管理和火灾防控难度日益增大,稍有不慎发生火灾,就有可能造成重大的人员、财产损失。

　　同时随着目前大中城市内城中村的减少,很多中心城区的外来务工人员的居住问题也逐渐成为一个较为突出的问题,他们主要依靠选择一些中低档的出租公寓楼来解决居住问题,而这些公寓楼又主要是由写字楼、酒店、厂房、自建房等建筑改建而成,因此也存在着较多的消防和治安隐患。

　　据《中国消防救援年鉴(2019年卷)》统计,2019年全国办公场所共发生火灾1914起,亡3人,伤2人,直接经济损失约3603.3万元,烧毁建筑43394平方米;全国住宅共发生火灾102257起,亡979人,伤546人,直接经济损失约81965.6万元,烧毁建筑1793143平方米。

一、办公、住宅、公寓等建筑的火灾危险性

(一)电气线路私拉乱接

在办公、住宅、公寓等建筑内,电气线路私拉乱接现象还是较为严重的,甚至还存在一些违反电气安装和使用规定及使用伪劣的电气产品等现象,导致出现短路、超负荷等问题。例如在建筑内使用大功率的电熨斗等电热设备时,无人看管,引燃周围可燃物;家用电器在发生故障后没有及时维修排除故障,仍长期带病运行;部分假冒伪劣的电器产品和不合格的家电产品等在家中充电;电气线路接触不良或超负荷过载发热引燃起火;电线漏电、短路产生电弧火花引燃可燃物;等等。甚至还有一些业主将电动自行车、电动摩托车的电瓶带入家中充电,一旦电瓶起火,浓烟将沿着走廊、楼梯间等蔓延,波及多户邻居,给人员疏散逃生造成极大困难。

(二)消防设施和器材损坏、缺失

在办公、住宅、公寓等建筑中,一些消防设施、器材存在不同程度的损坏和缺失,例如 LOFT 公寓中消防设施局部被损坏,将会影响消防系统的整体运行。而在办公、住宅、公寓等建筑中,大多数业主和物业服务企业对消防设施、器材的定期检查重视程度也不够,导致很多建筑内存在消火栓箱内缺少水枪水带,部分室内消火栓无水,楼道内的疏散指示标志、应急照明设施损坏,灭火器无法使用等现象。还有在一些建筑中,封闭楼梯间或者防烟楼梯间的常闭式防火门常常处于开启状态,有些甚至还被拆除,使之不再具有防烟避火的功能,无法起到保护楼道的作用。

(三)消防通道被堵塞

办公、住宅、公寓等建筑内停放的私家车也较多,但停车位又十分有限。为了自身的方便,有不少业主或访客会将车辆停放至消防车通道或者消防车登高场地上,一旦发生火灾,将造成办公、住宅、公寓等建筑的消防车通道无法通行,而消防救援人员也无法在第一时间及时靠近起火建筑进行火灾扑救,例

如消防登高车、消防高喷车等大型救援车辆没有了操作平台和空间,耽误了火灾扑救和人员疏散。

(四)安全疏散困难

办公、住宅、公寓等建筑内人员繁多且复杂,一旦遇到火灾事故发生,尤其是居住在高层建筑中的业主,只能靠步行下楼避险,一旦火灾烟气弥漫进楼梯间内,就会影响到建筑内人员的正常疏散,再加上人们遇险后紧张、恐慌等,就很容易被大火及浓烟围困,进而带来一定的危险。

二、办公、住宅、公寓等建筑的火灾特点

(一)可燃、易燃物多,火灾荷载大,火势猛烈

办公、住宅、公寓等建筑内的固定办公家具、电子设备、文书等都是可燃、易燃物,且建筑内的装饰装修材料也大都会采用木板、纤维板等可燃、易燃装饰装修材料,火灾荷载大,一旦发生火灾,火势猛烈,极易向四周迅速燃烧并蔓延,使建筑构件和大量物品被烧毁。

(二)起火因素、火灾隐患多,致灾因素增加

办公、住宅、公寓等建筑特别是高层建筑,其功能复杂,引起火灾的因素也多。例如办公楼电子化和自动化水平高,用电设备多且用电量大,容易出现短路、接触不良、漏电等现象,再加上办公楼尤其是高层办公楼内人员多,其由吸烟引发火灾的概率也就相应提高。此外,很多办公楼、公寓,尤其是高层办公楼、公寓将楼层分割、分隔后出租或售卖,一整幢楼可能由十几家或几十家单位共同使用,加之相互之间消防安全管理的不统一,其潜在的火灾隐患也会陆续增多。公寓楼的使用功能多种多样,人员较为集中,有些房间甚至可以入住4—8人,有的可能还会更多,且公寓楼里居住的人员,主要是社会成员,居住时间也不太确定,有几天、几个月、几年的,所以导致发生火灾的因素也多,一旦局部起火,极易造成大面积火灾。

(三)火灾蔓延途径多,速度快

办公、住宅、公寓等建筑尤其是高层建筑内的楼梯间、电梯井、电缆井、垃圾道等竖向井道林立,同时还有大量的通风管道在其中纵横交错,延伸至整个建筑的各个角落,如果内部的防火分隔或相关的防火处理不到位,当火灾发生后,烟囱效应明显,产生的火焰、烟雾和热气流等很快地通过以上途径迅速向上蔓延,火势扩大。

(四)住宅、公寓等建筑内火灾发生率大

据统计,近年来全国每年居民住宅火灾的起数都超过了火灾总数的1/3,有的年份甚至超过了1/2,而居民火灾导致的死亡人数占火灾死亡总人数的1/2左右,受伤人数超过受伤总人数的1/3。

除人为破坏和雷击等自然灾害因素会造成火灾外,住宅还具有以下几种火灾的可能性:

一是电气引起火灾。火灾统计资料显示,30%左右的火灾是电气原因造成的。住宅内的用电设施设备较多,因此引发电气火灾的可能性也就相应的增大。电气火灾成因有很多种,例如使用大功率的空调、电烤箱等电热设备时,无人看管,导致引燃了周边的可燃物;家用电器长期带病运行,发生故障后也没有及时维修排除故障,导致火灾发生;部分假冒伪劣电器产品和不合格的家电产品、电瓶在家使用时发生火灾;电气线路接触不良或超负荷运行发热起火,以及漏电、短路等产生电弧火花引燃可燃物引起火灾等。

二是家用燃气等管理不善引起火灾。住宅小区内的居民厨房一般使用天然气和液化石油气等,在使用过程中也容易发生火灾,其原因主要有:一方面是用户没有熟练掌握燃气灶具的使用方法,且燃气管道、灶具等长时间得不到维修保养,可能会发生可燃气体泄漏,遇明火后引起火灾;另一方面是炉灶上煨炖、煎炸食品时离开,无人看管,导致油锅加热时间过长,温度超过油的燃点,起火燃烧。

三是吸烟不慎引起火灾。住宅区内一些居民,在房内床上躺着吸烟,或者在家中抽烟时将未熄灭的烟蒂扔在纸篓里或随意从阳台、窗户抛下,如此种

种,看似小小的烟头,却能带来严重的后果,因为烟头的表面温度达到 200—300℃,中心温度达 700—800℃,布匹、纸张、棉花等可燃物的燃点低于烟头的表面温度,当其与烟头接触后就很容易引发火灾。

四是蜡烛、蚊香等引燃周边可燃物引起火灾。一些居民家中在停电时仍用蜡烛照明,若一不小心碰倒蜡烛,就可能引燃窗帘、桌布、蚊帐等可燃物;还有一些居民在夏天会使用蚊香驱蚊,当蚊香距离衣物、蚊帐、被褥等可燃物较近或者将蚊香直接放置在桌子等可燃物上时,掉落的香灰也可能会引起周围可燃物着火。

(五)疏散困难,容易造成人员伤亡

办公、住宅、公寓等建筑内人员比较集中,少则数十人,多则数百、数千人,尤其是高层建筑,楼层高,垂直疏散距离远,发生火灾后,人员逃生极为困难,并且发生火灾后普通电梯由于切断电源后停止运转,疏散楼梯就是最主要的疏散通道,加之高层建筑内人员多、楼层高,很难在极短时间内将整幢楼的人员全部撤离出危险区域,若不能有效地防止烟气入侵,烟气会很快地通过楼梯间蔓延至整幢楼,使被困人员因为来不及疏散而被烟气熏死或烧死。

(六)消防设施损坏严重,扑救火灾困难

一些办公、住宅、公寓等建筑消防设施、器材严重损坏,火灾自动报警系统、自动喷水灭火系统、机械防排烟系统、室内消火栓等受损或年久失修,不能正常运行,更有其者擅自停用自动消防设施或关闭消防管网。灭火器、水枪水带、应急照明、疏散指示标志等消防设施器材过期失效、损坏、丢失或挪用现象时有发生,加之维保单位人员工作不及时,不能保证及时发现火情。同时部分建筑内,大量私家车停在小区消防车道上,占用、堵塞消防车道、消防登高场地现象普遍存在,一旦住宅小区内发生火灾,消防车无法通行,极易造成严重后果。

(七)物业服务企业消防安全管理工作薄弱

办公、住宅、公寓等建筑,随着使用年限的增加,其消防设施、器材均有不同程度的老化、损坏和缺失,加之部分建筑内的物业服务企业对消防安全工作

不够重视,重经营、轻安全,忽视了对共用消防设施的日常维护和消防安全日常检查,甚至有的物业服务企业主要负责人对消防工作重视不够,认为其发生火灾的可能性很小,不加强对员工消防意识的宣传培训,对消防设施、器材漠不关心,有的物业服务企业或管理单位为了防止消防设施、器材丢失,把水带、水枪等配件收集起来统一保管,消防设施成了"聋子的耳朵",不能发挥有效的作用。

(八)灭火救援扑救难度大

办公、住宅、公寓等建筑尤其是高层建筑因为楼层高,有的几十米,有的甚至有一两百米,发生火灾后,目前各城市的消防登高车能扑救 50 米以上的还是不多,难以满足高层办公、住宅、公寓等火灾的扑救需要,因此从室外进行火灾登高扑救极为困难,不容易接近火点。高层办公、住宅、公寓等建筑楼层高,发生火灾后,消防员若不借助消防电梯,将因体力消耗过大而很难完成徒步登楼作战,丧失战斗力,再加上内有烟火阻挡,内攻也容易受到阻碍,火灾扑救难度较大。

第二节 办公、住宅、公寓等建筑消防安全自主管理

办公、住宅、公寓等建筑的消防安全自我管理是防止火灾发生极为重要的环节,办公、住宅、公寓等建筑应当遵守相关的消防法律法规,履行消防安全职责,保障单位自身的消防安全,同时要开展防火检查、防火巡查。

一、消防安全责任

办公、住宅、公寓等建筑的业主、使用人是建筑消防安全责任主体,对建筑的消防安全负责。办公、住宅、公寓等建筑的业主、使用人是单位的,其法定代表人或者主要负责人是本单位的消防安全责任人。办公、住宅、公寓等建筑的业主、使用人可以委托物业服务企业或者消防技术服务机构等专业服务单位

(以下统称消防服务单位)提供消防安全服务,并应当在服务合同中约定消防安全服务的具体内容。

同一建筑有两个及以上业主、使用人的,各业主、使用人对其专有部分的消防安全负责,对共有部分的消防安全共同负责。同一建筑有两个及以上业主、使用人的,应当共同委托物业服务企业,或者明确一个业主、使用人作为统一管理人,对共有部分的消防安全实行统一管理,协调、指导业主和使用人共同做好整栋建筑的消防安全工作,并通过书面形式约定各方消防安全责任。

办公、住宅、公寓等建筑以承包、租赁或者委托经营、管理等形式交由承包人、承租人、经营管理人使用的,当事人在订立承包、租赁、委托管理等合同时,应当明确各方消防安全责任。委托方、出租方依照法律规定,可以对承包方、承租方、受托方的消防安全工作统一协调、管理。实行承包、租赁或者委托经营、管理时,业主应当提供符合消防安全要求的建筑物,督促使用人加强消防安全管理。

(1)办公、公寓等公共建筑的业主单位、使用单位应当履行下列消防安全职责:

①遵守消防法律法规,建立和落实消防安全管理制度。

②明确消防安全管理机构或者消防安全管理人员。

③组织开展防火巡查、检查,及时消除火灾隐患。

④确保疏散通道、安全出口、消防车通道畅通。

⑤对建筑消防设施、器材定期进行检验、维修,确保完好有效。

⑥组织消防宣传教育培训,制订灭火和应急疏散预案,定期组织消防演练。

⑦按照规定建立专职消防队、志愿消防队或微型消防站等消防组织。

⑧法律法规规定的其他消防安全职责。

委托物业服务企业,或者明确统一管理人实施消防安全管理的,物业服务企业或者统一管理人应当按照约定履行前款规定的消防安全职责,业主单位、使用单位应当督促并配合物业服务企业或者统一管理人做好消防安全工作。

(2)办公、公寓等公共建筑的业主、使用人、物业服务企业或者统一管理人应当明确专人担任消防安全管理人,负责整栋建筑的消防安全管理工作,并在建筑显著位置公示其姓名、联系方式和消防安全管理职责。办公、公寓等公共建筑的消防安全管理人应当履行下列消防安全管理职责:

①拟订年度消防工作计划,组织实施日常消防安全管理工作。

②组织开展防火检查、巡查和火灾隐患整改工作。

③组织实施对建筑共用消防设施设备的维护保养。

④管理专职消防队、志愿消防队或微型消防站等消防组织。

⑤组织开展消防安全的宣传教育和培训。

⑥组织编制灭火和应急疏散综合预案并开展演练。

办公、公寓等公共建筑的消防安全管理人应当具备与其职责相适应的消防安全知识和管理能力。对建筑高度超过 100 米的办公、公寓等公共建筑,鼓励有关单位聘用相应级别的注册消防工程师或者相关工程类中级及以上专业技术职务的人员担任消防安全管理人。

(3)住宅建筑的业主、使用人应当履行下列消防安全义务:

①遵守住宅小区防火安全公约和管理规约约定的消防安全事项。

②按照不动产权属证书载明的用途使用建筑。

③配合消防服务单位做好消防安全工作。

④按照法律规定承担消防服务费用,以及建筑消防设施维修、更新和改造的相关费用。

⑤维护消防安全,保护消防设施,预防火灾,报告火警,成年人参加有组织的灭火工作。

⑥法律法规规定的其他消防安全义务。

(4)接受委托的住宅建筑的物业服务企业应当依法履行下列消防安全职责:

①落实消防安全责任,制定消防安全制度,拟订年度消防安全工作计划和组织保障方案。

②明确具体部门或者人员负责消防安全管理工作。

③对管理区域内的共用消防设施、器材和消防标志定期进行检测、维护保

养,确保完好有效。

④组织开展防火巡查、检查,及时消除火灾隐患。

⑤保障疏散通道、安全出口、消防车通道畅通,对占用、堵塞、封闭疏散通道、安全出口、消防车通道等违规行为予以制止;制止无效的,及时报告消防救援机构等有关行政管理部门依法处理。

⑥督促业主、使用人履行消防安全义务。

⑦定期向所在住宅小区业主委员会和业主、使用人通报消防安全情况,提示消防安全风险。

⑧组织开展经常性的消防宣传教育。

⑨制订灭火和应急疏散预案,并定期组织演练。

⑩法律法规规定和合同约定的其他消防安全职责。

二、消防安全管理

(1)办公、住宅、公寓等建筑施工期间,建设单位应当与施工单位明确施工现场的消防安全责任。施工期间应当严格落实现场防范措施,配置消防器材,指定专人监护,采取防火分隔措施,不得影响其他区域的人员安全疏散和建筑消防设施的正常使用。

(2)建筑内的业主、使用人不得擅自变更建筑使用功能,改变防火防烟分区,不得违反消防技术标准使用易燃、可燃装修装饰材料。

(3)办公、住宅、公寓等建筑的业主、使用人或者物业服务企业、统一管理人应当对动用明火作业实行严格的消防安全管理,不得在具有火灾、爆炸危险的场所使用明火;因施工等特殊情况需要进行电焊、气焊等明火作业的,应当按照规定办理动火审批手续,落实现场监护人,配备消防器材,并在建筑主入口和作业现场显著位置公告。作业人员应当依法持证上岗,严格遵守消防安全规定,清除周围及下方的易燃、可燃物,采取防火隔离措施。作业完毕后,应当进行全面检查,消除遗留火种。

(4)建筑内电器设备的安装使用及其线路敷设、维护保养和检测应当符合消防技术标准及管理规定。建筑内的业主、使用人或者消防服务单位,应当安排专业机构或者电工定期对管理区域内由其管理的电器设备及线路进行检查;对不符合安全要求的,应当及时维修、更换。

(5)建筑内燃气用具的安装使用及其管路敷设、维护保养和检测应当符合消防技术标准及管理规定。禁止违反燃气安全使用规定,擅自安装、改装、拆除燃气设备和用具。高层民用建筑使用燃气应当采用管道供气方式。禁止在高层民用建筑地下部分使用液化石油气。

(6)设有建筑外墙外保温系统的办公、住宅、公寓等建筑,其管理单位应当在主入口及周边相关显著位置,设置提示性和警示性标识,标示外墙外保温材料的燃烧性能、防火要求。对建筑外墙外保温系统破损、开裂和脱落的,应当及时修复;在进行外墙外保温系统施工时,建设单位应采取必要的防火隔离和限制住人、使用的措施,确保建筑内人员安全。

禁止使用易燃、可燃材料作为办公、住宅、公寓等建筑外墙外保温材料。禁止在其建筑内及周边禁放区域燃放烟花爆竹;禁止在其外墙周围堆放可燃物。对于使用难燃外墙外保温材料或者采用与基层墙体、装饰层之间有空腔的建筑外墙外保温系统的办公、住宅、公寓等建筑,禁止在其外墙动火用电。

(7)办公、住宅、公寓等建筑的户外广告牌、外装饰不得采用易燃、可燃材料,不得妨碍防烟排烟、逃生和灭火救援,不得改变或者破坏建筑立面防火结构。禁止在建筑外窗设置影响逃生和灭火救援的障碍物。建筑高度超过50米的办公、住宅、公寓等建筑外墙上设置的装饰、广告牌应当采用不燃材料并易于破拆。

(8)禁止在消防车通道、消防车登高操作场地设置构筑物、停车泊位、固定隔离桩等障碍物。禁止在消防车通道上方、登高操作面设置妨碍消防车作业的架空管线、广告牌、装饰物等障碍物。

(9)办公、住宅、公寓等建筑的消防控制室应当由其管理单位实行24小时值班制度,每班不应少于2名值班人员。

消防控制室值班操作人员应当依法取得相应等级的消防行业特有工种职业资格证书,熟练掌握火警处置程序和要求,按照有关规定检查自动消防设施、联动控制设备运行情况,确保其处于正常工作状态。

消防控制室内应当保存高层民用建筑总平面布局图、平面布置图,消防设施系统图及控制逻辑关系说明,建筑消防设施维修保养记录和检测报告等资料。

(10)办公、住宅、公寓等建筑内的锅炉房、变配电室、空调机房、自备发电机房、储油间、消防水泵房、消防水箱间、防排烟风机房等设备用房应当按照消防技术标准设置,确定为消防安全重点部位,设置明显的防火标志,实行严格管理,并不得占用和堆放杂物。

(11)办公、住宅、公寓等建筑的疏散通道、安全出口应当保持畅通,禁止堆放物品、锁闭出口、设置障碍物。平时需要控制人员出入或者设有门禁系统的疏散门,应当保证发生火灾时易于开启,并在现场显著位置设置醒目的提示和使用标识。建筑内的常闭式防火门应当保持常闭,闭门器、顺序器等部件应当完好有效;常开式防火门应当保证发生火灾时自动关闭并反馈信号。禁止圈占、遮挡消火栓,禁止在消火栓箱内堆放杂物,禁止在防火卷帘下堆放物品。

超过100米的办公、住宅、公寓等建筑内应当在显著位置设置标识,指示避难层(间)的位置。禁止占用高层民用建筑避难层(间)和避难走道,禁止锁闭避难层(间)和避难走道出入口。

(12)建筑的消防车通道、消防车登高操作场地、灭火救援窗、灭火救援破拆口、消防车取水口、室外消火栓、消防水泵接合器、常闭式防火门等应当设置明显的提示性、警示性标识。消防车通道、消防车登高操作场地、防火卷帘下方还应当在地面标识出禁止占用的区域范围。消火栓箱、灭火器箱上应当张贴使用方法的标识。消防设施配电柜电源开关、消防设备用房内管道阀门等应当标识开、关状态;对需要保持常开或者常闭状态的阀门,应当采取铅封等限位措施。

(13)不具备自主维护保养检测能力的办公、住宅、公寓等建筑业主、使用人或者物业服务企业应当聘请具备从业条件的消防技术服务机构或者消防设施施工安装企业对建筑消防设施进行维护保养和检测;存在故障、缺损的,应当立即组织维修、更换,确保完好有效。

因维修等需要停用建筑消防设施的,建筑的管理单位应当严格履行内部审批手续,制订应急方案,落实防范措施,并在建筑入口处等显著位置公告。

办公、公寓等公共建筑消防设施的维修、更新、改造的费用,由业主、使用人按照有关法律规定承担,共有部分按照专有部分建筑面积所占比例承担。住宅建筑的消防设施日常运行、维护和维修、更新、改造费用,由业主依照法律规定承担;委托消防服务单位的,消防设施的日常运行、维护和检测费用应当纳入物业服务或者消防技术服务专项费用。共用消防设施的维修、更新、改造费用,可以依法从住宅专项维修资金列支。

三、防火巡查和检查工作

办公、住宅、公寓等建筑应当进行每日防火巡查,并填写巡查记录。住宅建筑和办公、公寓等公共建筑内的其他场所可以结合实际确定防火巡查的频次。

(一)防火巡查的内容

(1)用火、用电、用气有无违章情况;

(2)安全出口、疏散通道、消防车通道畅通情况;

(3)消防设施、器材完好情况,常闭式防火门关闭情况;

(4)消防安全重点部位人员在岗在位等情况。

住宅建筑应当每月至少开展一次防火检查,办公、公寓等公共建筑应当每半个月至少开展一次防火检查,并填写检查记录。

(二)防火检查的内容

(1)安全出口和疏散设施情况;

(2)消防车通道、消防车登高操作场地和消防水源情况;

(3)灭火器材配置及有效情况;

(4)用火、用电、用气和危险品管理制度落实情况;

(5)消防控制室值班和消防设施运行情况;

(6)人员教育培训情况;

(7)重点部位管理情况;

(8)火灾隐患整改及防范措施的落实等情况。

对防火巡查、检查发现的火灾隐患,办公、住宅、公寓等建筑的业主、使用人及受委托的消防服务单位,应当立即采取措施予以整改。

对不能当场改正的火灾隐患,应当明确整改责任、期限,落实整改措施,整改期间应当采取临时防范措施,确保消防安全;必要时,应当暂时停止使用危险部位。

禁止在办公、住宅、公寓等建筑的公共门厅、疏散走道、楼梯间、安全出口停放电动自行车或者为电动自行车充电。鼓励在住宅小区内设置电动自行车集中存放和充电的场所。电动自行车存放、充电场所应当独立设置,并与民用建筑保持安全距离;确需设置在建筑内的,应当与该建筑的其他部分进行防火分隔。

电动自行车存放、充电场所应当配备必要的消防器材,充电设施应当具备充满自动断电功能。

四、消防宣传教育和灭火疏散预案

(1)办公、公寓等公共建筑内的单位应当每半年至少对员工开展一次消防安全教育培训,同时对本单位员工进行上岗前消防安全培训,并对消防安全管理人员、消防控制室值班人员和操作人员、电工、保安员等重点岗位人员组织专门培训。

住宅建筑的物业服务企业应当每年至少对居住人员进行一次消防安全教育培训,进行一次疏散演练。

办公、住宅、公寓等建筑应当在每层的显著位置张贴安全疏散示意图,公共区域电子显示屏应当播放消防安全提示和消防安全知识,并在首层显著位置提示公众注意火灾危险,标示安全出口、疏散通道和灭火器材的位置。同时应当在显著位置设置消防安全宣传栏,在建筑的单元入口处提示安全用火、用电、用气,以及电动自行车存放、充电等消防安全常识。

(2)办公、住宅、公寓等建筑应当结合场所特点,分级分类编制灭火和应急疏散预案。

规模较大或者功能业态复杂,且有两个及以上业主、使用人或者多个职能部门的建筑,有关单位应当编制灭火和应急疏散总预案,各单位或者职能部门应当根据场所、功能分区、岗位实际编制专项灭火和应急疏散预案或者现场处置方案(以下统称分预案)。

灭火和应急疏散预案应当明确应急组织机构,确定承担通信联络、灭火、疏散和救护任务的人员及其职责,明确报警、联络、灭火、疏散等处置程序和措施。

办公、住宅、公寓等建筑的业主、使用人、受委托的消防服务单位应当结合实际,按照灭火和应急疏散总预案、分预案分别组织实施消防演练,每年至少进行一次全要素综合演练。建筑高度超过 100 米的公共建筑应当每半年至少进行一次全要素综合演练。编制分预案的,有关单位和职能部门应当每季度至少进行一次综合演练或者专项灭火、疏散演练。

演练前,有关单位应当告知演练范围内的人员并进行公告;演练时,应当设置明显标识;演练结束后,应当进行总结评估,并及时对预案进行修订和完善。

(3)火灾发生时,发现火灾的人员应当立即拨打 119 电话报警。火灾发生后,办公、住宅、公寓等建筑的业主、使用人、消防服务单位应当迅速启动灭火和应急疏散预案,组织人员疏散,扑救初起火灾。

火灾扑灭后,办公、住宅、公寓等建筑的业主、使用人、消防服务单位应当组织保护火灾现场,协助火灾调查。

第三节　消防部门对办公、住宅、公寓等建筑的消防安全检查要求

从近几年全国发生的办公、住宅、公寓等建筑的火灾来看,其消防安全管理历来是监管部门面临的痛点和难点,也是全社会关注的焦点。因此要建立政府统一领导,部门监督管理,群众积极参与的消防管理机制,充分发挥城市

街道办事处、公安派出所、居民委员会、村民委员会和居民住宅区业主自行管理机构、物业管理委员会或物业服务企业单位的"合力"作用,齐抓共管,群防群治。同时,加强相关部门之间的联合执法的互动配合,因为消防违法行为有时并非独立存在,通常会伴生着其他的违法行为。在消防执法过程中,由于不了解其他行业的法律规定,故而抓不住问题产生的原点,会使工作事倍功半。例如"LOFT公寓"内部改扩建由住房和城乡建设主管部门进行处理。需要对违法行为及相关法律法规进行统筹分析,同时加强对部门间协作执法的指导,使得执法工作更加具有前瞻性、持续性和针对性,并从源头上杜绝建筑存在的消防安全隐患。

消防救援机构和其他负责消防监督检查的机构依法对办公、住宅、公寓等建筑进行消防监督检查,督促业主、使用人、受委托的消防服务单位等落实消防安全责任;对监督检查中发现的火灾隐患,通知有关单位或者个人立即采取措施消除隐患。

消防救援机构应当加强办公、住宅、公寓等建筑消防安全法律法规的宣传,督促、指导有关单位做好办公、住宅、公寓等建筑消防安全宣传教育工作。

村民委员会、居民委员会应当依法制定防火安全公约,对办公、住宅、公寓等建筑进行防火安全检查,协助人民政府和有关部门加强消防宣传教育;对老年人、未成年人、残疾人等开展有针对性的消防宣传教育,加强消防安全帮扶。

供水、供电、供气、供热、通信、有线电视等专业运营单位依法对办公、住宅、公寓等建筑内由其管理的设施设备消防安全负责,并定期进行检查和维护。

一、办公、住宅、公寓等建筑消防监督检查的要点

(1)检查办公、住宅、公寓等建筑的消防档案内容是否归档并完整;了解建筑的基本情况,例如是否改变原有标准层设计等改扩建行为;检查楼内的整体管理组织制度是否健全,消防安全责任制是否明确;了解楼内的相关消防设施是否完好有效,维护保养制度是否落实;了解消防安全培训是否已定期开展,灭火和应急疏散预案是否定期进行演练。

（2）确保安全出口、疏散门和疏散楼梯畅通，并满足人员安全疏散的要求；常闭式防火门应当设置随手关门的提示语；安全出口、疏散通道、疏散楼梯、主要疏散路线等部位应当设置消防安全疏散指示标志。

（3）检查办公、住宅、公寓等建筑内的消防设施、器材、消防安全标志，确保其完好有效，并按有关规定配备灭火器材。设置有火灾自动报警系统的场所应当检查其消防控制室，确保消防控制室实行 24 小时双人值班制度，值班（操作）人员需持消防设施操作员职业资格证上岗。

（4）检查变配电室，消防控制室，集中设置的厨房、锅炉房、水泵房，电动自行车、电动摩托车集中充电点等容易发生火灾的部位，以及消防设备用房等消防安全重点部位，检查各项指标是否符合规定。

（5）检查电气设备和线路的安装情况，检查楼内用火、用电、易燃易爆物品使用及储存情况等。

二、推广智慧消防

鼓励办公、住宅、公寓等民用建筑推广应用物联网和智能化技术手段对电气、燃气消防安全和消防设施运行等进行监控和预警。

未设置自动消防设施的高层住宅建筑，鼓励因地制宜安装火灾报警和喷水灭火系统、火灾应急广播、可燃气体探测、无线手动火灾报警、无线声光火灾警报等消防设施。

三、落实消防宣传

各有关职能部门在政府的统一领导下，根据办公、住宅、公寓等建筑火灾的特点，结合消防宣传工作开展居民防火和灭火知识的宣传活动，在小区内设置消防知识牌、宣传标语等等，并定期组织人员到场开展消防知识现场咨询及派发消防宣传单等，开展通俗易懂、喜闻乐见、形式多样的宣传教育内容，有重点地加强对住宅区内的老人和儿童等弱势群体的消防知识宣传培训，普及防火、灭火常识，提高整体居民的消防安全意识。充分发挥媒体作用，定期曝光办公、住宅、公寓等建筑内存在的火灾隐患和消防安全失信行为；加强火灾案例警示教育；普及消防法律法规、消防常识和逃生技能；播放消防公益广告或安全提示。

第四节　办公、住宅、公寓等建筑的火灾典型案例分析

由于办公、住宅、公寓等建筑内的人员集中，发生火灾后，将会造成一系列不可挽回的伤亡、损失及社会影响。其起火原因归纳起来主要有电气火灾、吸烟、玩火、生产作业类火灾、放火、雷击等原因引起的火灾，据《中国消防救援年鉴(2019年卷)》统计，2019年办公场所的起火原因中放火18起，电气1263起，生产作业83起，用火不慎162起，吸烟88起，玩火9起，自燃42起，不明确原因57起，其他189起。住宅共发生较大火灾42起，亡151人，伤51人，直接经济损失约1021.8万元，其中起火原因中放火1336起，电气46527起，生产作业1201起，用火不慎31617起，吸烟5125起，玩火1796起，自燃1404起，不明确原因2775起，其他10383起。

(1)2005年10月，某居民住宅楼发生特大火灾，造成13人死亡，3人重伤。

(2)2006年11月，某石油大厦发生火灾，死亡3人，轻伤1人，直接财产损失14.5万元。

(3)2007年2月，某商住楼发生特大火灾，造成6人死亡，1人受伤，过火面积220平方米，直接财产损失48.4万元，起火原因为住宅楼内一楼停放的摩托车电气线路故障。

(4)2010年11月，某公寓发生火灾，造成58人遇难，70余人受伤，起火原因为由无证电焊工违章操作引起的。

致灾因素：公寓在进行改造施工，整个外墙被可燃材料包裹；塑料织网和聚氨酯泡沫燃烧滴落的特性，加快了整个火势向下蔓延的速度；风力加快了燃

烧的速度;公寓室内装修使用的可燃材料使火灾向室内发展;火灾发展到室内后,通过室内的垂直通道形成了烟囱效应。

解救被困人员艰难:立体的大面积火灾扑救相当困难;高层建筑增加了救助的工作量;被困多是老弱小人员,行为能力差;公寓的防盗设施增加了救助难度;高温烟气等燃烧产物阻碍了逃生救助行动;救助点多、工作量大;外墙保温材料的燃烧截断了阳台、外窗救援通道。

发生这起大火的直接原因:电焊工无特种作业人员资格证,严重违反操作规程,引发着火后逃离现场。

第七章 大型商业综合体的消防安全管理

第一节 大型商业综合体火灾危险性及特点

近年来,随着城市化进程的推进和国家经济建设的不断发展,大型商业综合体建筑应运而生,并越来越多,消防监督管理的难度不断加大。

大型商业综合体主要是指建筑面积不小于 5 万平方米的集购物、住宿、娱乐、餐饮、展览、交通枢纽等两种或两种以上功能于一体的单体建筑和通过地下连片车库、地下连片商业空间、下沉式广场、连廊等方式连接的多栋商业建筑组合体。与一般的商业性建筑相比较,具有面积大、空间高、使用功能多的特点,功能复杂,火灾荷载高,发生火灾后,人员疏散逃生难、火灾蔓延速度快、灭火救援难度大,极易造成重大人员伤亡和财产损失。

一、大型商业综合体的火灾危险性

大型商业综合体往往具有体量大、结构复杂、商户众多、电器线路复杂、火灾荷载大等特点,火灾危险性巨大。

(一)空间构局复杂,自救逃生难度大

大型商业综合体大多为高层或者超高层,疏散距离长,排烟困难,且一般会设有室内步行街、下沉式广场、中庭等共享空间,这些共享空间进一步增大了划分防火分区的难度,容易造成火势蔓延。此外,大型商业综合体内还有部

分外窗会被一些大型的广告牌或电子显示屏遮挡,很难实现自然排烟,其通风及排烟条件相比其他类型建筑困难,且人员密度大,一旦发生火灾,群众往往很难自救逃生。同时大型商业综合体内结构复杂,再加上许多顾客经常乘坐自动扶梯和电梯,平时对综合体内的疏散通道、安全出口不太注意,部分安全出口、疏散楼梯被设置在人们很难注意到的较为偏僻的角落,一旦发生火灾,自动扶梯和普通电梯停止运行,人员恐慌下,秩序混乱,很难在第一时间找到安全出口,很容易出现拥堵和踩踏事故。

（二）可燃物、可燃装修多,导致火灾荷载增加

绝大多数的大型商业综合体为了达到舒适、豪华的要求,采用可燃、易燃的装饰装修材料,如墙面、地面、吊顶和隔断等,甚至还有地毯、各种装饰物等可燃、易燃物等,这必然加重了火灾荷载。此外,大型商业综合体内经营的大多数商品也是可燃、易燃物品,因此一旦发生火灾,这些可燃、易燃物及装饰、装修材料不但会燃烧猛烈,蔓延迅速,易形成立体燃烧,而且还会释放大量的有毒烟气,进一步加剧了人们自救逃生的难度。

（三）管理混乱,消防安全职责不明

大型商业综合体里有成百上千个商户,各自经营,签订的租赁合同很少会涉及各自的消防职责分工,一旦出现问题,商户、物业和开发商之间会互相推诿。此外,有的大型商业综合体内产权人和租赁人交叉,物业部门管理混乱,对公共消防设施、器材的维护保养分工不明确,导致部分消防设施、器材长时间处于无人监管和维护保养的状态,一旦发生火灾,很容易因为起不到应有的作用而延误灭火救援。

（四）体量大,消防设施故障率高,难以有效发挥作用

大型商业综合体通常建筑面积不小于5万平方米,因此一般都会配备相应的自动喷水灭火系统、机械防排烟系统、火灾自动报警系统、气体灭火系统等自动消防设施,有的大型商业综合体还设置有消防水炮灭火系统等,但是由于大型商业综合体体量大,设置点位多,且部分消防设施的设置分属

于不同的商户,存在部分商户的消防安全意识淡薄,随意挪用、损坏消防设施、器材的现象。随着大型商业综合体经营的时间越来越长,有时综合体内的物业服务企业也会忽视掉对消防设施、器材的检查、维护,有些消防设施、器材存在故障,但没有及时对这些故障进行维修,导致综合体内的消防设施形同虚设。

(五)用火、用电、用气设施、设备多

大型商业综合体内有大量的广告霓虹灯灯箱、商品橱窗、照明灯具等用电设备,餐饮场所的厨房等电气设施、设备,用火、用电、用气设备量大,种类多,负荷大,电气线路复杂,也进一步增大了致灾风险。尤其是大型商业综合体内商户多,若防火意识薄弱,管理不严,易出现违反电气安全管理、操作、使用规程,出现私拉乱接电线或超负荷用电等现象。

二、大型商业综合体的火灾特点

(一)火势燃烧猛,火势蔓延迅速

大部分大型商业综合体中的大多数商品多为易燃、可燃物,加上室内装修大多采用可燃装饰材料,一旦发生火灾,火势将向水平方向迅速蔓延或沿着堆积的可燃商品向上蔓延,或者沿着建筑外墙的窗口、孔洞、空调风管、管道井等部位向上蔓延,速度极快。而且大多数大型商业综合体设有下沉式广场、中庭等共享空间,通过自动扶梯上下连通,且竖向的管道井也很多,因此造成的"烟囱效应"也很强。

(二)烟雾浓,毒性大

在火灾中,浓烟和高温是造成人员伤亡的最直接原因,据资料显示,火灾中的死亡者有85%以上为烟气中毒所致。而在大型商业综合体的火灾中,大量的可燃、易燃物燃烧后往往会产生大量的不完全燃烧产物,从而形成了浓烟和含一氧化碳、氰化氢、硫化氢等有毒气体,且烟雾和有毒气体很难在短时间内排出至室外,加之部分大型商业综合体内还有外窗被一些大型的广告牌或

电子显示屏遮挡,很难实现自然排烟,因此浓烟将迅速占据室内有限的氧气含量,而室内含氧量的减少也势必会降低室内人员的自救能力。

(三)人员高度集中,疏散困难

由于大型商业综合体内的客流量非常大,且大部分的顾客对综合体内的内部环境情况、疏散通道、安全出口均不是很熟悉,一旦发生火灾事故,浓烟的侵害加上顾客的恐慌心理、骚乱情绪,很容易出现拥挤、堵塞现象,极易造成群死群伤。

(四)火灾扑救困难

大型商业综合体内排烟比较困难,部分的外窗被户外的大型广告牌或电子显示屏遮挡,一旦发生火灾,利用可开启外窗进行自然排烟的可能性就极小,而机械排烟系统往往故障或发挥不了正常功效。火灾发生后,火场内火焰大、温度高,消防救援人员很难深入火场内部进行有效侦察和准确实施灭火,给侦察及灭火工作带来了一定的难度。

第二节　大型商业综合体的消防安全自主管理

现代大型商业综合体集购物、住宿、娱乐、餐饮、展览、交通枢纽等功能于一身,建筑面积大、储货量多、人员密集,致使在突发火灾事故中易造成较大的人员伤亡与财产损失。因此,要加强大型综合体的消防安全自主管理。

大型商业综合体的消防安全管理应当贯彻"预防为主、防消结合"的方针,实行消防安全责任制。

一、明确消防安全责任,狠抓消防安全责任的落实

大型商业综合体的产权单位、使用单位是大型商业综合体的消防安全责任主体,对大型商业综合体的消防安全工作负责。大型商业综合体的产权单位、使用单位应当明确消防安全责任人、消防安全管理人,设立消防安全工作

归口管理部门,建立健全消防安全管理制度,逐级细化明确消防安全管理职责和岗位职责。

消防安全责任人应当由产权单位、使用单位的法定代表人或主要负责人担任。消防安全管理人应当由消防安全责任人指定,负责组织实施本单位的消防安全管理工作。

大型商业综合体有两个以上产权单位、使用单位的,各单位对其专有部分的消防安全负责,对共有部分的消防安全共同负责,并应当明确一个产权单位、使用单位,或者共同委托一个委托管理单位作为统一管理单位,并明确统一消防安全管理人,对共用的疏散通道、安全出口、建筑消防设施和消防车通道等实施统一管理,同时协调、指导各单位共同做好大型商业综合体的消防安全管理工作。

(1)消防安全责任人应当掌握本单位的消防安全情况,全面负责本单位的消防安全工作,并履行下列消防安全职责:

①制定和批准本单位的消防安全管理制度、消防安全操作规程、灭火和应急疏散预案,进行消防工作检查考核,保证各项规章制度落实。

②统筹安排本单位经营、维修、改建、扩建等活动中的消防安全管理工作,批准年度消防工作计划。

③为消防安全管理提供必要的经费和组织保障。

④建立消防安全工作例会制度,定期召开消防安全工作例会,研究本单位消防工作,处理涉及消防经费投入、消防设施和器材购置、火灾隐患整改等重大问题,研究、部署、落实本单位消防安全工作计划和措施。

⑤定期组织防火检查,督促整改火灾隐患。

⑥依法建立专职消防队或志愿消防队,并配备相应的消防设施和器材。

⑦组织制订灭火和应急疏散预案,并定期组织实施演练。

(2)消防安全管理人对消防安全责任人负责,应当具备与其职责相适应的消防安全知识和管理能力,取得注册消防工程师执业资格或者工程类中级以上专业技术职称,并应当履行下列消防安全职责:

①拟订年度消防安全工作计划,组织实施日常消防安全管理工作。

②组织制订消防安全管理制度和消防安全操作规程,并检查督促落实。

③拟订消防安全工作的资金投入和组织保障方案。

④建立消防档案,确定本单位的消防安全重点部位,设置消防安全标识。

⑤组织实施防火巡查、检查和火灾隐患排查整改工作。

⑥组织实施对本单位消防设施和器材、消防安全标识的维护保养,确保其完好有效和处于正常运行状态,确保疏散通道、安全出口、消防车道畅通。

⑦组织本单位员工开展消防知识、技能的教育和培训,拟订灭火和应急疏散预案,组织灭火和应急疏散预案的实施和演练。

⑧管理专职消防队或志愿消防队,组织开展日常业务训练和初起火灾扑救。

⑨定期向消防安全责任人报告消防安全状况,及时报告涉及消防安全的重大问题。

⑩完成消防安全责任人委托的其他消防安全管理工作。

(3)大型商业综合体内的经营、服务人员应当履行下列消防安全职责:

①确保自身的经营活动不更改或占用经营场所的平面布置、疏散通道和疏散路线,不妨碍疏散设施及其他消防设施的使用。

②主动接受消防安全宣传教育培训,遵守消防安全管理制度和操作规程;熟悉本工作场所消防设施、器材及安全出口的位置,参加单位灭火和应急疏散预案演练。

③清楚了解本单位火灾危险性,会报火警,会扑救初起火灾,会组织疏散逃生和自救。

④每日到岗后及下班前应当检查本岗位工作设施、设备、场地、电源插座、电气设备的使用状态等,发现隐患及时排除并向消防安全工作归口管理部门报告。

⑤监督顾客遵守消防安全管理制度,制止吸烟、使用大功率电器等不利于消防安全的行为。

(4)大型商业综合体的保安人员应当履行下列消防职责:

①按照本单位的消防安全管理制度进行防火巡查,并做好记录,发现问题应当及时报告。

②发现火灾及时报火警并报告消防安全责任人和消防安全管理人,扑救初起火灾,组织人员疏散,协助开展灭火救援。

③劝阻和制止违反消防法规和消防安全管理制度的行为。

二、大型商业综合体消防设施管理

大型商业综合体产权单位、使用单位可以委托具备相应从业条件的消防技术服务机构定期对建筑消防设施进行维护保养和检测,确保消防设施器材完好有效,处于正常运行状态。检测记录应当完整准确,存档备查。建筑消防设施存在故障、缺损的,应当立即维修、更换,不得擅自断电停运或长期带故障运行;因维修等原因需要停用建筑消防设施的,应当严格按照消防安全管理制度履行内部审批手续,制订应急方案,落实防范措施,并在建筑主要出入口醒目位置公告。维修完成后,应当立即恢复到正常运行状态。

三、加强建筑消防设施的维护和管理

大型商业综合体作为一个重要的场所,为确保其消防设施、器材的完好有效,并确保消防设施、消防电源按规定处于正常运行的状态,应按照规范要求设置消防设施、器材和消防安全标志,并保持完好有效;对综合体内的消防设施、器材要进行维护保养和检测,对设有自动消防系统的,应委托具有相应资质的单位安装,并由符合国家规定条件的单位每年至少进行一次全面检测,检测报告存档期限不得少于三年。

疏散通道、安全出口应当保持畅通,禁止堆放物品、锁闭出口、设置障碍物;常闭式防火门应当保持常闭,门上应当有正确启闭状态的标识,闭门器、顺序器应当完好有效;室内消火栓、机械排烟口、防火卷帘、常闭式防火门等建筑消防设施应当设置明显的提示性、警示性标识;消火栓箱、灭火器箱上应当张贴使用方法标识;防火门、防火卷帘、防火封堵等防火分隔设施应当保持完整有效,防火卷帘、防火门应可正常关闭,且下方及两侧各 0.5 米范围内不得放置物品,并应用黄色标识线划定范围;室内消火栓箱不得上锁,箱内设备应当齐全、完好,禁止圈占、遮挡消火栓,禁止在消火栓箱内堆放杂物;商品、展品、货柜、广告箱牌、生产设备等不得影响防火门、防火卷帘、室内消火栓、灭火剂喷头、机械排烟口和送风口、自然排烟窗、火灾探测器、手动火灾报警按钮、声光报警装置等消防设施的正常使用;电缆井、管道井等竖向管井和电缆桥架应当在穿越每层楼板处采取可靠措施进行防火封堵,管井检查门应当采用防火门。电缆井、管道井等竖向管井禁止被占用或堆放杂物。

四、强化消防控制室管理,提升处置火灾的能力

因为消防控制中心是火灾时组织灭火救援工作的指挥中心,大型商业综合体应加强对消控室的管理,消防控制室值班人员应持有中级(四级)以上建(构)筑消防员职业资格证,应当实行每日 24 小时不间断值班制度,每班不应少于 2 人,与消防远程监控系统联网的,可以实行单人值班,严禁脱岗。

消防控制室值班人员值班期间,对接收到的火灾报警信号应当立即以最快方式确认,如果确认发生火灾,应当立即检查消防联动控制设备是否处于自动控制状态,同时拨打"119"火警电话报警,启动灭火和应急疏散预案;并随时检查消防控制室设施设备运行情况,做好消防控制室火警、故障和值班记录,对不能及时排除的故障应当及时向消防安全工作归口管理部门报告。

消防控制室应当存放建筑总平面布局图、建筑消防设施平面布置图、建筑消防设施系统图,同时存放一套符合规定的完整消防档案。

五、开展防火巡查、检查,及时发现和消除火灾隐患

大型商业综合体应当建立防火巡查、防火检查制度,确定巡查和检查的人员、部位、内容和频次,明确建筑消防设施和器材巡查部位和内容,每日进行防火巡查,其中旅馆、商店、餐饮店、公共娱乐场所、儿童活动场所等公众聚集场所在营业时间,应至少每 2 小时巡查一次,并结合实际组织夜间防火巡查。防火巡查应当采用电子巡更设备;建立火灾隐患整改制度,明确火灾隐患整改责任部门和责任人、整改的程序、所需经费来源、保障措施。

大型商业综合体的产权单位、使用单位和委托管理单位应当定期组织开展消防联合检查,每月应至少进行一次建筑消防设施单项检查,每半年应至少进行一次建筑消防设施联动检查。

防火巡查和检查应当如实填写巡查和检查记录,及时纠正消防违法违章行为,对不能当场整改的火灾隐患应当逐级报告,整改后应当进行复查,巡查检查人员、复查人员及其主管人员应当在记录上签名。

发现火灾隐患,应当立即改正;不能立即改正的,应当报告大型商业综合体的消防安全工作归口管理部门。消防安全管理人或消防安全工作归口管理部门负责人应当组织对报告的火灾隐患进行认定,并对整改完毕的火灾隐患进行确认。在火灾隐患整改期间,应当采取保障消防安全的措施。

六、其他日常消防安全管理

大型商业综合体内严禁生产、经营、储存和展示甲、乙类易燃易爆危险物品。严禁携带甲、乙类易燃易爆危险物品进入建筑内;综合体内部使用的宣传条幅、广告牌等临时性装饰材料应采用不燃或难燃材料制作;设有建筑外墙外保温系统的大型商业综合体,应当在主入口及周边相关醒目位置,设置提示性和警示性标识,标示外墙保温材料的燃烧性能、防火要求。对大型商业综合体建筑外墙外保温系统破损、开裂和脱落的,应当及时修复。大型商业综合体建筑在进行外保温系统施工时,应当采取禁止或者限制使用该建筑的有效措施;禁止使用易燃、可燃材料作为大型商业综合体建筑外墙保温材料;电动自行车集中存放、充电场所应当优先独立设置在室外,与其他建筑、安全出口保持足够的安全距离,确需设置在室内时,应当满足防火分隔、安全疏散等消防安全要求,并应加强巡查巡防或采取安排专人值守、加装自动断电、视频监控等措施。

七、定期进行联合消防演练

大型商业综合体的产权单位、使用单位和委托管理单位应当根据人员集中、火灾危险性较大和重点部位的实际情况,制订有针对性的灭火和应急疏散预案,承租承包单位、委托经营单位等使用单位的应急预案应当与大型商业综合体整体应急预案相协调。

总建筑面积大于 10 万平方米的大型商业综合体,应当根据需要邀请专家团队对灭火和应急疏散预案进行评估、论证。

大型商业综合体的产权单位、使用单位和委托管理单位应当根据灭火和应急疏散预案,至少每半年组织开展一次消防演练。人员集中、火灾危险性较大和重点部位应当作为消防演练的重点,宜与周边的其他大型场所或建筑组织协同演练。演练前,应当事先公告演练的内容、时间并组织场所内的从业员工和顾客积极参与;演练时,应当在建筑主要出入口醒目位置设置"正在消防演练"的标志牌,并采取必要的管控与安全措施;演练结束后,应当将消防设施恢复到正常运行状态,并进行总结讲评。消防演练中应当落实对模拟火源及烟气的安全防护措施,防止造成人员伤害。

八、开展消防安全宣传教育

大型商业综合体应当通过多种形式开展经常性的消防安全宣传教育,应当通过在主要出入口醒目位置设置消防宣传栏、悬挂电子屏、张贴消防宣传挂图,以及举办各类消防宣传活动等多种形式对公众宣传防火、灭火、应急逃生等常识,重点提示该场所火灾危险性、安全疏散路线、灭火器材位置和使用方法,消防设施和器材应当设置醒目的图文提示标识。

大型商业综合体产权单位、使用单位和委托管理单位的消防安全责任人、消防安全管理人及消防安全工作归口管理部门的负责人应当至少每半年接受一次消防安全教育培训,培训内容应当至少包括建筑整体情况、单位人员组织架构、灭火和应急疏散指挥架构、单位消防安全管理制度、灭火和应急疏散预案等。综合体内从业员工应当进行上岗前消防培训,在职期间应当至少每半年接受一次消防培训;专职消防队员、志愿消防队员、保安人员应当掌握基本的消防安全知识和灭火基本技能,且至少每半年接受一次消防安全教育培训。

九、微型消防站建设和管理

大型商业综合体应当采取"一站多点"的形式按照"3分钟到场处置"的要求设置微型消防站,并应当根据本场所火灾危险性特点,配备一定数量的灭火、通信、个人防护等消防(车辆)器材装备,选用合格的消防产品器材装备,合理设置消防(车辆)器材装备存放点。

大型商业综合体的建筑面积大于或等于20万平方米时,应当至少设置2个微型消防站。微型消防站由大型商业综合体产权单位、使用单位和委托管理单位负责日常管理,并宜与周边其他单位微型消防站建立联动联防机制。微型消防站的队员应当熟悉建筑基本情况、建筑消防设施设置情况、灭火和应急疏散预案,熟练掌握建筑消防设施、消防器材装备的性能和操作使用方法,落实器材装备维护保养,参加日常防火巡查和消防宣传教育。

第三节　消防部门对大型商业综合体的消防安全检查要求

大型商业综合体是集购物、住宿、娱乐、餐饮、展览、交通枢纽等两种或两种以上功能于一体的单体建筑和通过地下连片车库、地下连片商业空间、下沉式广场、连廊等方式连接的多栋商业建筑组合体,对该类建筑开展消防监督检查时,应着重检查消防安全管理制度,各种场所的消防设置,建筑防火、消防设施、安全疏散通道及其他重点部位。

一、消防监督抽查组织

根据本地区的火灾规律、特点等消防安全需要,应当组织监督抽查;在火灾多发季节、重大节日、重大活动前或期间,应当组织监督抽查。采取"双随机一公开"工作机制,随机组合检查单位、检查人员,并定期公示监督抽查计划、结果,接受群众监督。

二、加大消防安全管理力度

充分发挥消防"网格化"的安全管理作用,对大型商业综合体内部的消防安全隐患问题能够及时发现、及时查处,建立健全火灾隐患曝光机制,定期向社会公布火灾隐患单位的名录,并抄送有关部门,引起其他相关部门的重视,形成工作合力。

三、消防监督检查方法及内容

消防救援机构查阅大型商业综合体投入使用、营业前消防安全检查资料和有关消防设计的文件;询问综合体内工作人员,现场检查、测试,随机提问员工对消防安全"四个能力"、消防安全制度、灭火和应急疏散预案及自身承担职责任务的熟悉掌握和落实情况。

(1)检查消防安全管理。

(2)检查火灾危险源:用火用油用电、装修装饰材料、施工装修作业。

(3)检查重点场所及部位:超市、商铺,餐饮场所,电影院,儿童活动场所,KTV 等歌舞娱乐场所,冰雪娱乐场所,展览厅,仓库、冷库,重要设备用房,中庭及室内步行街,停车库。

(4)检查消防设施:消防控制室,安全疏散设施,防火分隔设施,消防供水设施,消防供电设施,消防联动控制。

(5)检查应急处置能力:微型消防站情况,灭火和应急疏散预案编制演练,现场拉动测试。

四、加强有关人员的消防知识抽问

在开展大型商业综合体检查时,对其内部员工和商业综合体内各个门店员工进行简单的消防技能抽问,对不熟悉的员工进行简单的消防技能培训,让每个员工真正掌握简单的消防设施、器材的使用方法,提高其对消防设施、器材的掌握熟练度。

第四节 大型商业综合体的火灾典型案例分析

大型商业综合体为我们的生活购物带来了极大的便利,但由于内部可燃物多,人员密集,一旦发生火灾,极易造成很大的人员伤亡和财产损失。

案例一

2021年4月,某财富广场发生较大火灾事故,共造成4人死亡,2人受伤,直接经济损失558.44万元。

该起火灾事故原因是拆除自动扶梯气割作业时产生的高温熔融物掉落至负一层扶梯井内西北侧,引燃电梯装饰板及构件油污等可燃物。

造成火灾蔓延扩大的原因主要有:广场内的部分员工、顾客缺乏消防安全应急常识和意识,在火灾报警及发现火情后未及时疏散,三名死者在疏散过程中返回收拾财物,错失逃生时机。

案例二

2021年7月,某梦想城发生火灾,造成15人死亡、25人受伤,建筑物过火面积6200平方米,直接经济损失3700余万元。

该起火灾事故原因是梦想城二楼摄影棚上部照明线路漏电,击穿其穿线蛇皮金属管,引燃周围可燃仿真植物装饰材料。

造成火灾蔓延扩大的原因主要有:违规对该梦想城进行改扩建及采用可燃材料装修装饰。

第八章　文物古建筑消防安全管理

第一节　文物古建筑火灾危险性及特点

文物古建筑一般是指古人遗留下来的距今有较长历史年代且具有历史价值的建筑,是历代人民的智慧结晶,是研究古代社会的政治、经济、文化、宗教信仰等的历史资料,是国家珍贵的文化遗产。我国的文物古建筑多为砖木结构,其中又以木质结构建筑居多,耐火等级低,火灾荷载大,有的建筑规模大、形式多、用途广、结构特殊,一旦发生火灾将造成无法估量的损失。据《中国消防救援年鉴(2019年卷)》统计,2019年全国文物古建筑共发生火灾36起,亡5人,直接经济损失约1761.2万元,烧毁建筑4456平方米。

一、文物古建筑的火灾危险性

(一)耐火等级低,火灾荷载大

我国的文物古建筑大多采用砖木结构,以木材为主要材料,以木柱为基础,柱上架木梁,梁上再立柱,形成一组木构架,就好似一座堆积成山的木堆垛,一旦起火,犹如架满了干柴的炉膛,而屋顶严实紧密,屋顶内部的烟热不易散发,温度容易积聚,建筑内大量的易燃物(如绸缎、字画、天帐、帷幔等织物)也随之起火,导致形成立体火灾。

此外,很多文物古建筑和其他建筑一样,建筑内的各种木结构及棉、麻、丝等织物一般都没有经过防火阻燃处理,遇火后火势会迅速蔓延,小火变成大火。

(二)灭火救援困难

我国的文物古建筑虽多以单层、单体建筑为主,但总平面布局上有一种简明的组织规律,呈现成组成群、对称布置的格局。例如浙江杭州的灵隐寺、舟山的普陀寺等,都以间为单位构成单座建筑,再以多幢单座建筑构成庭院,然后以庭院为单元组成形式多样的组群,加上廊道相接,建筑物之间彼此相连,防火间距相对较小,失火时极易以热对流、热辐射、飞火等方式蔓延扩大,形成火烧连营之势,而且建筑群内没有消防通道,消防设施及水源也无法满足施救的需求。

现存的还有一些文物古建筑远离城镇,有的甚至地处深山峡谷,消防车难以迅速到达,即使赶到后周边也无充足的消防水源,因此一旦发生火灾,极易造成燎原之势,后果不堪设想。

(三)燃烧速度快,火势蔓延迅速

文物古建筑中的木质材料,由于长期的干燥和受到大自然的侵蚀,同时文物古建筑的木材料中又多使用油脂含量高的松木、樟木、柏木等优质木材建造,发生火灾后,木材迅速燃烧,15～20分钟就会出现大面积的燃烧,最高温度可达到1000℃。此外,一些文物古建筑的殿堂的净高度在10米以上,而屋顶严实紧密,屋顶内部的烟热不易散发,温度容易积聚,从而导致发生轰燃现象。

(四)火灾扑救难度大

一些文物古建筑形体高大,且多为木结构,建筑面积大,而建筑面积越大所用的木料也就越多,火灾荷载也就越大,火灾风险也就越大。当火势在大屋顶的内部燃烧时,如果把水流直接射向屋面,一般消防水枪的充实水柱很难满足灭火需要,射流难以到达起火点,很难达到控制火势和消灭火灾的目的。再加上一些地势的高差和建筑物的遮挡,在施救过程中消防救援人员难以进入施展破拆手段,在一定程度上也增大了扑救的难度,无法及时有效地控制火势。

(五)用火用电多,管理难度大

文物古建筑如同其他建筑一样,用火用电都比较多,用火用电也是诱发文物古建筑火灾的重要因素。用火用电使用不当而引起的火灾约占文物古建筑火灾的70%,主要体现在以下几个方面:

一是生活用火。主要体现在烧火做饭、取暖、照明等,有些文物古建筑内还设有饭店、茶座等等,存在使用柴火、液化石油气等情况。二是宗教活动用火。有的文物古建筑,例如寺庙、道观等,香火旺盛,宗教活动常见的用火主要有烧香、点蜡、焚纸、酥油供灯等,宗教活动频繁,还有一些定时的庙会、临时性的道场等,香客拥挤,香烟缭绕,烛无烛台、灯无灯罩,无形之中也埋下了许多的火灾隐患。三是电气起火。有的文物古建筑内电气线路老化,绝缘破损;有些电线没有穿管就直接敷设在柱、梁等可燃结构上,有些甚至随意私拉乱接;有些电气设备使用时间过长,温度过高;有些照明灯具距木质构件或可燃物等距离过近,长时间的烘烤容易发生起火。四是雷击起火。文物古建筑一般建在人群聚集的地方,或者在崇山峻岭上,文物古建筑屋顶有些没有安装避雷设施,有些虽然安装了但不起作用,引起雷击火灾。五是其他管理原因。主要是文物古建筑内堆放的柴火、草垛等,堆积时间过长容易引起自燃;周边燃放的烟花爆竹引起的火灾;人为的因素如游客乱扔烟头、火柴梗,小孩玩火,报复性纵火、放火等,都大大增加了火灾发生的概率。

文物古建筑火灾不同于其他普通建筑类火灾,一旦发生火灾,会使一些珍贵的文物古迹被烧毁,而且有可能造成一系列难以挽回的重大损失。

二、文物古建筑消防安全自主管理

针对文物古建筑火灾的多种成因,应坚持"防消结合,预防为主"的原则,根据维持原貌、科学合理、人防技防并重的原则将文物建筑的修缮、改造与消防规划相结合,灵活运用现代消防技术措施,有针对性地做好文物古建筑的消防安全工作,做到组织落实、制度严密、措施得法、施救有效。

(一)消防安全责任

文物古建筑要落实古建筑单位消防安全主体责任。根据我国消防法律法规的有关规定,文物古建筑单位应认真落实消防安全的主体责任,文物古建筑的管理者应对文物古建筑单位的消防安全工作全面负责。建立和完善本文物古建筑的防火灭火预案和各项消防管理制度,狠抓各项安全制度的贯彻落实,用严格的制度规范内部人员或游客的消防安全行为,主动配合消防救援机构加强自身的消防安全管理,逐级落实防火安全责任制和岗位防火责任制,确保逐项措施落到实处。

(二)建立多种形式的消防站

严格贯彻《中华人民共和国消防法》及有关规章制度的规定,成立防火安全领导小组,设立专职或义务消防队、消防员,根据文物建筑的特点,在不破坏文物古建筑群整体格局的前提下,力争到达火灾现场的时间最短,以便于可以及时有效地控制火灾,并对专职或义务消防队、消防员进行专门的培训,使其掌握一定的防火和灭火技能,具有一定的扑救初起火灾的能力。

(三)加强消防设施建设,运用技术手段预防火灾事故

预防火灾的技术手段,主要指火灾自动报警系统、自动灭火系统、视频监控系统等。这些技术手段,可以随时观察文物古建筑的消防安全情况,及时发现火灾,及时扑灭初起火灾,是保护文物古建筑行之有效的消防安全管理措施。重要的文物古建筑单位,特别是国家级、省级文物单位,要建设火灾自动报警系统和视频监控系统,真正做到人防和技防相结合,充分发挥技术防范的重要作用。视频监控系统可以把防盗、防火、防灾等有机结合,减少重复投资。有条件的城市文物古建筑单位,其火灾自动报警系统还应与城市火灾监控中心联网。此外文物古建筑单位应充分利用周边的天然水源,并在建筑内配备水缸、水桶、沙土等以备不时之需。地处偏远的文物古建筑,且周边无天然水源的,还应修建消防蓄水池。在消防车能够到达的地方,应修建通向水源地的消防车通道和可靠的取水设施;在消防车无法到达的地方,应设置固定或移动

的消防泵取水处。有条件的文物古建筑单位应安装消火栓系统、火灾自动报警系统、自动灭火系统,设置安全疏散指示标志,配置灭火器等消防设施,地处郊野、山区的文物古建筑还应配备常用灭火器材和因地制宜地设置适合自身特点的消防设施。

(四)严格控制火源、加强管理

控制火源是一切防火的基础,也是文物古建筑防火的基础。严格管理用火、用电、用气、用油,文物古建筑单位在消防安全管理中,要切实把严格管理用火、用电、用气、用油作为预防火灾的重要工作。

引发文物古建筑起火的火源主要有生活用火、宗教活动用火、电气起火、雷击起火及其他原因等,文物建筑单位应加强防范,严格控制各类起火源。

禁止在文物古建筑保护范围内堆存柴草、木料等易燃、可燃物品。文物古建筑单位的重点部位和旅游热点,应设立明显的防火标志、消防指示牌,严禁将易燃、易爆和导火物品带入建筑,以最大限度减少引发火灾的可能性,确保文物古建筑的消防安全。

禁止在文物古建筑的主要殿屋进行生产、生活用火。一定要进行生活用火时,要考虑炉灶的选址和筑造,灶房地址一定要远离建筑群或摆放文物集中的库房,炉灶不能靠近可燃建筑物,烟囱穿过闷顶或房盖时,其周围应用不燃材料隔绝;在使用油灯、蜡烛照明时,不能直接靠近可燃物质,应在油灯上设置灯罩,灯罩上不能套纸罩,油灯、蜡烛应固定在四周没有可燃物的地方,使用后应及时清除油垢,添加灯油时应将灯火熄灭;冬天在使用火盆取暖时,不得将火盆直接放在木架或木质地板上,使用手炉时,不能任意放置,更不能使用手炉烘烤被褥。

禁止在文物古建筑区燃放烟花爆竹等。当在建筑内进行宗教活动时,禁止将明火引入殿内,烧香点蜡必须在殿外进行。烧香、点蜡、燃点油灯和焚纸等宗教活动用火,应在室外安全地带设置的焚香炉亭进行,做到专人看管,人离火熄。每天清理蜡烛残枝、香头,并及时进行安全处理。神佛像前的长明灯、蜡烛等,可使用安全可靠的替代性物品来替代易引发火灾的蜡烛、酥油灯等。

文物古建筑内严禁使用卤铅灯等高温照明灯具和电炉等电加热器具,有关库房、展室内的电线,必须穿管敷设。照明应用60W以下的白炽灯泡,严禁使用日光灯、水银灯照明。

文物古建筑内的电气线路,一律采用铜芯绝缘导线,并采用阻燃聚氯乙烯穿管保护或穿金属管敷设,不得直接敷设在梁、柱等可燃构件上。严禁私拉乱接电线。建筑物群内凡用电照明的,均应在室外安装配电箱,做到人离电断。严禁使用铜丝、铁丝、铝丝等其他金属代替熔丝。有关照明设施应远离可燃、易燃物质。

做好雷击的预防。文物古建筑均应设有防雷设施,并要及时进行维护检查和保养,防止明装导体锈蚀或损伤、折断。

(五)开辟防火隔离带,打通消防救援通道

文物古建筑与周围相邻建筑之间,应开设防火隔离带,留出足够的防火间距。建在森林、郊野的文物古建筑周围应开辟宽度30—50米的防火隔离带,并及时清除古建筑内及周围的枯草,以免周围发生火灾时殃及文物古建筑。规模较大的文物古建筑群,确实无法开辟防火间距的,应在不破坏原有格局的基础上,设置防火墙、防火水幕等防火分隔设施。

此外,应在不破坏原布局的情况下,开辟消防车通道,以便发生火灾后消防救援队伍能及时迅速赶赴施救。

(六)加强教育培训

重视做好对文物古建筑内工作人员和有关文物古建筑活动参与者的消防安全教育和培训,主要内容包括消防安全工作的重要性、预防火灾的方法、发现火情的处理及灭火技能等,从而提高大家对做好文物古建筑消防工作的认识,有效增强预防火灾的自觉性和有效性。

第二节 消防部门对文物古建筑的 消防安全检查要求

一、消防监督抽查组织

消防救援机构根据本地区的火灾规律、特点等消防安全需要组织监督抽查；在火灾多发季节、重大节日、重大活动前或期间，也应当组织监督抽查。配合各地文物行政部门进行联合检查，检查采取"双随机一公开"工作机制，随机组合检查单位、检查人员，并定期公示监督抽查计划、结果，接受群众监督。

二、文物古建筑消防监督检查的要点

研判文物古建筑消防安全形势，针对突出问题和薄弱环节，研究制订火灾防控措施；组织文物古建筑管理使用单位消防安全责任人、管理人，开展一次集中提醒谈话，警示火灾风险，提出消防安全严防严控工作要求；督促管理使用单位落实消防安全责任，组建消防安全管理团队，做到消防安全"风险自知、安全自查、隐患自改"。

开展专项排查检查，重点检查文物古建筑内有无违规生活用火用电、值班巡查是否落实，安全出口和疏散通道是否畅通，消防器材和消防设施是否完好有效，消防供水是否充足，消防通道是否畅通，以及电器线路和用电装置是否符合规定等情况，并要检查灭火器的使用、维护保养及火场逃生自救，初起火灾扑救等注意事项。对发现的火灾隐患和问题列出清单，跟踪督办、限时整改。

三、消防宣传

组织一次靶向宣传培训，面向文物古建筑管理使用单位和周边社区，面向文物工作者和参观游览群众，开展火灾警示教育和集中宣传活动，切实增强人员风险防范意识和消防安全素质;指导文物古建筑管理使用单位开展全员岗位消防安全技能培训,培养一批会消防管理、会操作消防设施器材、会检查消除火灾隐患、会组织人员疏散逃生的消防安全"明白人"。

开展一次应急处置演练,指导文物古建筑管理使用单位结合节假日和宗教活动特点,制订灭火和疏散逃生预案,开展灭火疏散逃生演练,与单位微型消防站或志愿消防队建立联勤联动机制,开展日常实战训练,提高初起火灾处置能力。

第三节　文物古建筑的火灾典型案例分析

我国的文物建筑多为砖木结构,其中又以木质结构建筑居多,耐火等级低,火灾荷载大,有的建筑规模大、形式多、用途广、结构特殊,一旦发生火灾,火势难以控制,极易造成难以挽回的损失。据《中国消防救援年鉴(2019 年卷)》统计,2019 年全国文物建筑共发生较大火灾 1 起,亡 4 人,直接经济损失约 437.4 万元,其中起火原因中放火 2 起,电气 12 起,生产作业 2 起,用火不慎 5 起,吸烟 2 起,自燃 2 起,不明确原因 3 起,其他 8 起。

有影响的火灾如下:

案例一

2003 年 1 月,有 500 多年历史的某大殿的三间房屋化为灰烬。火灾原因是原居住人员杨某某在搭设照明线路和灯具不规范,埋下了隐患,现居住人员疏忽大意,使用电灯不当,导致电灯烤燃其他物品引发。

案例二

2014 年 1 月,某客栈发生火灾,造成某历史古城内烧损、拆除房屋面积5.9 万平方米,烧损、拆除房屋直接损失 8983 万元,起火原因是客栈经营者唐某在卧室内使用取暖器不当引燃可燃物,引发火灾。

案例三

2014 年 3 月,某寺庙发生火灾,造成殿内壁画脱落,起火原因是监控线路老化引起短路导致火灾。

案例四

2015 年 3 月,某祖师殿发生火灾,过火面积约 117 平方米,火灾造成祖师殿屋顶全部坍塌,殿内明代壁画及物品全部损坏。起火原因:不排除祖师殿西北角节能灯工作故障向外喷射电热(电弧)熔珠引燃易燃物引发火灾的可能。

第九章　城市地下交通及汽车库消防安全管理

第一节　城市地下交通及汽车库火灾危险性和特点

随着人们生活水平的提高,城市汽车的拥有量也在成倍增长,而作为配套设置,汽车库的建设也在翻倍增长,尤其是机械式立体车库,力求在最有限的空间里聚集最多的车辆,以此才能解决城市停车车位紧张、用地紧张的问题,但一旦发生火灾,也往往会造成严重的经济损失和人员伤亡事故。同时随着私家车的增多,很多城市的交通也都陷入了拥堵,而城市的地下交通——地铁作为大运量的城市轨道交通工具,对城市的公共交通起到了重要作用。但是地铁由于建筑结构的特殊性,又属于人流高度集中的地方,一旦发生火灾,人员疏散困难,极易造成群死群伤。据《中国消防救援年鉴(2019 年卷)》统计,2019 年全国汽车库共发生火灾 725 起,亡 2 人,伤 3 人,直接经济损失约 2495.3 万元,烧毁建筑 15172 平方米。全国城市轨道交通工具共发生火灾 40 起,直接经济损失约 50.4 万元,烧毁建筑 147 平方米。

一、城市地下交通及汽车库的火灾危险性

(一)空间密闭、通风排烟困难

地下建筑结构具有特殊性,例如地铁的地下空间与地面相连接的空间较小,仅仅只有地下车站的疏散通道作为地铁出入口与外界相通,相比起开阔、

通风条件好的建筑,地铁缺少具有关键性通风作用的门窗,以至于形成了一个较为密闭的空间环境,一旦发生火灾,所产生的火场温度难以迅速降低;此外,地铁的运营线路长,客流量大,是人员高度集中的地方,一旦发生火灾将造成重大影响。汽车库尤其是地下层的立体车库、机械式立体车库采用的机构形式大多是封闭结构形式,未设置门、窗与外部大气连通,一旦汽车库发生火灾,产生的浓烟和高温有毒气体只能通过与地面连接的采光天窗和人员出入口进行疏散,排烟面积有限,造成车库内部能见度低,浓烟密布,加大了消防人员灭火救援的难度,使消防人员难以快速准确地确定起火点和判定火灾规模。若供消防员进入的地方机械防排烟设施不完善,浓烟、热气大量涌出,救援人员难以进入,将会错失最佳救援时机,导致救援失败。

(二)用电设施、设备多

地铁的各个站点都配备了大量的备用电气系统、功能性设备、替换电缆等,例如有车辆、通讯、自动售检票、空调通风、给排水等数十个机电系统设施和设备组成的庞大复杂的系统,不仅种类多、数量多,而且配置复杂,供配电线路、控制线路和信息数据布线等密如蛛网,如一旦出现绝缘不良或短路等,极易发生电气火灾。

(三)潜在火灾隐患多

地铁内客流量大,是人员高度集中的地方,乘客若违反有关乘车安全规定,擅自携带易燃易爆物品乘车或在地铁站内、车上吸烟、纵火等都将造成安全威胁,导致潜在火灾隐患增多。

(四)起火快,燃烧猛

汽车库特别是机械立体车库,整体为较高的竖向空间,车辆多、空间小,存在着严重的火灾隐患。机械立体车库内的机动车一旦发生火灾,火灾竖向蔓延比较快,极易形成烟囱效应,一旦有汽车着火,极易殃及整个车库的车辆,火灾发生后的浓烟高热迅速蔓延,而狭小的空间限制了车辆的疏散和浓烟的疏散,导致车辆的燃烧爆炸,猛烈的火势极易造成连锁反应发展成立体火灾。而普通汽车库内部的可燃、易燃装饰物基本上大都采用合成材料,主要是以聚氨酯类为主,其火灾蔓延的速度非常快,发生火灾后,会释放出大量的有毒浓烟和热量,特别是汽车油箱内的汽油或柴油可能也会参与燃烧反应,这样整个火场条件将变得会更加恶劣。

(五)火灾类型复杂多样,难以扑救

汽车构造复杂,零部件众多,引发火灾的因素有很多,如汽车燃油的泄漏、汽车电路的故障及静电等,而且汽车火灾不仅限于单一物质火灾,其本身可引发 A 类火灾(如座椅和内饰物等)、B 类火灾(如燃油)和 C 类火灾(如以天然气为燃料的汽车中的压缩天然气)。尤其是当汽车发生火灾时,汽车中的皮革燃烧猛烈且蔓延速度较快,若储油箱受热膨胀则极有可能造成爆炸燃烧,在一定程度上会加大灭火人员的扑救难度,迫使扑救手段复杂化,如不及时控制,必然带来惨重的损失。

(六)人员疏散逃生困难

城市地下交通及汽车库作为地下空间,比较封闭,空气流通不畅,发生火灾后,城市地下交通及汽车库里烟雾弥漫,导致人的可见度降低,能见距离缩短,非常不利于车辆及人员的疏散;城市地下交通及汽车库里不完全燃烧产物和易燃物也比较多,有毒烟气的含量多,容易引起火势复燃;燃烧还会消耗大量的氧气,导致空气中的氧含量降低,同时烟气中还含有众多的有毒气体,也会对人体造成危害。

二、城市地下交通及汽车库的火灾特点

(一)人员疏散困难

城市地下交通及汽车库发生火灾后正常照明有可能中断,人的视觉就完全只能依靠应急照明灯和疏散指示标志的亮光来指引逃生,若此时再没有了应急照明灯,整个地下将会是一片漆黑,使人看不清逃生路线,疏散极为困难。当城市地下交通及汽车库发生火灾后,人们往往只有往上逃到地面才能安全,

但人员的逃生方向又与烟气的蔓延、扩散方向一致,而烟的蔓延、扩散速度一般来说又比人的疏散速度快,因此人员疏散更加困难。

(二)燃烧速度快

由于城市地下交通、汽车库的地铁顶棚、汽车内部座椅等其他装饰材料及乘客所携带的随身物品,大多是可燃、易燃材料,若这些可燃物一旦起火,由于地下供氧不足,往往处于不完全燃烧状态,而城市地下交通及汽车库内的气流流动性大,火势容易蔓延扩大。

(三)氧含量急剧下降

城市地下交通及汽车库一旦发生火灾,由于地下建筑的相对封闭性,大量的新鲜空气被燃烧消耗而难以迅速予以补充,使得地下空间内部的氧气含量急剧下降。根据研究数据表明,当空气中的氧含量降至15%时,人体肌肉活动能力下降;降至10%—14%时,人体四肢无力,判断能力降低;降至6%—10%时,人会晕倒,失去逃生能力;当空气中含氧量降到5%以下时,人会立即晕倒或死亡。

(四)逃生途径少

城市地下交通及汽车库的特定性,决定了供人们安全疏散逃生途径的单一性,在突发的火灾事故中,人们只能向通道和楼梯进行逃生,而消防救援人员想要进入城市地下交通及汽车库内或隧道内实施救援,只能从人们逃生方向的通道逆向进入,这样势必与逃生群体发生冲撞,人员救助的及时性和有效性不能保证。

(五)扑救难度大

城市地下交通及汽车库的人员疏散出入口少,且通道狭窄,距离也较长,而出入口又往往是火灾发生时的出烟口,导致消防人员从出入口向内进行火情侦察十分困难,且不易接近着火点,扑救工作难以展开。再加上城市地下交通及汽车库空间过大,一旦起火,地下建筑内的电源可能会被切断,通风空调系统等都失效,失去了通风排烟的作用,而大型的灭火设备无法直接顺利进入现场,大量的有毒烟气和黑暗给疏散及消防救援工作造成困难。此外地下工程对通信设施的干扰较大,扑救人员与地面指挥人员的通讯、联络困难,也为消防扑救工作增加了障碍。

(六)产生有毒烟气、排烟排热效果差

由于城市地下交通及汽车库内可燃物多,一旦起火,很容易造成火势的蔓延扩大和有毒烟气的产生。加上城市地下交通及汽车库空间狭小,大量的有毒烟气集聚在地下无法向外扩散,烟气只能从这些少量的洞口向外扩散,与地面空气对流速度相比较为缓慢,并且地下洞口固有的"吸风"效应,会把向外洞口扩散的烟雾,部分又从洞口吸回去,在短时间内迅速扩散至整个地下空间,造成城市地下交通及汽车库内人员吸入有毒烟气而死亡。

第二节　城市地下交通及汽车库的消防安全自主管理

城市地下交通及汽车库的消防安全自我管理是防止发生火灾极为重要的环节,管理单位应遵守消防法律法规,贯彻"预防为主、防消结合"的消防工作方针,履行消防安全职责,在保障城市地下交通及汽车库自身消防安全的同时要开展防火检查、巡查。

一、消防安全责任

城市地下交通及汽车库应当建立消防安全管理体系,落实好消防安全责任,确定好消防安全责任人。制订火灾专项应急预案、火灾现场处置方案等,确保在突发情况下各项工作可以有序开展。同时应定期开展城市地下交通及汽车库工作人员的管理培训,并结合相应的管理制度和应急处理措施,使他们能够针对火灾等安全事故进行正确处理。

二、消防设施的日常维护和管理

做好城市地下交通及汽车库内的消防设施的日常维护管理和保养,特别是火灾自动报警系统、自动灭火系统、消火栓系统、防排烟设施、防火门、防火卷帘和消防控制室等,确保其在火灾发生时能发挥应有的作用。应定期对消火栓系统、自动喷水灭火系统、火灾自动报警系统、防排烟系统、通信系统、灭火器、应急照明、疏散指示标志等消防设施、设备开展消防安全检查,使其处于良好的状态;发现损坏的要及时进行维修,务必确保消防设施、设备完整好用,并建立防火档案,记录每次的检查情况和整改情况。同时还要制订详细的消防设施维护保养计划,标明消防设施的名称、维护保养的内容和周期。消防设施应每年至少进行一次检测,在重大节日、重大活动前或期间根据需要进行检测。

三、重点部位的防火检查及管理

城市地下交通及汽车库内严禁存放易燃易爆危险品,同时地下汽车库内电动自行车、电动摩托车的停放要严格遵守相关规定,电动自行车、电动摩托车一律不停放楼道间等区域,对发现的违规停放充电问题采取强制搬离。物业、社区等管理单位要规范电动自行车、电动摩托车的停放区域,规范电动自行车、电动摩托车的充电等措施。

此外,一些重要设备用房,例如消防水泵房、锅炉房等也要纳入日常巡查中。

四、建立完善的火灾安全疏散应急处置程序

一旦发生火灾,要能够迅速有效地在短时间内安全疏散人员。完善城市地下交通及汽车库内的逃生装备的防护设置。例如隧道内设置扬声器,方便地铁工作人员对人群的疏导指挥,同时可供被困人员同救援人员之间的通讯联络;在列车和站台大厅等人员密集处设置防烟防毒面具、逃生头盔、毛巾等,

以延长疏散人群在浓烟、毒气、高温环境下的生存时间；在地铁隧道、站台通道、楼梯口设置移动照明设备，供人群疏散时使用；各通道转角、楼梯口地面、墙面及地铁隧道墙面应设置发光引导标志，可以更有效地帮助人们在浓烟弥漫的情况下，及时识别疏散位置和方向。

五、消防宣传教育、培训

为了预防火灾，最大限度地减少城市地下交通及汽车库的火灾损失，一方面要改善建筑、设备等物质条件；另一方面要提高员工的防火警惕性，增强员工的消防意识，普及消防知识，充分发挥员工同火灾做斗争的积极性。同时也需要向社会面进行消防知识的宣传和普及，在地铁、车库的进站口、通道口、站厅层、站台层、疏散楼梯等各个部位，张贴消防知识宣传、消防提示、应急疏散示意图等，通过广泛宣传来加强人们的消防安全意识及对突发事件的应急处理能力。

对城市地下交通及汽车库员工，以及相关物业服务企业管理人员、员工的消防安全培训应当至少每半年进行一次，单位的消防安全责任人及消防安全管理人、专(兼)职消防管理人员、消防控制室的值班及操作人员应当接受消防安全专门培训。

六、制订灭火应急疏散预案和演练

地铁、物业、社区等管理单位定期开展消防安全演练，城市地下交通及汽车库应制订灭火和应急疏散预案，并按照灭火和应急疏散预案，至少每半年进行一次演练，并结合实际，不断完善预案。

第三节 消防部门对城市地下交通及汽车库 的消防安全检查要求

一、消防监督抽查组织

消防救援机构要根据本地区的火灾规律、特点等消防安全需要组织开展城市地下交通及汽车库的监督抽查;在火灾多发季节、重大节日、重大活动前或期间,也应当组织监督抽查。同时也可以联合公安局地铁分局、轨道处、地铁运营分公司等相关部门一起对城市地下交通及汽车库开展消防安全联合检查。

二、城市地下交通及汽车库消防监督检查的要点

重点查阅城市地下交通及汽车库的消防工作档案台账,查看其是否落实单位消防安全管理措施及消防安全主体责任;抽查消防控制设备是否处于正常工作状态,消防控制室的值班人员对消防设施、设备的操作使用情况;检查消防设施器材、安全出口疏散通道、电器线路管路的设置、维护;测试消火栓、自动喷水灭火系统、火灾自动报警系统、防排烟系统、通信系统等的联动功能和运行情况,以及灭火器、应急照明、疏散指示标志等其他消防设施、器材是否完好有效等;检查消防联勤联动机制、站厅的防火分隔、应急处置联动等情况;实地检查微型消防站人员配备、装备器材配置、维护保养情况;抽查消防工作档案基础台账及现场工作人员的应急响应、"四个能力"掌握情况。

针对检查发现的问题,消防救援部门下发整改通知书,逐一提出整改意见,督促责任单位、责任人对隐患问题进行整改,要求城市地下交通及汽车库管理单位严格落实消防安全管理主体责任,定期开展巡查、检查,制订相关联动预案,形成有效管控机制,确保消防安全。

三、加强消防宣传

加强对城市地下交通及汽车库消防安全管理,积极发动轨道公安、地铁运营、轨道建设等单位将消防安全宣传教育作为城市地下交通及汽车库工作人员的定期"必修课"和入职"第一课",以近年来有影响的火灾案例为切入点,以加强火灾预防、逃生自救、报警处置能力为目的,涉及火灾隐患检查、初起火灾扑救、组织疏散逃生、消防器材使用等内容,切实帮助工作人员提高消防安全"四个能力"。

在地铁、车库的进出口、通道口、站厅层、站台层、疏散楼梯等各个部位,张贴消防知识宣传、消防提示,并运用宣传资料、广告、电子屏幕、网络等向站内的商铺和乘坐地铁的市民普及地铁、车库内火灾逃生知识和家庭消防安全常识,将消防安全知识融入生活中,通过广泛宣传来加强全民的消防安全意识。

同时建议广大的私家车主,对自己的汽车定时进行维护保养,不要私自改装汽车,定期检查车辆的电路油路,给车辆配备一个车载灭火器,并定期对灭火器检查更换,在发生事故时能够做到自救。

第四节　城市地下交通及汽车库的火灾典型案例分析

随着城市化建设步伐的加快,地铁、汽车库等配套设备的日益增多,火灾也呈现出一个上升趋势,据《中国消防救援年鉴(2019年卷)》统计,2019年全国汽车库火灾的起火原因中放火10起,电气382起,生产作业43起,用火不慎43起,吸烟30起,玩火18起,自燃71起,不明确原因36起,其他91起。

案例一

2021年11月,某地下车库一辆轿车起火,殃及相邻多台车辆,一辆轿车和一辆瑞丰面包车过火面积较大,轿车驾驶室烧成了空壳,轮胎也被烧没,瑞丰面包车旁边的一辆本田 SUV 车体也被殃及,在这三台车尾部还有三辆车不同程度受损,其中一辆丰田越野车前部车体明显有被火烧的痕迹,另有一辆本田 SUV 和一辆宝马 SUV 也被殃及。

案例二

1969 年 11 月,某电动机车短路引起火灾,死亡 6 人,中毒 200 多人,因当时火场照明设备不足,防烟滤毒设备缺乏,大大影响了救援活动。

案例三

2020 年 3 月,某地铁 6 号线北京路站内,一间便利店发生火灾。经调查,起火原因为冰箱电源线路短路,冰箱、饮料等货物被烧毁,过火面积约 1 平方米,事故无人员伤亡。

案例四

2020 年 4 月,某地铁 3 号线一列车中一名乘客的充电宝发生冒烟现象,地铁工作人员当即用灭火器将其扑灭,乘客们紧急撤离车厢,该事故并未造成人员伤亡。

第十章 消防主要相关法律、行政法规、规章

《中华人民共和国消防法》

(1998年4月29日第九届全国人民代表大会常务委员会第二次会议通过,2008年10月28日第十一届全国人民代表大会常务委员会第五次会议修订,根据2019年4月23日第十三届全国人民代表大会常务委员会第十次会议《关于修改〈中华人民共和国建筑法〉等八部法律的决定》第一次修正,根据2021年4月29日第十三届全国人民代表大会常务委员会第二十八次会议《关于修改〈中华人民共和国道路交通安全法〉等八部法律的决定》第二次修正。)

第一章 总则

第一条 为了预防火灾和减少火灾危害,加强应急救援工作,保护人身、财产安全,维护公共安全,制定本法。

第二条 消防工作贯彻预防为主、防消结合的方针,按照政府统一领导、部门依法监管、单位全面负责、公民积极参与的原则,实行消防安全责任制,建立健全社会化的消防工作网络。

第三条 国务院领导全国的消防工作。地方各级人民政府负责本行政区域内的消防工作。

各级人民政府应当将消防工作纳入国民经济和社会发展计划,保障消防

工作与经济社会发展相适应。

第四条　国务院应急管理部门对全国的消防工作实施监督管理。县级以上地方人民政府应急管理部门对本行政区域内的消防工作实施监督管理,并由本级人民政府消防救援机构负责实施。军事设施的消防工作,由其主管单位监督管理,消防救援机构协助;矿井地下部分、核电厂、海上石油天然气设施的消防工作,由其主管单位监督管理。

县级以上人民政府其他有关部门在各自的职责范围内,依照本法和其他相关法律、法规的规定做好消防工作。

法律、行政法规对森林、草原的消防工作另有规定的,从其规定。

第五条　任何单位和个人都有维护消防安全、保护消防设施、预防火灾、报告火警的义务。任何单位和成年人都有参加有组织的灭火工作的义务。

第六条　各级人民政府应当组织开展经常性的消防宣传教育,提高公民的消防安全意识。

机关、团体、企业、事业等单位,应当加强对本单位人员的消防宣传教育。

应急管理部门及消防救援机构应当加强消防法律、法规的宣传,并督促、指导、协助有关单位做好消防宣传教育工作。

教育、人力资源行政主管部门和学校、有关职业培训机构应当将消防知识纳入教育、教学、培训的内容。

新闻、广播、电视等有关单位,应当有针对性地面向社会进行消防宣传教育。

工会、共产主义青年团、妇女联合会等团体应当结合各自工作对象的特点,组织开展消防宣传教育。

村民委员会、居民委员会应当协助人民政府以及公安机关、应急管理等部门,加强消防宣传教育。

第七条　国家鼓励、支持消防科学研究和技术创新,推广使用先进的消防和应急救援技术、设备;鼓励、支持社会力量开展消防公益活动。

对在消防工作中有突出贡献的单位和个人,应当按照国家有关规定给予表彰和奖励。

第二章　火灾预防

第八条　地方各级人民政府应当将包括消防安全布局、消防站、消防供水、消防通信、消防车通道、消防装备等内容的消防规划纳入城乡规划,并负责组织实施。

城乡消防安全布局不符合消防安全要求的,应当调整、完善;公共消防设施、消防装备不足或者不适应实际需要的,应当增建、改建、配置或者进行技术改造。

第九条　建设工程的消防设计、施工必须符合国家工程建设消防技术标准。建设、设计、施工、工程监理等单位依法对建设工程的消防设计、施工质量负责。

第十条　对按照国家工程建设消防技术标准需要进行消防设计的建设工程,实行建设工程消防设计审查验收制度。

第十一条　国务院住房和城乡建设主管部门规定的特殊建设工程,建设单位应当将消防设计文件报送住房和城乡建设主管部门审查,住房和城乡建设主管部门依法对审查的结果负责。

前款规定以外的其他建设工程,建设单位申请领取施工许可证或者申请批准开工报告时应当提供满足施工需要的消防设计图纸及技术资料。

第十二条　特殊建设工程未经消防设计审查或者审查不合格的,建设单位、施工单位不得施工;其他建设工程,建设单位未提供满足施工需要的消防设计图纸及技术资料的,有关部门不得发放施工许可证或者批准开工报告。

第十三条　国务院住房和城乡建设主管部门规定应当申请消防验收的建设工程竣工,建设单位应当向住房和城乡建设主管部门申请消防验收。

前款规定以外的其他建设工程,建设单位在验收后应当报住房和城乡建设主管部门备案,住房和城乡建设主管部门应当进行抽查。

依法应当进行消防验收的建设工程,未经消防验收或者消防验收不合格的,禁止投入使用;其他建设工程经依法抽查不合格的,应当停止使用。

第十四条　建设工程消防设计审查、消防验收、备案和抽查的具体办法,由国务院住房和城乡建设主管部门规定。

第十五条 公众聚集场所投入使用、营业前消防安全检查实行告知承诺管理。公众聚集场所在投入使用、营业前,建设单位或者使用单位应当向场所所在地的县级以上地方人民政府消防救援机构申请消防安全检查,作出场所符合消防技术标准和管理规定的承诺,提交规定的材料,并对其承诺和材料的真实性负责。

消防救援机构对申请人提交的材料进行审查;申请材料齐全、符合法定形式的,应当予以许可。消防救援机构应当根据消防技术标准和管理规定,及时对作出承诺的公众聚集场所进行核查。

申请人选择不采用告知承诺方式办理的,消防救援机构应当自受理申请之日起十个工作日内,根据消防技术标准和管理规定,对该场所进行检查。经检查符合消防安全要求的,应当予以许可。

公众聚集场所未经消防救援机构许可的,不得投入使用、营业。消防安全检查的具体办法,由国务院应急管理部门制定。

第十六条 机关、团体、企业、事业等单位应当履行下列消防安全职责:

(一)落实消防安全责任制,制定本单位的消防安全制度、消防安全操作规程,制定灭火和应急疏散预案;

(二)按照国家标准、行业标准配置消防设施、器材,设置消防安全标志,并定期组织检验、维修,确保完好有效;

(三)对建筑消防设施每年至少进行一次全面检测,确保完好有效,检测记录应当完整准确,存档备查;

(四)保障疏散通道、安全出口、消防车通道畅通,保证防火防烟分区、防火间距符合消防技术标准;

(五)组织防火检查,及时消除火灾隐患;

(六)组织进行有针对性的消防演练;

(七)法律、法规规定的其他消防安全职责。

单位的主要负责人是本单位的消防安全责任人。

第十七条 县级以上地方人民政府消防救援机构应当将发生火灾可能性

较大以及发生火灾可能造成重大的人身伤亡或者财产损失的单位,确定为本行政区域内的消防安全重点单位,并由应急管理部门报本级人民政府备案。

消防安全重点单位除应当履行本法第十六条规定的职责外,还应当履行下列消防安全职责:

(一)确定消防安全管理人,组织实施本单位的消防安全管理工作;

(二)建立消防档案,确定消防安全重点部位,设置防火标志,实行严格管理;

(三)实行每日防火巡查,并建立巡查记录;

(四)对职工进行岗前消防安全培训,定期组织消防安全培训和消防演练。

第十八条 同一建筑物由两个以上单位管理或者使用的,应当明确各方的消防安全责任,并确定责任人对共用的疏散通道、安全出口、建筑消防设施和消防车通道进行统一管理。

住宅区的物业服务企业应当对管理区域内的共用消防设施进行维护管理,提供消防安全防范服务。

第十九条 生产、储存、经营易燃易爆危险品的场所不得与居住场所设置在同一建筑物内,并应当与居住场所保持安全距离。

生产、储存、经营其他物品的场所与居住场所设置在同一建筑物内的,应当符合国家工程建设消防技术标准。

第二十条 举办大型群众性活动,承办人应当依法向公安机关申请安全许可,制定灭火和应急疏散预案并组织演练,明确消防安全责任分工,确定消防安全管理人员,保持消防设施和消防器材配置齐全、完好有效,保证疏散通道、安全出口、疏散指示标志、应急照明和消防车通道符合消防技术标准和管理规定。

第二十一条 禁止在具有火灾、爆炸危险的场所吸烟、使用明火。因施工等特殊情况需要使用明火作业的,应当按照规定事先办理审批手续,采取相应的消防安全措施;作业人员应当遵守消防安全规定。

进行电焊、气焊等具有火灾危险作业的人员和自动消防系统的操作人员,必须持证上岗,并遵守消防安全操作规程。

第二十二条　生产、储存、装卸易燃易爆危险品的工厂、仓库和专用车站、码头的设置,应当符合消防技术标准。易燃易爆气体和液体的充装站、供应站、调压站,应当设置在符合消防安全要求的位置,并符合防火防爆要求。

已经设置的生产、储存、装卸易燃易爆危险品的工厂、仓库和专用车站、码头,易燃易爆气体和液体的充装站、供应站、调压站,不再符合前款规定的,地方人民政府应当组织、协调有关部门、单位限期解决,消除安全隐患。

第二十三条　生产、储存、运输、销售、使用、销毁易燃易爆危险品,必须执行消防技术标准和管理规定。

进入生产、储存易燃易爆危险品的场所,必须执行消防安全规定。禁止非法携带易燃易爆危险品进入公共场所或者乘坐公共交通工具。

储存可燃物资仓库的管理,必须执行消防技术标准和管理规定。

第二十四条　消防产品必须符合国家标准;没有国家标准的,必须符合行业标准。禁止生产、销售或者使用不合格的消防产品以及国家明令淘汰的消防产品。

依法实行强制性产品认证的消防产品,由具有法定资质的认证机构按照国家标准、行业标准的强制性要求认证合格后,方可生产、销售、使用。实行强制性产品认证的消防产品目录,由国务院产品质量监督部门会同国务院应急管理部门制定并公布。

新研制的尚未制定国家标准、行业标准的消防产品,应当按照国务院产品质量监督部门会同国务院应急管理部门规定的办法,经技术鉴定符合消防安全要求的,方可生产、销售、使用。

依照本条规定经强制性产品认证合格或者技术鉴定合格的消防产品,国务院应急管理部门应当予以公布。

第二十五条　产品质量监督部门、工商行政管理部门、消防救援机构应当按照各自职责加强对消防产品质量的监督检查。

第二十六条　建筑构件、建筑材料和室内装修、装饰材料的防火性能必须符合国家标准;没有国家标准的,必须符合行业标准。

人员密集场所室内装修、装饰,应当按照消防技术标准的要求,使用不燃、难燃材料。

第二十七条 电器产品、燃气用具的产品标准,应当符合消防安全的要求。

电器产品、燃气用具的安装、使用及其线路、管路的设计、敷设、维护保养、检测,必须符合消防技术标准和管理规定。

第二十八条 任何单位、个人不得损坏、挪用或者擅自拆除、停用消防设施、器材,不得埋压、圈占、遮挡消火栓或者占用防火间距,不得占用、堵塞、封闭疏散通道、安全出口、消防车通道。人员密集场所的门窗不得设置影响逃生和灭火救援的障碍物。

第二十九条 负责公共消防设施维护管理的单位,应当保持消防供水、消防通信、消防车通道等公共消防设施的完好有效。在修建道路以及停电、停水、截断通信线路时有可能影响消防队灭火救援的,有关单位必须事先通知当地消防救援机构。

第三十条 地方各级人民政府应当加强对农村消防工作的领导,采取措施加强公共消防设施建设,组织建立和督促落实消防安全责任制。

第三十一条 在农业收获季节、森林和草原防火期间、重大节假日期间以及火灾多发季节,地方各级人民政府应当组织开展有针对性的消防宣传教育,采取防火措施,进行消防安全检查。

第三十二条 乡镇人民政府、城市街道办事处应当指导、支持和帮助村民委员会、居民委员会开展群众性的消防工作。村民委员会、居民委员会应当确定消防安全管理人,组织制定防火安全公约,进行防火安全检查。

第三十三条 国家鼓励、引导公众聚集场所和生产、储存、运输、销售易燃易爆危险品的企业投保火灾公众责任保险;鼓励保险公司承保火灾公众责任保险。

第三十四条 消防设施维护保养检测、消防安全评估等消防技术服务机构应当符合从业条件,执业人员应当依法获得相应的资格;依照法律、行政法规、国家标准、行业标准和执业准则,接受委托提供消防技术服务,并对服务质量负责。

第三章 消防组织

第三十五条 各级人民政府应当加强消防组织建设,根据经济社会发展的需要,建立多种形式的消防组织,加强消防技术人才培养,增强火灾预防、扑救和应急救援的能力。

第三十六条 县级以上地方人民政府应当按照国家规定建立国家综合性消防救援队、专职消防队,并按照国家标准配备消防装备,承担火灾扑救工作。

乡镇人民政府应当根据当地经济发展和消防工作的需要,建立专职消防队、志愿消防队,承担火灾扑救工作。

第三十七条 国家综合性消防救援队、专职消防队按照国家规定承担重大灾害事故和其他以抢救人员生命为主的应急救援工作。

第三十八条 国家综合性消防救援队、专职消防队应当充分发挥火灾扑救和应急救援专业力量的骨干作用;按照国家规定,组织实施专业技能训练,配备并维护保养装备器材,提高火灾扑救和应急救援的能力。

第三十九条 下列单位应当建立单位专职消防队,承担本单位的火灾扑救工作:

(一)大型核设施单位、大型发电厂、民用机场、主要港口;

(二)生产、储存易燃易爆危险品的大型企业;

(三)储备可燃的重要物资的大型仓库、基地;

(四)第一项、第二项、第三项规定以外的火灾危险性较大、距离国家综合性消防救援队较远的其他大型企业;

(五)距离国家综合性消防救援队较远、被列为全国重点文物保护单位的古建筑群的管理单位。

第四十条 专职消防队的建立,应当符合国家有关规定,并报当地消防救援机构验收。

专职消防队的队员依法享受社会保险和福利待遇。

第四十一条 机关、团体、企业、事业等单位以及村民委员会、居民委员会根据需要,建立志愿消防队等多种形式的消防组织,开展群众性自防自救工作。

第四十二条 消防救援机构应当对专职消防队、志愿消防队等消防组织进行业务指导；根据扑救火灾的需要,可以调动指挥专职消防队参加火灾扑救工作。

第四章 灭火救援

第四十三条 县级以上地方人民政府应当组织有关部门针对本行政区域内的火灾特点制定应急预案,建立应急反应和处置机制,为火灾扑救和应急救援工作提供人员、装备等保障。

第四十四条 任何人发现火灾都应当立即报警。任何单位、个人都应当无偿为报警提供便利,不得阻拦报警。严禁谎报火警。

人员密集场所发生火灾,该场所的现场工作人员应当立即组织、引导在场人员疏散。

任何单位发生火灾,必须立即组织力量扑救。邻近单位应当给予支援。

消防队接到火警,必须立即赶赴火灾现场,救助遇险人员,排除险情,扑灭火灾。

第四十五条 消防救援机构统一组织和指挥火灾现场扑救,应当优先保障遇险人员的生命安全。

火灾现场总指挥根据扑救火灾的需要,有权决定下列事项：

（一）使用各种水源；

（二）截断电力、可燃气体和可燃液体的输送,限制用火用电；

（三）划定警戒区,实行局部交通管制；

（四）利用邻近建筑物和有关设施；

（五）为了抢救人员和重要物资,防止火势蔓延,拆除或者破损毗邻火灾现场的建筑物、构筑物或者设施等；

（六）调动供水、供电、供气、通信、医疗救护、交通运输、环境保护等有关单位协助灭火救援。

根据扑救火灾的紧急需要,有关地方人民政府应当组织人员、调集所需物资支援灭火。

第四十六条　国家综合性消防救援队、专职消防队参加火灾以外的其他重大灾害事故的应急救援工作,由县级以上人民政府统一领导。

第四十七条　消防车、消防艇前往执行火灾扑救或者应急救援任务,在确保安全的前提下,不受行驶速度、行驶路线、行驶方向和指挥信号的限制,其他车辆、船舶以及行人应当让行,不得穿插超越;收费公路、桥梁免收车辆通行费。交通管理指挥人员应当保证消防车、消防艇迅速通行。

赶赴火灾现场或者应急救援现场的消防人员和调集的消防装备、物资,需要铁路、水路或者航空运输的,有关单位应当优先运输。

第四十八条　消防车、消防艇以及消防器材、装备和设施,不得用于与消防和应急救援工作无关的事项。

第四十九条　国家综合性消防救援队、专职消防队扑救火灾、应急救援,不得收取任何费用。

单位专职消防队、志愿消防队参加扑救外单位火灾所损耗的燃料、灭火剂和器材、装备等,由火灾发生地的人民政府给予补偿。

第五十条　对因参加扑救火灾或者应急救援受伤、致残或者死亡的人员,按照国家有关规定给予医疗、抚恤。

第五十一条　消防救援机构有权根据需要封闭火灾现场,负责调查火灾原因,统计火灾损失。

火灾扑灭后,发生火灾的单位和相关人员应当按照消防救援机构的要求保护现场,接受事故调查,如实提供与火灾有关的情况。

消防救援机构根据火灾现场勘验、调查情况和有关的检验、鉴定意见,及时制作火灾事故认定书,作为处理火灾事故的证据。

第五章　监督检查

第五十二条　地方各级人民政府应当落实消防工作责任制,对本级人民政府有关部门履行消防安全职责的情况进行监督检查。

县级以上地方人民政府有关部门应当根据本系统的特点,有针对性地开展消防安全检查,及时督促整改火灾隐患。

第五十三条 消防救援机构应当对机关、团体、企业、事业等单位遵守消防法律、法规的情况依法进行监督检查。公安派出所可以负责日常消防监督检查、开展消防宣传教育,具体办法由国务院公安部门规定。

消防救援机构、公安派出所的工作人员进行消防监督检查,应当出示证件。

第五十四条 消防救援机构在消防监督检查中发现火灾隐患的,应当通知有关单位或者个人立即采取措施消除隐患;不及时消除隐患可能严重威胁公共安全的,消防救援机构应当依照规定对危险部位或者场所采取临时查封措施。

第五十五条 消防救援机构在消防监督检查中发现城乡消防安全布局、公共消防设施不符合消防安全要求,或者发现本地区存在影响公共安全的重大火灾隐患的,应当由应急管理部门书面报告本级人民政府。

接到报告的人民政府应当及时核实情况,组织或者责成有关部门、单位采取措施,予以整改。

第五十六条 住房和城乡建设主管部门、消防救援机构及其工作人员应当按照法定的职权和程序进行消防设计审查、消防验收、备案抽查和消防安全检查,做到公正、严格、文明、高效。

住房和城乡建设主管部门、消防救援机构及其工作人员进行消防设计审查、消防验收、备案抽查和消防安全检查等,不得收取费用,不得利用职务谋取利益;不得利用职务为用户、建设单位指定或者变相指定消防产品的品牌、销售单位或者消防技术服务机构、消防设施施工单位。

第五十七条 住房和城乡建设主管部门、消防救援机构及其工作人员执行职务,应当自觉接受社会和公民的监督。

任何单位和个人都有权对住房和城乡建设主管部门、消防救援机构及其工作人员在执法中的违法行为进行检举、控告。收到检举、控告的机关,应当按照职责及时查处。

第六章 法律责任

第五十八条 违反本法规定,有下列行为之一的,由住房和城乡建设主管部门、消防救援机构按照各自职权责令停止施工、停止使用或者停产停业,并处三万元以上三十万元以下罚款：

（一）依法应当进行消防设计审查的建设工程，未经依法审查或者审查不合格，擅自施工的；

（二）依法应当进行消防验收的建设工程，未经消防验收或者消防验收不合格，擅自投入使用的；

（三）本法第十三条规定的其他建设工程验收后经依法抽查不合格，不停止使用的；

（四）公众聚集场所未经消防救援机构许可，擅自投入使用、营业的，或者经核查发现场所使用、营业情况与承诺内容不符的：

建设单位未依照本法规定在验收后报住房和城乡建设主管部门备案的，由住房和城乡建设主管部门责令改正，处五千元以下罚款。

核查发现公众聚集场所使用、营业情况与承诺内容不符，经责令限期改正，逾期不整改或者整改后仍达不到要求的，依法撤销相应许可。

第五十九条　违反本法规定，有下列行为之一的，由住房和城乡建设主管部门责令改正或者停止施工，并处一万元以上十万元以下罚款：

（一）建设单位要求建筑设计单位或者建筑施工企业降低消防技术标准设计、施工的；

（二）建筑设计单位不按照消防技术标准强制性要求进行消防设计的；

（三）建筑施工企业不按照消防设计文件和消防技术标准施工，降低消防施工质量的；

（四）工程监理单位与建设单位或者建筑施工企业串通，弄虚作假，降低消防施工质量的。

第六十条　单位违反本法规定，有下列行为之一的，责令改正，处五千元以上五万元以下罚款：

（一）消防设施、器材或者消防安全标志的配置、设置不符合国家标准、行业标准，或者未保持完好有效的；

（二）损坏、挪用或者擅自拆除、停用消防设施、器材的；

（三）占用、堵塞、封闭疏散通道、安全出口或者有其他妨碍安全疏散行为的；

（四）埋压、圈占、遮挡消火栓或者占用防火间距的；

（五）占用、堵塞、封闭消防车通道，妨碍消防车通行的；

（六）人员密集场所在门窗上设置影响逃生和灭火救援的障碍物的；

（七）对火灾隐患经消防救援机构通知后不及时采取措施消除的。

个人有前款第二项、第三项、第四项、第五项行为之一的，处警告或者五百元以下罚款。

有本条第一款第三项、第四项、第五项、第六项行为，经责令改正拒不改正的，强制执行，所需费用由违法行为人承担。

第六十一条　生产、储存、经营易燃易爆危险品的场所与居住场所设置在同一建筑物内，或者未与居住场所保持安全距离的，责令停产停业，并处五千元以上五万元以下罚款。

生产、储存、经营其他物品的场所与居住场所设置在同一建筑物内，不符合消防技术标准的，依照前款规定处罚。

第六十二条　有下列行为之一的，依照《中华人民共和国治安管理处罚法》的规定处罚：

（一）违反有关消防技术标准和管理规定生产、储存、运输、销售、使用、销毁易燃易爆危险品的；

（二）非法携带易燃易爆危险品进入公共场所或者乘坐公共交通工具的；

（三）谎报火警的；

（四）阻碍消防车、消防艇执行任务的；

（五）阻碍消防救援机构的工作人员依法执行职务的。

第六十三条　违反本法规定，有下列行为之一的，处警告或者五百元以下罚款；情节严重的，处五日以下拘留：

（一）违反消防安全规定进入生产、储存易燃易爆危险品场所的；

（二）违反规定使用明火作业或者在具有火灾、爆炸危险的场所吸烟、使用明火的。

第六十四条　违反本法规定，有下列行为之一，尚不构成犯罪的，处十日以上十五日以下拘留，可以并处五百元以下罚款；情节较轻的，处警告或者五百元以下罚款：

（一）指使或者强令他人违反消防安全规定，冒险作业的；

（二）过失引起火灾的；

（三）在火灾发生后阻拦报警，或者负有报告职责的人员不及时报警的；

（四）扰乱火灾现场秩序，或者拒不执行火灾现场指挥员指挥，影响灭火救援的；

（五）故意破坏或者伪造火灾现场的；

（六）擅自拆封或者使用被消防救援机构查封的场所、部位的。

第六十五条　违反本法规定，生产、销售不合格的消防产品或者国家明令淘汰的消防产品的，由产品质量监督部门或者工商行政管理部门依照《中华人民共和国产品质量法》的规定从重处罚。

人员密集场所使用不合格的消防产品或者国家明令淘汰的消防产品的，责令限期改正；逾期不改正的，处五千元以上五万元以下罚款，并对其直接负责的主管人员和其他直接责任人员处五百元以上二千元以下罚款；情节严重的，责令停产停业。

消防救援机构对于本条第二款规定的情形，除依法对使用者予以处罚外，应当将发现不合格的消防产品和国家明令淘汰的消防产品的情况通报产品质量监督部门、工商行政管理部门。产品质量监督部门、工商行政管理部门应当对生产者、销售者依法及时查处。

第六十六条　电器产品、燃气用具的安装、使用及其线路、管路的设计、敷设、维护保养、检测不符合消防技术标准和管理规定的，责令限期改正；逾期不改正的，责令停止使用，可以并处一千元以上五千元以下罚款。

第六十七条　机关、团体、企业、事业等单位违反本法第十六条、第十七条、第十八条、第二十一条第二款规定的，责令限期改正；逾期不改正的，对其直接负责的主管人员和其他直接责任人员依法给予处分或者给予警告处罚。

第六十八条　人员密集场所发生火灾，该场所的现场工作人员不履行组织、引导在场人员疏散的义务，情节严重，尚不构成犯罪的，处五日以上十日以下拘留。

第六十九条　消防设施维护保养检测、消防安全评估等消防技术服务机构，不具备从业条件从事消防技术服务活动或者出具虚假文件的，由消防救援机构责令改正，处五万元以上十万元以下罚款，并对直接负责的主管人员和其他直接责任人员处一万元以上五万元以下罚款；不按照国家标准、行业标准开展消防技术服务活动的，责令改正，处五万元以下罚款，并对直接负责的主管人员和其他直接责任人员处一万元以下罚款；有违法所得的，并处没收违法所得；给他人造成损失的，依法承担赔偿责任；情节严重的，依法责令停止执业或者吊销相应资格；造成重大损失的，由相关部门吊销营业执照，并对有关责任人员采取终身市场禁入措施。

前款规定的机构出具失实文件，给他人造成损失的，依法承担赔偿责任；造成重大损失的，由消防救援机构依法责令停止执业或者吊销相应资格，由相关部门吊销营业执照，并对有关责任人员采取终身市场禁入措施。

第七十条　本法规定的行政处罚，除应当由公安机关依照《中华人民共和国治安管理处罚法》的有关规定决定的外，由住房和城乡建设主管部门、消防救援机构按照各自职权决定。

被责令停止施工、停止使用、停产停业的，应当在整改后向作出决定的部门或者机构报告，经检查合格，方可恢复施工、使用、生产、经营。

当事人逾期不执行停产停业、停止使用、停止施工决定的，由作出决定的部门或者机构强制执行。

责令停产停业，对经济和社会生活影响较大的，由住房和城乡建设主管部门或者应急管理部门报请本级人民政府依法决定。

第七十一条　住房和城乡建设主管部门、消防救援机构的工作人员滥用职权、玩忽职守、徇私舞弊，有下列行为之一，尚不构成犯罪的，依法给予处分：

（一）对不符合消防安全要求的消防设计文件、建设工程、场所准予审查合格、消防验收合格、消防安全检查合格的；

（二）无故拖延消防设计审查、消防验收、消防安全检查，不在法定期限内履行职责的；

（三）发现火灾隐患不及时通知有关单位或者个人整改的；

（四）利用职务为用户、建设单位指定或者变相指定消防产品的品牌、销售单位或者消防技术服务机构、消防设施施工单位的；

（五）将消防车、消防艇以及消防器材、装备和设施用于与消防和应急救援无关的事项的；

（六）其他滥用职权、玩忽职守、徇私舞弊的行为。

产品质量监督、工商行政管理等其他有关行政主管部门的工作人员在消防工作中滥用职权、玩忽职守、徇私舞弊，尚不构成犯罪的，依法给予处分。

第七十二条　违反本法规定，构成犯罪的，依法追究刑事责任。

第七章　附则

第七十三条　本法下列用语的含义：

（一）消防设施，是指火灾自动报警系统、自动灭火系统、消火栓系统、防烟排烟系统以及应急广播和应急照明、安全疏散设施等。

（二）消防产品，是指专门用于火灾预防、灭火救援和火灾防护、避难、逃生的产品。

（三）公众聚集场所，是指宾馆、饭店、商场、集贸市场、客运车站候车室、客运码头候船厅、民用机场航站楼、体育场馆、会堂以及公共娱乐场所等。

（四）人员密集场所，是指公众聚集场所，医院的门诊楼、病房楼，学校的教学楼、图书馆、食堂和集体宿舍，养老院，福利院，托儿所，幼儿园，公共图书馆的阅览室，公共展览馆、博物馆的展示厅，劳动密集型企业的生产加工车间和员工集体宿舍，旅游、宗教活动场所等。

第七十四条　本法自 2009 年 5 月 1 日起施行。

《中华人民共和国刑法》(节录)

（1979 年 7 月 1 日第五届全国人民代表大会第二次会议通过，自 1980 年 1 月 1 日起施行。1997 年 3 月 14 日第八届全国人民代表大会第五次会议修订,自 1997 年 10 月 1 日起施行。

2020 年 12 月 26 日,中华人民共和国第十三届全国人民代表大会常务委员会第二十四次会议通过《中华人民共和国刑法修正案(十一)》,自 2021 年 3 月 1 日起施行。)

第二编　分则

第二章　危害公共安全罪

第一百一十四条　【放火罪】【决水罪】【爆炸罪】【投放危险物质罪】【以危险方法危害公共安全罪】放火、决水、爆炸以及投放毒害性、放射性、传染病病原体等物质或者以其他危险方法危害公共安全,尚未造成严重后果的,处三年以上十年以下有期徒刑。

第一百一十五条　【放火罪】【决水罪】【爆炸罪】【投放危险物质罪】【以危险方法危害公共安全罪】放火、决水、爆炸以及投放毒害性、放射性、传染病病原体等物质或者以其他危险方法致人重伤、死亡或者使公私财产遭受重大损失的,处十年以上有期徒刑、无期徒刑或者死刑。

【失火罪】【过失决水罪】【过失爆炸罪】【过失投放危险物质罪】【过失以危险方法危害公共安全罪】过失犯前款罪的,处三年以上七年以下有期徒刑,情节较轻的,处三年以下有期徒刑或者拘役。

第一百三十四条　【重大责任事故罪】在生产、作业中违反有关安全管理的规定,因而发生重大伤亡事故或者造成其他严重后果的,处三年以下有期徒刑或者拘役;情节特别恶劣的,处三年以上七年以下有期徒刑。

【强令违章冒险作业罪】强令他人违章冒险作业,或者明知存在重大事故隐患而不排除,仍冒险组织作业,因而发生重大伤亡事故或者造成其他严重后果的,处五年以下有期徒刑或者拘役;情节特别恶劣的,处五年以上有期徒刑。

第一百三十四条之一　在生产、作业中违反有关安全管理的规定,有下列情形之一,具有发生重大伤亡事故或者其他严重后果的现实危险的,处一年以下有期徒刑、拘役或者管制:

（一）关闭、破坏直接关系生产安全的监控、报警、防护、救生设备、设施，或者篡改、隐瞒、销毁其相关数据、信息的；

（二）因存在重大事故隐患被依法责令停产停业、停止施工、停止使用有关设备、设施、场所或者立即采取排除危险的整改措施，而拒不执行的；

（三）涉及安全生产的事项未经依法批准或者许可，擅自从事矿山开采、金属冶炼、建筑施工，以及危险物品生产、经营、储存等高度危险的生产作业活动的。

第一百三十九条　【消防责任事故罪】违反消防管理法规，经消防监督机构通知采取改正措施而拒绝执行，造成严重后果的，对直接责任人员，处三年以下有期徒刑或者拘役；后果特别严重的，处三年以上七年以下有期徒刑。

《中华人民共和国行政处罚法》

（1996 年 3 月 17 日第八届全国人民代表大会第四次会议通过，根据 2009 年 8 月 27 日第十一届全国人民代表大会常务委员会第十次会议《关于修改部分法律的决定》第一次修正，根据 2017 年 9 月 1 日第十二届全国人民代表大会常务委员会第二十九次会议《关于修改〈中华人民共和国法官法〉等八部法律的决定》第二次修正，2021 年 1 月 22 日第十三届全国人民代表大会常务委员会第二十五次会议修订。）

第一章　总则

第一条　为了规范行政处罚的设定和实施，保障和监督行政机关有效实施行政管理，维护公共利益和社会秩序，保护公民、法人或者其他组织的合法权益，根据宪法，制定本法。

第二条　行政处罚是指行政机关依法对违反行政管理秩序的公民、法人或者其他组织，以减损权益或者增加义务的方式予以惩戒的行为。

第三条 行政处罚的设定和实施,适用本法。

第四条 公民、法人或者其他组织违反行政管理秩序的行为,应当给予行政处罚的,依照本法由法律、法规、规章规定,并由行政机关依照本法规定的程序实施。

第五条 行政处罚遵循公正、公开的原则。

设定和实施行政处罚必须以事实为依据,与违法行为的事实、性质、情节以及社会危害程度相当。

对违法行为给予行政处罚的规定必须公布;未经公布的,不得作为行政处罚的依据。

第六条 实施行政处罚,纠正违法行为,应当坚持处罚与教育相结合,教育公民、法人或者其他组织自觉守法。

第七条 公民、法人或者其他组织对行政机关所给予的行政处罚,享有陈述权、申辩权;对行政处罚不服的,有权依法申请行政复议或者提起行政诉讼。

公民、法人或者其他组织因行政机关违法给予行政处罚受到损害的,有权依法提出赔偿要求。

第八条 公民、法人或者其他组织因违法行为受到行政处罚,其违法行为对他人造成损害的,应当依法承担民事责任。

违法行为构成犯罪,应当依法追究刑事责任的,不得以行政处罚代替刑事处罚。

第二章 行政处罚的种类和设定

第九条 行政处罚的种类:

(一)警告、通报批评;

(二)罚款、没收违法所得、没收非法财物;

(三)暂扣许可证件、降低资质等级、吊销许可证件;

(四)限制开展生产经营活动、责令停产停业、责令关闭、限制从业;

(五)行政拘留;

(六)法律、行政法规规定的其他行政处罚。

第十条　法律可以设定各种行政处罚。

限制人身自由的行政处罚,只能由法律设定。

第十一条　行政法规可以设定除限制人身自由以外的行政处罚。

法律对违法行为已经作出行政处罚规定,行政法规需要作出具体规定的,必须在法律规定的给予行政处罚的行为、种类和幅度的范围内规定。

法律对违法行为未作出行政处罚规定,行政法规为实施法律,可以补充设定行政处罚。拟补充设定行政处罚的,应当通过听证会、论证会等形式广泛听取意见,并向制定机关作出书面说明。行政法规报送备案时,应当说明补充设定行政处罚的情况。

第十二条　地方性法规可以设定除限制人身自由、吊销营业执照以外的行政处罚。

法律、行政法规对违法行为已经作出行政处罚规定,地方性法规需要作出具体规定的,必须在法律、行政法规规定的给予行政处罚的行为、种类和幅度的范围内规定。

法律、行政法规对违法行为未作出行政处罚规定,地方性法规为实施法律、行政法规,可以补充设定行政处罚。拟补充设定行政处罚的,应当通过听证会、论证会等形式广泛听取意见,并向制定机关作出书面说明。地方性法规报送备案时,应当说明补充设定行政处罚的情况。

第十三条　国务院部门规章可以在法律、行政法规规定的给予行政处罚的行为、种类和幅度的范围内作出具体规定。

尚未制定法律、行政法规的,国务院部门规章对违反行政管理秩序的行为,可以设定警告、通报批评或者一定数额罚款的行政处罚。罚款的限额由国务院规定。

第十四条　地方政府规章可以在法律、法规规定的给予行政处罚的行为、种类和幅度的范围内作出具体规定。

尚未制定法律、法规的,地方政府规章对违反行政管理秩序的行为,可以设定警告、通报批评或者一定数额罚款的行政处罚。罚款的限额由省、自治区、直辖市人民代表大会常务委员会规定。

第十五条　国务院部门和省、自治区、直辖市人民政府及其有关部门应当定期组织评估行政处罚的实施情况和必要性,对不适当的行政处罚事项及种类、罚款数额等,应当提出修改或者废止的建议。

第十六条　除法律、法规、规章外,其他规范性文件不得设定行政处罚。

第三章　行政处罚的实施机关

第十七条　行政处罚由具有行政处罚权的行政机关在法定职权范围内实施。

第十八条　国家在城市管理、市场监管、生态环境、文化市场、交通运输、应急管理、农业等领域推行建立综合行政执法制度,相对集中行政处罚权。

国务院或者省、自治区、直辖市人民政府可以决定一个行政机关行使有关行政机关的行政处罚权。

限制人身自由的行政处罚权只能由公安机关和法律规定的其他机关行使。

第十九条　法律、法规授权的具有管理公共事务职能的组织可以在法定授权范围内实施行政处罚。

第二十条　行政机关依照法律、法规、规章的规定,可以在其法定权限内书面委托符合本法第二十一条规定条件的组织实施行政处罚。行政机关不得委托其他组织或者个人实施行政处罚。

委托书应当载明委托的具体事项、权限、期限等内容。委托行政机关和受委托组织应当将委托书向社会公布。

委托行政机关对受委托组织实施行政处罚的行为应当负责监督,并对该行为的后果承担法律责任。

受委托组织在委托范围内,以委托行政机关名义实施行政处罚;不得再委托其他组织或者个人实施行政处罚。

第二十一条　受委托组织必须符合以下条件:

(一)依法成立并具有管理公共事务职能;

(二)有熟悉有关法律、法规、规章和业务并取得行政执法资格的工作人员;

（三）需要进行技术检查或者技术鉴定的，应当有条件组织进行相应的技术检查或者技术鉴定。

第四章　行政处罚的管辖和适用

第二十二条　行政处罚由违法行为发生地的行政机关管辖。法律、行政法规、部门规章另有规定的，从其规定。

第二十三条　行政处罚由县级以上地方人民政府具有行政处罚权的行政机关管辖。法律、行政法规另有规定的，从其规定。

第二十四条　省、自治区、直辖市根据当地实际情况，可以决定将基层管理迫切需要的县级人民政府部门的行政处罚权交由能够有效承接的乡镇人民政府、街道办事处行使，并定期组织评估。决定应当公布。

承接行政处罚权的乡镇人民政府、街道办事处应当加强执法能力建设，按照规定范围、依照法定程序实施行政处罚。

有关地方人民政府及其部门应当加强组织协调、业务指导、执法监督，建立健全行政处罚协调配合机制，完善评议、考核制度。

第二十五条　两个以上行政机关都有管辖权的，由最先立案的行政机关管辖。

对管辖发生争议的，应当协商解决，协商不成的，报请共同的上一级行政机关指定管辖；也可以直接由共同的上一级行政机关指定管辖。

第二十六条　行政机关因实施行政处罚的需要，可以向有关机关提出协助请求。协助事项属于被请求机关职权范围内的，应当依法予以协助。

第二十七条　违法行为涉嫌犯罪的，行政机关应当及时将案件移送司法机关，依法追究刑事责任。对依法不需要追究刑事责任或者免予刑事处罚，但应当给予行政处罚的，司法机关应当及时将案件移送有关行政机关。

行政处罚实施机关与司法机关之间应当加强协调配合，建立健全案件移送制度，加强证据材料移交、接收衔接，完善案件处理信息通报机制。

第二十八条　行政机关实施行政处罚时，应当责令当事人改正或者限期改正违法行为。

当事人有违法所得,除依法应当退赔的外,应当予以没收。违法所得是指实施违法行为所取得的款项。法律、行政法规、部门规章对违法所得的计算另有规定的,从其规定。

第二十九条　对当事人的同一个违法行为,不得给予两次以上罚款的行政处罚。同一个违法行为违反多个法律规范应当给予罚款处罚的,按照罚款数额高的规定处罚。

第三十条　不满十四周岁的未成年人有违法行为的,不予行政处罚,责令监护人加以管教;已满十四周岁不满十八周岁的未成年人有违法行为的,应当从轻或者减轻行政处罚。

第三十一条　精神病人、智力残疾人在不能辨认或者不能控制自己行为时有违法行为的,不予行政处罚,但应当责令其监护人严加看管和治疗。间歇性精神病人在精神正常时有违法行为的,应当给予行政处罚。尚未完全丧失辨认或者控制自己行为能力的精神病人、智力残疾人有违法行为的,可以从轻或者减轻行政处罚。

第三十二条　当事人有下列情形之一,应当从轻或者减轻行政处罚:

(一)主动消除或者减轻违法行为危害后果的;

(二)受他人胁迫或者诱骗实施违法行为的;

(三)主动供述行政机关尚未掌握的违法行为的;

(四)配合行政机关查处违法行为有立功表现的;

(五)法律、法规、规章规定其他应当从轻或者减轻行政处罚的。

第三十三条　违法行为轻微并及时改正,没有造成危害后果的,不予行政处罚。初次违法且危害后果轻微并及时改正的,可以不予行政处罚。

当事人有证据足以证明没有主观过错的,不予行政处罚。法律、行政法规另有规定的,从其规定。

对当事人的违法行为依法不予行政处罚的,行政机关应当对当事人进行教育。

第三十四条　行政机关可以依法制定行政处罚裁量基准,规范行使行政处罚裁量权。行政处罚裁量基准应当向社会公布。

第三十五条　违法行为构成犯罪,人民法院判处拘役或者有期徒刑时,行政机关已经给予当事人行政拘留的,应当依法折抵相应刑期。

违法行为构成犯罪,人民法院判处罚金时,行政机关已经给予当事人罚款的,应当折抵相应罚金;行政机关尚未给予当事人罚款的,不再给予罚款。

第三十六条　违法行为在二年内未被发现的,不再给予行政处罚;涉及公民生命健康安全、金融安全且有危害后果的,上述期限延长至五年。法律另有规定的除外。

前款规定的期限,从违法行为发生之日起计算;违法行为有连续或者继续状态的,从行为终了之日起计算。

第三十七条　实施行政处罚,适用违法行为发生时的法律、法规、规章的规定。但是,作出行政处罚决定时,法律、法规、规章已被修改或者废止,且新的规定处罚较轻或者不认为是违法的,适用新的规定。

第三十八条　行政处罚没有依据或者实施主体不具有行政主体资格的,行政处罚无效。

违反法定程序构成重大且明显违法的,行政处罚无效。

第五章　行政处罚的决定

第一节　一般规定

第三十九条　行政处罚的实施机关、立案依据、实施程序和救济渠道等信息应当公示。

第四十条　公民、法人或者其他组织违反行政管理秩序的行为,依法应当给予行政处罚的,行政机关必须查明事实;违法事实不清、证据不足的,不得给予行政处罚。

第四十一条　行政机关依照法律、行政法规规定利用电子技术监控设备收集、固定违法事实的,应当经过法制和技术审核,确保电子技术监控设备符合标准、设置合理、标志明显,设置地点应当向社会公布。

电子技术监控设备记录违法事实应当真实、清晰、完整、准确。行政机关应当审核记录内容是否符合要求;未经审核或者经审核不符合要求的,不得作为行政处罚的证据。

行政机关应当及时告知当事人违法事实，并采取信息化手段或者其他措施，为当事人查询、陈述和申辩提供便利。不得限制或者变相限制当事人享有的陈述权、申辩权。

第四十二条　行政处罚应当由具有行政执法资格的执法人员实施。执法人员不得少于两人，法律另有规定的除外。

执法人员应当文明执法，尊重和保护当事人合法权益。

第四十三条　执法人员与案件有直接利害关系或者有其他关系可能影响公正执法的，应当回避。

当事人认为执法人员与案件有直接利害关系或者有其他关系可能影响公正执法的，有权申请回避。

当事人提出回避申请的，行政机关应当依法审查，由行政机关负责人决定。决定作出之前，不停止调查。

第四十四条　行政机关在作出行政处罚决定之前，应当告知当事人拟作出的行政处罚内容及事实、理由、依据，并告知当事人依法享有的陈述、申辩、要求听证等权利。

第四十五条　当事人有权进行陈述和申辩。行政机关必须充分听取当事人的意见，对当事人提出的事实、理由和证据，应当进行复核；当事人提出的事实、理由或者证据成立的，行政机关应当采纳。

行政机关不得因当事人陈述、申辩而给予更重的处罚。

第四十六条　证据包括：

（一）书证；

（二）物证；

（三）视听资料；

（四）电子数据；

（五）证人证言；

（六）当事人的陈述；

（七）鉴定意见；

（八）勘验笔录、现场笔录。

证据必须经查证属实，方可作为认定案件事实的根据。

以非法手段取得的证据，不得作为认定案件事实的根据。

第四十七条 行政机关应当依法以文字、音像等形式，对行政处罚的启动、调查取证、审核、决定、送达、执行等进行全过程记录，归档保存。

第四十八条 具有一定社会影响的行政处罚决定应当依法公开。

公开的行政处罚决定被依法变更、撤销、确认违法或者确认无效的，行政机关应当在三日内撤回行政处罚决定信息并公开说明理由。

第四十九条 发生重大传染病疫情等突发事件，为了控制、减轻和消除突发事件引起的社会危害，行政机关对违反突发事件应对措施的行为，依法快速、从重处罚。

第五十条 行政机关及其工作人员对实施行政处罚过程中知悉的国家秘密、商业秘密或者个人隐私，应当依法予以保密。

第二节 简易程序

第五十一条 违法事实确凿并有法定依据，对公民处以二百元以下、对法人或者其他组织处以三千元以下罚款或者警告的行政处罚的，可以当场作出行政处罚决定。法律另有规定的，从其规定。

第五十二条 执法人员当场作出行政处罚决定的，应当向当事人出示执法证件，填写预定格式、编有号码的行政处罚决定书，并当场交付当事人。当事人拒绝签收的，应当在行政处罚决定书上注明。

前款规定的行政处罚决定书应当载明当事人的违法行为，行政处罚的种类和依据、罚款数额、时间、地点，申请行政复议、提起行政诉讼的途径和期限以及行政机关名称，并由执法人员签名或者盖章。

执法人员当场作出的行政处罚决定，应当报所属行政机关备案。

第五十三条 对当场作出的行政处罚决定，当事人应当依照本法第六十七条至第六十九条的规定履行。

第三节 普通程序

第五十四条 除本法第五十一条规定的可以当场作出的行政处罚外，行政机关发现公民、法人或者其他组织有依法应当给予行政处罚的行为的，必须全面、客观、公正地调查，收集有关证据；必要时，依照法律、法规的规定，可以进行检查。

符合立案标准的，行政机关应当及时立案。

第五十五条　执法人员在调查或者进行检查时，应当主动向当事人或者有关人员出示执法证件。当事人或者有关人员有权要求执法人员出示执法证件。执法人员不出示执法证件的，当事人或者有关人员有权拒绝接受调查或者检查。

当事人或者有关人员应当如实回答询问，并协助调查或者检查，不得拒绝或者阻挠。询问或者检查应当制作笔录。

第五十六条　行政机关在收集证据时，可以采取抽样取证的方法；在证据可能灭失或者以后难以取得的情况下，经行政机关负责人批准，可以先行登记保存，并应当在七日内及时作出处理决定，在此期间，当事人或者有关人员不得销毁或者转移证据。

第五十七条　调查终结，行政机关负责人应当对调查结果进行审查，根据不同情况，分别作出如下决定：

（一）确有应受行政处罚的违法行为的，根据情节轻重及具体情况，作出行政处罚决定；

（二）违法行为轻微，依法可以不予行政处罚的，不予行政处罚；

（三）违法事实不能成立的，不予行政处罚；

（四）违法行为涉嫌犯罪的，移送司法机关。

对情节复杂或者重大违法行为给予行政处罚，行政机关负责人应当集体讨论决定。

第五十八条　有下列情形之一，在行政机关负责人作出行政处罚的决定之前，应当由从事行政处罚决定法制审核的人员进行法制审核；未经法制审核或者审核未通过的，不得作出决定：

（一）涉及重大公共利益的；

（二）直接关系当事人或者第三人重大权益，经过听证程序的；

（三）案件情况疑难复杂、涉及多个法律关系的；

（四）法律、法规规定应当进行法制审核的其他情形。

行政机关中初次从事行政处罚决定法制审核的人员，应当通过国家统一法律职业资格考试取得法律职业资格。

第五十九条　行政机关依照本法第五十七条的规定给予行政处罚，应当制作行政处罚决定书。行政处罚决定书应当载明下列事项：

（一）当事人的姓名或者名称、地址；

（二）违反法律、法规、规章的事实和证据；

（三）行政处罚的种类和依据；

（四）行政处罚的履行方式和期限；

（五）申请行政复议、提起行政诉讼的途径和期限；

（六）作出行政处罚决定的行政机关名称和作出决定的日期。

行政处罚决定书必须盖有作出行政处罚决定的行政机关的印章。

第六十条　行政机关应当自行政处罚案件立案之日起九十日内作出行政处罚决定。法律、法规、规章另有规定的，从其规定。

第六十一条　行政处罚决定书应当在宣告后当场交付当事人；当事人不在场的，行政机关应当在七日内依照《中华人民共和国民事诉讼法》的有关规定，将行政处罚决定书送达当事人。

当事人同意并签订确认书的，行政机关可以采用传真、电子邮件等方式，将行政处罚决定书等送达当事人。

第六十二条　行政机关及其执法人员在作出行政处罚决定之前，未依照本法第四十四条、第四十五条的规定向当事人告知拟作出的行政处罚内容及事实、理由、依据，或者拒绝听取当事人的陈述、申辩，不得作出行政处罚决定；当事人明确放弃陈述或者申辩权利的除外。

第四节　听证程序

第六十三条　行政机关拟作出下列行政处罚决定，应当告知当事人有要求听证的权利，当事人要求听证的，行政机关应当组织听证：

（一）较大数额罚款；

（二）没收较大数额违法所得、没收较大价值非法财物；

（三）降低资质等级、吊销许可证件；

（四）责令停产停业、责令关闭、限制从业；

（五）其他较重的行政处罚；

（六）法律、法规、规章规定的其他情形。

当事人不承担行政机关组织听证的费用。

第六十四条　听证应当依照以下程序组织：

（一）当事人要求听证的，应当在行政机关告知后五日内提出；

（二）行政机关应当在举行听证的七日前，通知当事人及有关人员听证的时间、地点；

（三）除涉及国家秘密、商业秘密或者个人隐私依法予以保密外，听证公开举行；

（四）听证由行政机关指定的非本案调查人员主持；当事人认为主持人与本案有直接利害关系的，有权申请回避；

（五）当事人可以亲自参加听证，也可以委托一至二人代理；

（六）当事人及其代理人无正当理由拒不出席听证或者未经许可中途退出听证的，视为放弃听证权利，行政机关终止听证；

（七）举行听证时，调查人员提出当事人违法的事实、证据和行政处罚建议，当事人进行申辩和质证；

（八）听证应当制作笔录。笔录应当交当事人或者其代理人核对无误后签字或者盖章。当事人或者其代理人拒绝签字或者盖章的，由听证主持人在笔录中注明。

第六十五条　听证结束后，行政机关应当根据听证笔录，依照本法第五十七条的规定，作出决定。

第六章　行政处罚的执行

第六十六条　行政处罚决定依法作出后，当事人应当在行政处罚决定书载明的期限内，予以履行。

当事人确有经济困难,需要延期或者分期缴纳罚款的,经当事人申请和行政机关批准,可以暂缓或者分期缴纳。

第六十七条 作出罚款决定的行政机关应当与收缴罚款的机构分离。

除依照本法第六十八条、第六十九条的规定当场收缴的罚款外,作出行政处罚决定的行政机关及其执法人员不得自行收缴罚款。

当事人应当自收到行政处罚决定书之日起十五日内,到指定的银行或者通过电子支付系统缴纳罚款。银行应当收受罚款,并将罚款直接上缴国库。

第六十八条 依照本法第五十一条的规定当场作出行政处罚决定,有下列情形之一,执法人员可以当场收缴罚款:

(一)依法给予一百元以下罚款的;

(二)不当场收缴事后难以执行的。

第六十九条 在边远、水上、交通不便地区,行政机关及其执法人员依照本法第五十一条、第五十七条的规定作出罚款决定后,当事人到指定的银行或者通过电子支付系统缴纳罚款确有困难,经当事人提出,行政机关及其执法人员可以当场收缴罚款。

第七十条 行政机关及其执法人员当场收缴罚款的,必须向当事人出具国务院财政部门或者省、自治区、直辖市人民政府财政部门统一制发的专用票据;不出具财政部门统一制发的专用票据的,当事人有权拒绝缴纳罚款。

第七十一条 执法人员当场收缴的罚款,应当自收缴罚款之日起二日内,交至行政机关;在水上当场收缴的罚款,应当自抵岸之日起二日内交至行政机关;行政机关应当在二日内将罚款缴付指定的银行。

第七十二条 当事人逾期不履行行政处罚决定的,作出行政处罚决定的行政机关可以采取下列措施:

(一)到期不缴纳罚款的,每日按罚款数额的百分之三加处罚款,加处罚款的数额不得超出罚款的数额;

(二)根据法律规定,将查封、扣押的财物拍卖、依法处理或者将冻结的存款、汇款划拨抵缴罚款;

(三)根据法律规定,采取其他行政强制执行方式;

(四)依照《中华人民共和国行政强制法》的规定申请人民法院强制执行。

行政机关批准延期、分期缴纳罚款的,申请人民法院强制执行的期限,自暂缓或者分期缴纳罚款期限结束之日起计算。

第七十三条 当事人对行政处罚决定不服,申请行政复议或者提起行政诉讼的,行政处罚不停止执行,法律另有规定的除外。

当事人对限制人身自由的行政处罚决定不服,申请行政复议或者提起行政诉讼的,可以向作出决定的机关提出暂缓执行申请。符合法律规定情形的,应当暂缓执行。

当事人申请行政复议或者提起行政诉讼的,加处罚款的数额在行政复议或者行政诉讼期间不予计算。

第七十四条 除依法应当予以销毁的物品外,依法没收的非法财物必须按照国家规定公开拍卖或者按照国家有关规定处理。

罚款、没收的违法所得或者没收非法财物拍卖的款项,必须全部上缴国库,任何行政机关或者个人不得以任何形式截留、私分或者变相私分。

罚款、没收的违法所得或者没收非法财物拍卖的款项,不得同作出行政处罚决定的行政机关及其工作人员的考核、考评直接或者变相挂钩。除依法应当退还、退赔的外,财政部门不得以任何形式向作出行政处罚决定的行政机关返还罚款、没收的违法所得或者没收非法财物拍卖的款项。

第七十五条 行政机关应当建立健全对行政处罚的监督制度。县级以上人民政府应当定期组织开展行政执法评议、考核,加强对行政处罚的监督检查,规范和保障行政处罚的实施。

行政机关实施行政处罚应当接受社会监督。公民、法人或者其他组织对行政机关实施行政处罚的行为,有权申诉或者检举;行政机关应当认真审查,发现有错误的,应当主动改正。

第七章 法律责任

第七十六条 行政机关实施行政处罚,有下列情形之一,由上级行政机关或者有关机关责令改正,对直接负责的主管人员和其他直接责任人员依法给予处分：

（一）没有法定的行政处罚依据的；

（二）擅自改变行政处罚种类、幅度的；

（三）违反法定的行政处罚程序的；

（四）违反本法第二十条关于委托处罚的规定的；

（五）执法人员未取得执法证件的。

行政机关对符合立案标准的案件不及时立案的，依照前款规定予以处理。

第七十七条　行政机关对当事人进行处罚不使用罚款、没收财物单据或者使用非法定部门制发的罚款、没收财物单据的，当事人有权拒绝，并有权予以检举，由上级行政机关或者有关机关对使用的非法单据予以收缴销毁，对直接负责的主管人员和其他直接责任人员依法给予处分。

第七十八条　行政机关违反本法第六十七条的规定自行收缴罚款的，财政部门违反本法第七十四条的规定向行政机关返还罚款、没收的违法所得或者拍卖款项的，由上级行政机关或者有关机关责令改正，对直接负责的主管人员和其他直接责任人员依法给予处分。

第七十九条　行政机关截留、私分或者变相私分罚款、没收的违法所得或者财物的，由财政部门或者有关机关予以追缴，对直接负责的主管人员和其他直接责任人员依法给予处分；情节严重构成犯罪的，依法追究刑事责任。

执法人员利用职务上的便利，索取或者收受他人财物、将收缴罚款据为己有，构成犯罪的，依法追究刑事责任；情节轻微不构成犯罪的，依法给予处分。

第八十条　行政机关使用或者损毁查封、扣押的财物，对当事人造成损失的，应当依法予以赔偿，对直接负责的主管人员和其他直接责任人员依法给予处分。

第八十一条　行政机关违法实施检查措施或者执行措施，给公民人身或者财产造成损害、给法人或者其他组织造成损失的，应当依法予以赔偿，对直接负责的主管人员和其他直接责任人员依法给予处分；情节严重构成犯罪的，依法追究刑事责任。

第八十二条　行政机关对应当依法移交司法机关追究刑事责任的案件不

移交,以行政处罚代替刑事处罚,由上级行政机关或者有关机关责令改正,对直接负责的主管人员和其他直接责任人员依法给予处分;情节严重构成犯罪的,依法追究刑事责任。

第八十三条 行政机关对应当予以制止和处罚的违法行为不予制止、处罚,致使公民、法人或者其他组织的合法权益、公共利益和社会秩序遭受损害的,对直接负责的主管人员和其他直接责任人员依法给予处分;情节严重构成犯罪的,依法追究刑事责任。

第八章 附 则

第八十四条 外国人、无国籍人、外国组织在中华人民共和国领域内有违法行为,应当给予行政处罚的,适用本法,法律另有规定的除外。

第八十五条 本法中"二日""三日""五日""七日"的规定是指工作日,不含法定节假日。

第八十六条 本法自 2021 年 7 月 15 日起施行。

《中华人民共和国治安管理处罚法》(节录)

(2005 年 8 月 28 日第十届全国人民代表大会常务委员会第十七次会议通过,根据 2012 年 10 月 26 日第十一届全国人民代表大会常务委员会第二十九次会议《关于修改〈中华人民共和国治安管理处罚法〉的决定》修正。)

第三章 违反治安管理的行为和处罚

第一节 扰乱公共秩序的行为和处罚

第二十五条 有下列行为之一的,处五日以上十日以下拘留,可以并处五百元以下罚款;情节较轻的,处五日以下拘留或者五百元以下罚款:

(一)散布谣言,谎报险情、疫情、警情或者以其他方法故意扰乱公共秩序的;

（二）投放虚假的爆炸性、毒害性、放射性、腐蚀性物质或者传染病病原体等危险物质扰乱公共秩序的；

（三）扬言实施放火、爆炸、投放危险物质扰乱公共秩序的。

第二节　妨害公共安全的行为和处罚

第三十条　违反国家规定，制造、买卖、储存、运输、邮寄、携带、使用、提供、处置爆炸性、毒害性、放射性、腐蚀性物质或者传染病病原体等危险物质的，处十日以上十五日以下拘留；情节较轻的，处五日以上十日以下拘留。

第四节　妨害社会管理的行为和处罚

第五十条　有下列行为之一的，处警告或者二百元以下罚款；情节严重的，处五日以上十日以下拘留，可以并处五百元以下罚款：

（一）拒不执行人民政府在紧急状态情况下依法发布的决定、命令的；

（二）阻碍国家机关工作人员依法执行职务的；

（三）阻碍执行紧急任务的消防车、救护车、工程抢险车、警车等车辆通行的；

（四）强行冲闯公安机关设置的警戒带、警戒区的。

阻碍人民警察依法执行职务的，从重处罚。

《中华人民共和国安全生产法》

（2002 年 6 月 29 日第九届全国人民代表大会常务委员会第二十八次会议通过，根据 2009 年 8 月 27 日第十一届全国人民代表大会常务委员会第十次会议《关于修改部分法律的决定》第一次修正，根据 2014 年 8 月 31 日第十二届全国人民代表大会常务委员会第十次会议《关于修改〈中华人民共和国安全生产法〉的决定》第二次修正，根据 2021 年 6 月 10 日第十三届全国人民代表大会常务委员会第二十九次会议《关于修改〈中华人民共和国安全生产法〉的决定》第三次修正。）

第一章 总则

第一条 为了加强安全生产工作,防止和减少生产安全事故,保障人民群众生命和财产安全,促进经济社会持续健康发展,制定本法。

第二条 在中华人民共和国领域内从事生产经营活动的单位(以下统称生产经营单位)的安全生产,适用本法;有关法律、行政法规对消防安全和道路交通安全、铁路交通安全、水上交通安全、民用航空安全以及核与辐射安全、特种设备安全另有规定的,适用其规定。

第三条 安全生产工作坚持中国共产党的领导。

安全生产工作应当以人为本,坚持人民至上、生命至上,把保护人民生命安全摆在首位,树牢安全发展理念,坚持安全第一、预防为主、综合治理的方针,从源头上防范化解重大安全风险。

安全生产工作实行管行业必须管安全、管业务必须管安全、管生产经营必须管安全,强化和落实生产经营单位主体责任与政府监管责任,建立生产经营单位负责、职工参与、政府监管、行业自律和社会监督的机制。

第四条 生产经营单位必须遵守本法和其他有关安全生产的法律、法规,加强安全生产管理,建立健全全员安全生产责任制和安全生产规章制度,加大对安全生产资金、物资、技术、人员的投入保障力度,改善安全生产条件,加强安全生产标准化、信息化建设,构建安全风险分级管控和隐患排查治理双重预防机制,健全风险防范化解机制,提高安全生产水平,确保安全生产。

平台经济等新兴行业、领域的生产经营单位应当根据本行业、领域的特点,建立健全并落实全员安全生产责任制,加强从业人员安全生产教育和培训,履行本法和其他法律、法规规定的有关安全生产义务。

第五条 生产经营单位的主要负责人是本单位安全生产第一责任人,对本单位的安全生产工作全面负责。其他负责人对职责范围内的安全生产工作负责。

第六条 生产经营单位的从业人员有依法获得安全生产保障的权利,并应当依法履行安全生产方面的义务。

第七条　工会依法对安全生产工作进行监督。

生产经营单位的工会依法组织职工参加本单位安全生产工作的民主管理和民主监督,维护职工在安全生产方面的合法权益。生产经营单位制定或者修改有关安全生产的规章制度,应当听取工会的意见。

第八条　国务院和县级以上地方各级人民政府应当根据国民经济和社会发展规划制定安全生产规划,并组织实施。安全生产规划应当与国土空间规划等相关规划相衔接。

各级人民政府应当加强安全生产基础设施建设和安全生产监管能力建设,所需经费列入本级预算。

县级以上地方各级人民政府应当组织有关部门建立完善安全风险评估与论证机制,按照安全风险管控要求,进行产业规划和空间布局,并对位置相邻、行业相近、业态相似的生产经营单位实施重大安全风险联防联控。

第九条　国务院和县级以上地方各级人民政府应当加强对安全生产工作的领导,建立健全安全生产工作协调机制,支持、督促各有关部门依法履行安全生产监督管理职责,及时协调、解决安全生产监督管理中存在的重大问题。

乡镇人民政府和街道办事处,以及开发区、工业园区、港区、风景区等应当明确负责安全生产监督管理的有关工作机构及其职责,加强安全生产监管力量建设,按照职责对本行政区域或者管理区域内生产经营单位安全生产状况进行监督检查,协助人民政府有关部门或者按照授权依法履行安全生产监督管理职责。

第十条　国务院应急管理部门依照本法,对全国安全生产工作实施综合监督管理;县级以上地方各级人民政府应急管理部门依照本法,对本行政区域内安全生产工作实施综合监督管理。

国务院交通运输、住房和城乡建设、水利、民航等有关部门依照本法和其他有关法律、行政法规的规定,在各自的职责范围内对有关行业、领域的安全生产工作实施监督管理;县级以上地方各级人民政府有关部门依照本法和其他有关法律、法规的规定,在各自的职责范围内对有关行业、领域的安全生产工作实施监督管理。对新兴行业、领域的安全生产监督管理职责不明确的,由县级以上地方各级人民政府按照业务相近的原则确定监督管理部门。

应急管理部门和对有关行业、领域的安全生产工作实施监督管理的部门，统称负有安全生产监督管理职责的部门。负有安全生产监督管理职责的部门应当相互配合、齐抓共管、信息共享、资源共用，依法加强安全生产监督管理工作。

第十一条　国务院有关部门应当按照保障安全生产的要求，依法及时制定有关的国家标准或者行业标准，并根据科技进步和经济发展适时修订。

生产经营单位必须执行依法制定的保障安全生产的国家标准或者行业标准。

第十二条　国务院有关部门按照职责分工负责安全生产强制性国家标准的项目提出、组织起草、征求意见、技术审查。国务院应急管理部门统筹提出安全生产强制性国家标准的立项计划。国务院标准化行政主管部门负责安全生产强制性国家标准的立项、编号、对外通报和授权批准发布工作。国务院标准化行政主管部门、有关部门依据法定职责对安全生产强制性国家标准的实施进行监督检查。

第十三条　各级人民政府及其有关部门应当采取多种形式，加强对有关安全生产的法律、法规和安全生产知识的宣传，增强全社会的安全生产意识。

第十四条　有关协会组织依照法律、行政法规和章程，为生产经营单位提供安全生产方面的信息、培训等服务，发挥自律作用，促进生产经营单位加强安全生产管理。

第十五条　依法设立的为安全生产提供技术、管理服务的机构，依照法律、行政法规和执业准则，接受生产经营单位的委托为其安全生产工作提供技术、管理服务。

生产经营单位委托前款规定的机构提供安全生产技术、管理服务的，保证安全生产的责任仍由本单位负责。

第十六条　国家实行生产安全事故责任追究制度，依照本法和有关法律、法规的规定，追究生产安全事故责任单位和责任人员的法律责任。

第十七条　县级以上各级人民政府应当组织负有安全生产监督管理职责

的部门依法编制安全生产权力和责任清单,公开并接受社会监督。

第十八条 国家鼓励和支持安全生产科学技术研究和安全生产先进技术的推广应用,提高安全生产水平。

第十九条 国家对在改善安全生产条件、防止生产安全事故、参加抢险救护等方面取得显著成绩的单位和个人,给予奖励。

第二章 生产经营单位的安全生产保障

第二十条 生产经营单位应当具备本法和有关法律、行政法规和国家标准或者行业标准规定的安全生产条件;不具备安全生产条件的,不得从事生产经营活动。

第二十一条 生产经营单位的主要负责人对本单位安全生产工作负有下列职责:

(一)建立健全并落实本单位全员安全生产责任制,加强安全生产标准化建设;

(二)组织制定并实施本单位安全生产规章制度和操作规程;

(三)组织制定并实施本单位安全生产教育和培训计划;

(四)保证本单位安全生产投入的有效实施;

(五)组织建立并落实安全风险分级管控和隐患排查治理双重预防工作机制,督促、检查本单位的安全生产工作,及时消除生产安全事故隐患;

(六)组织制定并实施本单位的生产安全事故应急救援预案;

(七)及时、如实报告生产安全事故。

第二十二条 生产经营单位的全员安全生产责任制应当明确各岗位的责任人员、责任范围和考核标准等内容。

生产经营单位应当建立相应的机制,加强对全员安全生产责任制落实情况的监督考核,保证全员安全生产责任制的落实。

第二十三条 生产经营单位应当具备的安全生产条件所必需的资金投入,由生产经营单位的决策机构、主要负责人或者个人经营的投资人予以保证,并对由于安全生产所必需的资金投入不足导致的后果承担责任。

有关生产经营单位应当按照规定提取和使用安全生产费用，专门用于改善安全生产条件。安全生产费用在成本中据实列支。安全生产费用提取、使用和监督管理的具体办法由国务院财政部门会同国务院应急管理部门征求国务院有关部门意见后制定。

第二十四条　矿山、金属冶炼、建筑施工、运输单位和危险物品的生产、经营、储存、装卸单位，应当设置安全生产管理机构或者配备专职安全生产管理人员。

前款规定以外的其他生产经营单位，从业人员超过一百人的，应当设置安全生产管理机构或者配备专职安全生产管理人员；从业人员在一百人以下的，应当配备专职或者兼职的安全生产管理人员。

第二十五条　生产经营单位的安全生产管理机构以及安全生产管理人员履行下列职责：

（一）组织或者参与拟订本单位安全生产规章制度、操作规程和生产安全事故应急救援预案；

（二）组织或者参与本单位安全生产教育和培训，如实记录安全生产教育和培训情况；

（三）组织开展危险源辨识和评估，督促落实本单位重大危险源的安全管理措施；

（四）组织或者参与本单位应急救援演练；

（五）检查本单位的安全生产状况，及时排查生产安全事故隐患，提出改进安全生产管理的建议；

（六）制止和纠正违章指挥、强令冒险作业、违反操作规程的行为；

（七）督促落实本单位安全生产整改措施。

生产经营单位可以设置专职安全生产分管负责人，协助本单位主要负责人履行安全生产管理职责。

第二十六条　生产经营单位的安全生产管理机构以及安全生产管理人员应当恪尽职守，依法履行职责。

生产经营单位作出涉及安全生产的经营决策，应当听取安全生产管理机构以及安全生产管理人员的意见。

生产经营单位不得因安全生产管理人员依法履行职责而降低其工资、福利等待遇或者解除与其订立的劳动合同。

危险物品的生产、储存单位以及矿山、金属冶炼单位的安全生产管理人员的任免,应当告知主管的负有安全生产监督管理职责的部门。

第二十七条 生产经营单位的主要负责人和安全生产管理人员必须具备与本单位所从事的生产经营活动相应的安全生产知识和管理能力。

危险物品的生产、经营、储存、装卸单位以及矿山、金属冶炼、建筑施工、运输单位的主要负责人和安全生产管理人员,应当由主管的负有安全生产监督管理职责的部门对其安全生产知识和管理能力考核合格。考核不得收费。

危险物品的生产、储存、装卸单位以及矿山、金属冶炼单位应当有注册安全工程师从事安全生产管理工作。鼓励其他生产经营单位聘用注册安全工程师从事安全生产管理工作。注册安全工程师按专业分类管理,具体办法由国务院人力资源和社会保障部门、国务院应急管理部门会同国务院有关部门制定。

第二十八条 生产经营单位应当对从业人员进行安全生产教育和培训,保证从业人员具备必要的安全生产知识,熟悉有关的安全生产规章制度和安全操作规程,掌握本岗位的安全操作技能,了解事故应急处理措施,知悉自身在安全生产方面的权利和义务。未经安全生产教育和培训合格的从业人员,不得上岗作业。

生产经营单位使用被派遣劳动者的,应当将被派遣劳动者纳入本单位从业人员统一管理,对被派遣劳动者进行岗位安全操作规程和安全操作技能的教育和培训。劳务派遣单位应当对被派遣劳动者进行必要的安全生产教育和培训。

生产经营单位接收中等职业学校、高等学校学生实习的,应当对实习学生进行相应的安全生产教育和培训,提供必要的劳动防护用品。学校应当协助生产经营单位对实习学生进行安全生产教育和培训。

生产经营单位应当建立安全生产教育和培训档案,如实记录安全生产教育和培训的时间、内容、参加人员以及考核结果等情况。

第二十九条　生产经营单位采用新工艺、新技术、新材料或者使用新设备，必须了解、掌握其安全技术特性，采取有效的安全防护措施，并对从业人员进行专门的安全生产教育和培训。

第三十条　生产经营单位的特种作业人员必须按照国家有关规定经专门的安全作业培训，取得相应资格，方可上岗作业。

特种作业人员的范围由国务院应急管理部门会同国务院有关部门确定。

第三十一条　生产经营单位新建、改建、扩建工程项目（以下统称建设项目）的安全设施，必须与主体工程同时设计、同时施工、同时投入生产和使用。安全设施投资应当纳入建设项目概算。

第三十二条　矿山、金属冶炼建设项目和用于生产、储存、装卸危险物品的建设项目，应当按照国家有关规定进行安全评价。

第三十三条　建设项目安全设施的设计人、设计单位应当对安全设施设计负责。

矿山、金属冶炼建设项目和用于生产、储存、装卸危险物品的建设项目的安全设施设计应当按照国家有关规定报经有关部门审查，审查部门及其负责审查的人员对审查结果负责。

第三十四条　矿山、金属冶炼建设项目和用于生产、储存、装卸危险物品的建设项目的施工单位必须按照批准的安全设施设计施工，并对安全设施的工程质量负责。

矿山、金属冶炼建设项目和用于生产、储存、装卸危险物品的建设项目竣工投入生产或者使用前，应当由建设单位负责组织对安全设施进行验收；验收合格后，方可投入生产和使用。负有安全生产监督管理职责的部门应当加强对建设单位验收活动和验收结果的监督核查。

第三十五条　生产经营单位应当在有较大危险因素的生产经营场所和有关设施、设备上，设置明显的安全警示标志。

第三十六条　安全设备的设计、制造、安装、使用、检测、维修、改造和报废，应当符合国家标准或者行业标准。

生产经营单位必须对安全设备进行经常性维护、保养，并定期检测，保证正常运转。维护、保养、检测应当作好记录,并由有关人员签字。

生产经营单位不得关闭、破坏直接关系生产安全的监控、报警、防护、救生设备、设施,或者篡改、隐瞒、销毁其相关数据、信息。

餐饮等行业的生产经营单位使用燃气的,应当安装可燃气体报警装置,并保障其正常使用。

第三十七条　生产经营单位使用的危险物品的容器、运输工具,以及涉及人身安全、危险性较大的海洋石油开采特种设备和矿山井下特种设备,必须按照国家有关规定,由专业生产单位生产,并经具有专业资质的检测、检验机构检测、检验合格,取得安全使用证或者安全标志,方可投入使用。检测、检验机构对检测、检验结果负责。

第三十八条　国家对严重危及生产安全的工艺、设备实行淘汰制度,具体目录由国务院应急管理部门会同国务院有关部门制定并公布。法律、行政法规对目录的制定另有规定的,适用其规定。

省、自治区、直辖市人民政府可以根据本地区实际情况制定并公布具体目录,对前款规定以外的危及生产安全的工艺、设备予以淘汰。

生产经营单位不得使用应当淘汰的危及生产安全的工艺、设备。

第三十九条　生产、经营、运输、储存、使用危险物品或者处置废弃危险物品的,由有关主管部门依照有关法律、法规的规定和国家标准或者行业标准审批并实施监督管理。

生产经营单位生产、经营、运输、储存、使用危险物品或者处置废弃危险物品,必须执行有关法律、法规和国家标准或者行业标准,建立专门的安全管理制度,采取可靠的安全措施,接受有关主管部门依法实施的监督管理。

第四十条　生产经营单位对重大危险源应当登记建档,进行定期检测、评估、监控,并制定应急预案,告知从业人员和相关人员在紧急情况下应当采取的应急措施。

生产经营单位应当按照国家有关规定将本单位重大危险源及有关安全措施、应急措施报有关地方人民政府应急管理部门和有关部门备案。有关地方人民政府应急管理部门和有关部门应当通过相关信息系统实现信息共享。

第四十一条　生产经营单位应当建立安全风险分级管控制度,按照安全风险分级采取相应的管控措施。

生产经营单位应当建立健全并落实生产安全事故隐患排查治理制度,采取技术、管理措施,及时发现并消除事故隐患。事故隐患排查治理情况应当如实记录,并通过职工大会或者职工代表大会、信息公示栏等方式向从业人员通报。其中,重大事故隐患排查治理情况应当及时向负有安全生产监督管理职责的部门和职工大会或者职工代表大会报告。

县级以上地方各级人民政府负有安全生产监督管理职责的部门应当将重大事故隐患纳入相关信息系统,建立健全重大事故隐患治理督办制度,督促生产经营单位消除重大事故隐患。

第四十二条　生产、经营、储存、使用危险物品的车间、商店、仓库不得与员工宿舍在同一座建筑物内,并应当与员工宿舍保持安全距离。

生产经营场所和员工宿舍应当设有符合紧急疏散要求、标志明显、保持畅通的出口、疏散通道。禁止占用、锁闭、封堵生产经营场所或者员工宿舍的出口、疏散通道。

第四十三条　生产经营单位进行爆破、吊装、动火、临时用电以及国务院应急管理部门会同国务院有关部门规定的其他危险作业,应当安排专门人员进行现场安全管理,确保操作规程的遵守和安全措施的落实。

第四十四条　生产经营单位应当教育和督促从业人员严格执行本单位的安全生产规章制度和安全操作规程;并向从业人员如实告知作业场所和工作岗位存在的危险因素、防范措施以及事故应急措施。

生产经营单位应当关注从业人员的身体、心理状况和行为习惯,加强对从业人员的心理疏导、精神慰藉,严格落实岗位安全生产责任,防范从业人员行为异常导致事故发生。

第四十五条　生产经营单位必须为从业人员提供符合国家标准或者行业标准的劳动防护用品,并监督、教育从业人员按照使用规则佩戴、使用。

第四十六条　生产经营单位的安全生产管理人员应当根据本单位的生产经营特点,对安全生产状况进行经常性检查;对检查中发现的安全问题,应当立即处理;不能处理的,应当及时报告本单位有关负责人,有关负责人应当及时处理。检查及处理情况应当如实记录在案。

生产经营单位的安全生产管理人员在检查中发现重大事故隐患,依照前款规定向本单位有关负责人报告,有关负责人不及时处理的,安全生产管理人员可以向主管的负有安全生产监督管理职责的部门报告,接到报告的部门应当依法及时处理。

第四十七条　生产经营单位应当安排用于配备劳动防护用品、进行安全生产培训的经费。

第四十八条　两个以上生产经营单位在同一作业区域内进行生产经营活动,可能危及对方生产安全的,应当签订安全生产管理协议,明确各自的安全生产管理职责和应当采取的安全措施,并指定专职安全生产管理人员进行安全检查与协调。

第四十九条　生产经营单位不得将生产经营项目、场所、设备发包或者出租给不具备安全生产条件或者相应资质的单位或者个人。

生产经营项目、场所发包或者出租给其他单位的,生产经营单位应当与承包单位、承租单位签订专门的安全生产管理协议,或者在承包合同、租赁合同中约定各自的安全生产管理职责;生产经营单位对承包单位、承租单位的安全生产工作统一协调、管理,定期进行安全检查,发现安全问题的,应当及时督促整改。

矿山、金属冶炼建设项目和用于生产、储存、装卸危险物品的建设项目的施工单位应当加强对施工项目的安全管理,不得倒卖、出租、出借、挂靠或者以其他形式非法转让施工资质,不得将其承包的全部建设工程转包给第三人或者将其承包的全部建设工程支解以后以分包的名义分别转包给第三人,不得将工程分包给不具备相应资质条件的单位。

第五十条　生产经营单位发生生产安全事故时,单位的主要负责人应当立即组织抢救,并不得在事故调查处理期间擅离职守。

第五十一条　生产经营单位必须依法参加工伤保险,为从业人员缴纳保险费。

国家鼓励生产经营单位投保安全生产责任保险;属于国家规定的高危行业、领域的生产经营单位,应当投保安全生产责任保险。具体范围和实施办法由国务院应急管理部门会同国务院财政部门、国务院保险监督管理机构和相关行业主管部门制定。

第三章 从业人员的安全生产权利义务

第五十二条 生产经营单位与从业人员订立的劳动合同,应当载明有关保障从业人员劳动安全、防止职业危害的事项,以及依法为从业人员办理工伤保险的事项。

生产经营单位不得以任何形式与从业人员订立协议,免除或者减轻其对从业人员因生产安全事故伤亡依法应承担的责任。

第五十三条 生产经营单位的从业人员有权了解其作业场所和工作岗位存在的危险因素、防范措施及事故应急措施,有权对本单位的安全生产工作提出建议。

第五十四条 从业人员有权对本单位安全生产工作中存在的问题提出批评、检举、控告;有权拒绝违章指挥和强令冒险作业。

生产经营单位不得因从业人员对本单位安全生产工作提出批评、检举、控告或者拒绝违章指挥、强令冒险作业而降低其工资、福利等待遇或者解除与其订立的劳动合同。

第五十五条 从业人员发现直接危及人身安全的紧急情况时,有权停止作业或者在采取可能的应急措施后撤离作业场所。

生产经营单位不得因从业人员在前款紧急情况下停止作业或者采取紧急撤离措施而降低其工资、福利等待遇或者解除与其订立的劳动合同。

第五十六条 生产经营单位发生生产安全事故后,应当及时采取措施救治有关人员。

因生产安全事故受到损害的从业人员,除依法享有工伤保险外,依照有关民事法律尚有获得赔偿的权利的,有权提出赔偿要求。

第五十七条 从业人员在作业过程中,应当严格落实岗位安全责任,遵守本单位的安全生产规章制度和操作规程,服从管理,正确佩戴和使用劳动防护用品。

第五十八条 从业人员应当接受安全生产教育和培训,掌握本职工作所需的安全生产知识,提高安全生产技能,增强事故预防和应急处理能力。

第五十九条 从业人员发现事故隐患或者其他不安全因素,应当立即向现场安全生产管理人员或者本单位负责人报告;接到报告的人员应当及时予以处理。

第六十条 工会有权对建设项目的安全设施与主体工程同时设计、同时施工、同时投入生产和使用进行监督,提出意见。

工会对生产经营单位违反安全生产法律、法规,侵犯从业人员合法权益的行为,有权要求纠正;发现生产经营单位违章指挥、强令冒险作业或者发现事故隐患时,有权提出解决的建议,生产经营单位应当及时研究答复;发现危及从业人员生命安全的情况时,有权向生产经营单位建议组织从业人员撤离危险场所,生产经营单位必须立即作出处理。

工会有权依法参加事故调查,向有关部门提出处理意见,并要求追究有关人员的责任。

第六十一条 生产经营单位使用被派遣劳动者的,被派遣劳动者享有本法规定的从业人员的权利,并应当履行本法规定的从业人员的义务。

第四章 安全生产的监督管理

第六十二条 县级以上地方各级人民政府应当根据本行政区域内的安全生产状况,组织有关部门按照职责分工,对本行政区域内容易发生重大生产安全事故的生产经营单位进行严格检查。

应急管理部门应当按照分类分级监督管理的要求,制定安全生产年度监督检查计划,并按照年度监督检查计划进行监督检查,发现事故隐患,应当及时处理。

第六十三条 负有安全生产监督管理职责的部门依照有关法律、法规的规定,对涉及安全生产的事项需要审查批准(包括批准、核准、许可、注册、认证、颁发证照等，下同)或者验收的，必须严格依照有关法律、法规和国家标准或者行业标准规定的安全生产条件和程序进行审查；不符合有关法律、法规和国家标准或者行业标准规定的安全生产条件的，不得批准或者验收通过。对未依法取得批准或者验收合格的单位擅自从事有关活动的，负责行政审批的部门发现或者接到举报后应当立即予以取缔，并依法予以处理。对已经依法取得批准的单位，负责行政审批的部门发现其不再具备安全生产条件的，应当撤销原批准。

第六十四条　负有安全生产监督管理职责的部门对涉及安全生产的事项进行审查、验收，不得收取费用；不得要求接受审查、验收的单位购买其指定品牌或者指定生产、销售单位的安全设备、器材或者其他产品。

第六十五条　应急管理部门和其他负有安全生产监督管理职责的部门依法开展安全生产行政执法工作，对生产经营单位执行有关安全生产的法律、法规和国家标准或者行业标准的情况进行监督检查，行使以下职权：

(一)进入生产经营单位进行检查，调阅有关资料，向有关单位和人员了解情况。

(二)对检查中发现的安全生产违法行为，当场予以纠正或者要求限期改正；对依法应当给予行政处罚的行为，依照本法和其他有关法律、行政法规的规定作出行政处罚决定。

(三)对检查中发现的事故隐患，应当责令立即排除；重大事故隐患排除前或者排除过程中无法保证安全的，应当责令从危险区域内撤出作业人员，责令暂时停产停业或者停止使用相关设施、设备；重大事故隐患排除后，经审查同意，方可恢复生产经营和使用。

(四)对有根据认为不符合保障安全生产的国家标准或者行业标准的设施、设备、器材以及违法生产、储存、使用、经营、运输的危险物品予以查封或者扣押，对违法生产、储存、使用、经营危险物品的作业场所予以查封，并依法作出处理决定。

监督检查不得影响被检查单位的正常生产经营活动。

第六十六条　生产经营单位对负有安全生产监督管理职责的部门的监督

检查人员（以下统称安全生产监督检查人员）依法履行监督检查职责，应当予以配合，不得拒绝、阻挠。

第六十七条 安全生产监督检查人员应当忠于职守，坚持原则，秉公执法。

安全生产监督检查人员执行监督检查任务时，必须出示有效的行政执法证件；对涉及被检查单位的技术秘密和业务秘密，应当为其保密。

第六十八条 安全生产监督检查人员应当将检查的时间、地点、内容、发现的问题及其处理情况，作出书面记录，并由检查人员和被检查单位的负责人签字；被检查单位的负责人拒绝签字的，检查人员应当将情况记录在案，并向负有安全生产监督管理职责的部门报告。

第六十九条 负有安全生产监督管理职责的部门在监督检查中，应当互相配合，实行联合检查；确需分别进行检查的，应当互通情况，发现存在的安全问题应当由其他有关部门进行处理的，应当及时移送其他有关部门并形成记录备查，接受移送的部门应当及时进行处理。

第七十条 负有安全生产监督管理职责的部门依法对存在重大事故隐患的生产经营单位作出停产停业、停止施工、停止使用相关设施或者设备的决定，生产经营单位应当依法执行，及时消除事故隐患。生产经营单位拒不执行，有发生生产安全事故的现实危险的，在保证安全的前提下，经本部门主要负责人批准，负有安全生产监督管理职责的部门可以采取通知有关单位停止供电、停止供应民用爆炸物品等措施，强制生产经营单位履行决定。通知应当采用书面形式，有关单位应当予以配合。

负有安全生产监督管理职责的部门依照前款规定采取停止供电措施，除有危及生产安全的紧急情形外，应当提前二十四小时通知生产经营单位。生产经营单位依法履行行政决定、采取相应措施消除事故隐患的，负有安全生产监督管理职责的部门应当及时解除前款规定的措施。

第七十一条 监察机关依照监察法的规定，对负有安全生产监督管理职责的部门及其工作人员履行安全生产监督管理职责实施监察。

第七十二条 承担安全评价、认证、检测、检验职责的机构应当具备国家规定的资质条件,并对其作出的安全评价、认证、检测、检验结果的合法性、真实性负责。资质条件由国务院应急管理部门会同国务院有关部门制定。

承担安全评价、认证、检测、检验职责的机构应当建立并实施服务公开和报告公开制度,不得租借资质、挂靠、出具虚假报告。

第七十三条　负有安全生产监督管理职责的部门应当建立举报制度,公开举报电话、信箱或者电子邮件地址等网络举报平台,受理有关安全生产的举报;受理的举报事项经调查核实后,应当形成书面材料;需要落实整改措施的,报经有关负责人签字并督促落实。对不属于本部门职责,需要由其他有关部门进行调查处理的,转交其他有关部门处理。

涉及人员死亡的举报事项,应当由县级以上人民政府组织核查处理。

第七十四条　任何单位或者个人对事故隐患或者安全生产违法行为,均有权向负有安全生产监督管理职责的部门报告或者举报。

因安全生产违法行为造成重大事故隐患或者导致重大事故,致使国家利益或者社会公共利益受到侵害的,人民检察院可以根据民事诉讼法、行政诉讼法的相关规定提起公益诉讼。

第七十五条　居民委员会、村民委员会发现其所在区域内的生产经营单位存在事故隐患或者安全生产违法行为时,应当向当地人民政府或者有关部门报告。

第七十六条　县级以上各级人民政府及其有关部门对报告重大事故隐患或者举报安全生产违法行为的有功人员,给予奖励。具体奖励办法由国务院应急管理部门会同国务院财政部门制定。

第七十七条　新闻、出版、广播、电影、电视等单位有进行安全生产公益宣传教育的义务,有对违反安全生产法律、法规的行为进行舆论监督的权利。

第七十八条　负有安全生产监督管理职责的部门应当建立安全生产违法行为信息库,如实记录生产经营单位及其有关从业人员的安全生产违法行为信息;对违法行为情节严重的生产经营单位及其有关从业人员,应当及时向社会公告,并通报行业主管部门、投资主管部门、自然资源主管部门、生态环境主管部门、证券监督管理机构以及有关金融机构。有关部门和机构应当对存在失信行为的生产经营单位及其有关从业人员采取加大执法检查频次、暂停项目审批、上调有关保险费率、行业或者职业禁入等联合惩戒措施,并向社会公示。

负有安全生产监督管理职责的部门应当加强对生产经营单位行政处罚信息的及时归集、共享、应用和公开,对生产经营单位作出处罚决定后七个工作日内在监督管理部门公示系统予以公开曝光,强化对违法失信生产经营单位及其有关从业人员的社会监督,提高全社会安全生产诚信水平。

第五章　生产安全事故的应急救援与调查处理

第七十九条　国家加强生产安全事故应急能力建设,在重点行业、领域建立应急救援基地和应急救援队伍,并由国家安全生产应急救援机构统一协调指挥;鼓励生产经营单位和其他社会力量建立应急救援队伍,配备相应的应急救援装备和物资,提高应急救援的专业化水平。

国务院应急管理部门牵头建立全国统一的生产安全事故应急救援信息系统,国务院交通运输、住房和城乡建设、水利、民航等有关部门和县级以上地方人民政府建立健全相关行业、领域、地区的生产安全事故应急救援信息系统,实现互联互通、信息共享,通过推行网上安全信息采集、安全监管和监测预警,提升监管的精准化、智能化水平。

第八十条　县级以上地方各级人民政府应当组织有关部门制定本行政区域内生产安全事故应急救援预案,建立应急救援体系。

乡镇人民政府和街道办事处,以及开发区、工业园区、港区、风景区等应当制定相应的生产安全事故应急救援预案,协助人民政府有关部门或者按照授权依法履行生产安全事故应急救援工作职责。

第八十一条　生产经营单位应当制定本单位生产安全事故应急救援预案,与所在地县级以上地方人民政府组织制定的生产安全事故应急救援预案相衔接,并定期组织演练。

第八十二条　危险物品的生产、经营、储存单位以及矿山、金属冶炼、城市轨道交通运营、建筑施工单位应当建立应急救援组织;生产经营规模较小的,可以不建立应急救援组织,但应当指定兼职的应急救援人员。

危险物品的生产、经营、储存、运输单位以及矿山、金属冶炼、城市轨道交通运营、建筑施工单位应当配备必要的应急救援器材、设备和物资，并进行经常性维护、保养，保证正常运转。

第八十三条 生产经营单位发生生产安全事故后，事故现场有关人员应当立即报告本单位负责人。

单位负责人接到事故报告后，应当迅速采取有效措施，组织抢救，防止事故扩大，减少人员伤亡和财产损失，并按照国家有关规定立即如实报告当地负有安全生产监督管理职责的部门，不得隐瞒不报、谎报或者迟报，不得故意破坏事故现场、毁灭有关证据。

第八十四条 负有安全生产监督管理职责的部门接到事故报告后，应当立即按照国家有关规定上报事故情况。负有安全生产监督管理职责的部门和有关地方人民政府对事故情况不得隐瞒不报、谎报或者迟报。

第八十五条 有关地方人民政府和负有安全生产监督管理职责的部门的负责人接到生产安全事故报告后，应当按照生产安全事故应急救援预案的要求立即赶到事故现场，组织事故抢救。

参与事故抢救的部门和单位应当服从统一指挥，加强协同联动，采取有效的应急救援措施，并根据事故救援的需要采取警戒、疏散等措施，防止事故扩大和次生灾害的发生，减少人员伤亡和财产损失。

事故抢救过程中应当采取必要措施，避免或者减少对环境造成的危害。

任何单位和个人都应当支持、配合事故抢救，并提供一切便利条件。

第八十六条 事故调查处理应当按照科学严谨、依法依规、实事求是、注重实效的原则，及时、准确地查清事故原因，查明事故性质和责任，评估应急处置工作，总结事故教训，提出整改措施，并对事故责任单位和人员提出处理建议。事故调查报告应当依法及时向社会公布。事故调查和处理的具体办法由国务院制定。

事故发生单位应当及时全面落实整改措施，负有安全生产监督管理职责的部门应当加强监督检查。

负责事故调查处理的国务院有关部门和地方人民政府应当在批复事故调

查报告后一年内,组织有关部门对事故整改和防范措施落实情况进行评估,并及时向社会公开评估结果;对不履行职责导致事故整改和防范措施没有落实的有关单位和人员,应当按照有关规定追究责任。

第八十七条　生产经营单位发生生产安全事故,经调查确定为责任事故的,除了应当查明事故单位的责任并依法予以追究外,还应当查明对安全生产的有关事项负有审查批准和监督职责的行政部门的责任,对有失职、渎职行为的,依照本法第九十条的规定追究法律责任。

第八十八条　任何单位和个人不得阻挠和干涉对事故的依法调查处理。

第八十九条　县级以上地方各级人民政府应急管理部门应当定期统计分析本行政区域内发生生产安全事故的情况,并定期向社会公布。

第六章　法律责任

第九十条　负有安全生产监督管理职责的部门的工作人员,有下列行为之一的,给予降级或者撤职的处分;构成犯罪的,依照刑法有关规定追究刑事责任:

(一)对不符合法定安全生产条件的涉及安全生产的事项予以批准或者验收通过的;

(二)发现未依法取得批准、验收的单位擅自从事有关活动或者接到举报后不予取缔或者不依法予以处理的;

(三)对已经依法取得批准的单位不履行监督管理职责,发现其不再具备安全生产条件而不撤销原批准或者发现安全生产违法行为不予查处的;

(四)在监督检查中发现重大事故隐患,不依法及时处理的。

负有安全生产监督管理职责的部门的工作人员有前款规定以外的滥用职权、玩忽职守、徇私舞弊行为的,依法给予处分;构成犯罪的,依照刑法有关规定追究刑事责任。

第九十一条　负有安全生产监督管理职责的部门,要求被审查、验收的单位购买其指定的安全设备、器材或者其他产品的,在对安全生产事项的审查、验收中收取费用的,由其上级机关或者监察机关责令改正,责令退还收取的费用;情节严重的,对直接负责的主管人员和其他直接责任人员依法给予处分。

第九十二条　承担安全评价、认证、检测、检验职责的机构出具失实报告的,责令停业整顿,并处三万元以上十万元以下的罚款;给他人造成损害的,依法承担赔偿责任。

承担安全评价、认证、检测、检验职责的机构租借资质、挂靠、出具虚假报告的,没收违法所得;违法所得在十万元以上的,并处违法所得二倍以上五倍以下的罚款,没有违法所得或者违法所得不足十万元的,单处或者并处十万元以上二十万元以下的罚款;对其直接负责的主管人员和其他直接责任人员处五万元以上十万元以下的罚款;给他人造成损害的,与生产经营单位承担连带赔偿责任;构成犯罪的,依照刑法有关规定追究刑事责任。

对有前款违法行为的机构及其直接责任人员,吊销其相应资质和资格,五年内不得从事安全评价、认证、检测、检验等工作;情节严重的,实行终身行业和职业禁入。

第九十三条　生产经营单位的决策机构、主要负责人或者个人经营的投资人不依照本法规定保证安全生产所必需的资金投入,致使生产经营单位不具备安全生产条件的,责令限期改正,提供必需的资金;逾期未改正的,责令生产经营单位停产停业整顿。

有前款违法行为,导致发生生产安全事故的,对生产经营单位的主要负责人给予撤职处分,对个人经营的投资人处二万元以上二十万元以下的罚款;构成犯罪的,依照刑法有关规定追究刑事责任。

第九十四条　生产经营单位的主要负责人未履行本法规定的安全生产管理职责的,责令限期改正,处二万元以上五万元以下的罚款;逾期未改正的,处五万元以上十万元以下的罚款,责令生产经营单位停产停业整顿。

生产经营单位的主要负责人有前款违法行为,导致发生生产安全事故的,给予撤职处分;构成犯罪的,依照刑法有关规定追究刑事责任。

生产经营单位的主要负责人依照前款规定受刑事处罚或者撤职处分的,自刑罚执行完毕或者受处分之日起,五年内不得担任任何生产经营单位的主要负责人;对重大、特别重大生产安全事故负有责任的,终身不得担任本行业生产经营单位的主要负责人。

第九十五条　生产经营单位的主要负责人未履行本法规定的安全生产管理职责,导致发生生产安全事故的,由应急管理部门依照下列规定处以罚款:

(一)发生一般事故的,处上一年年收入百分之四十的罚款;

(二)发生较大事故的,处上一年年收入百分之六十的罚款;

(三)发生重大事故的,处上一年年收入百分之八十的罚款;

(四)发生特别重大事故的,处上一年年收入百分之一百的罚款。

第九十六条　生产经营单位的其他负责人和安全生产管理人员未履行本法规定的安全生产管理职责的,责令限期改正,处一万元以上三万元以下的罚款;导致发生生产安全事故的,暂停或者吊销其与安全生产有关的资格,并处上一年年收入百分之二十以上百分之五十以下的罚款;构成犯罪的,依照刑法有关规定追究刑事责任。

第九十七条　生产经营单位有下列行为之一的,责令限期改正,处十万元以下的罚款;逾期未改正的,责令停产停业整顿,并处十万元以上二十万元以下的罚款,对其直接负责的主管人员和其他直接责任人员处二万元以上五万元以下的罚款:

(一)未按照规定设置安全生产管理机构或者配备安全生产管理人员、注册安全工程师的;

(二)危险物品的生产、经营、储存、装卸单位以及矿山、金属冶炼、建筑施工、运输单位的主要负责人和安全生产管理人员未按照规定经考核合格的;

(三)未按照规定对从业人员、被派遣劳动者、实习学生进行安全生产教育和培训,或者未按照规定如实告知有关的安全生产事项的;

(四)未如实记录安全生产教育和培训情况的;

(五)未将事故隐患排查治理情况如实记录或者未向从业人员通报的;

(六)未按照规定制定生产安全事故应急救援预案或者未定期组织演练的;

(七)特种作业人员未按照规定经专门的安全作业培训并取得相应资格,上岗作业的。

第九十八条　生产经营单位有下列行为之一的,责令停止建设或者停产停业整顿,限期改正,并处十万元以上五十万元以下的罚款,对其直接负责的主管人员和其他直接责任人员处二万元以上五万元以下的罚款;逾期未改正的,处五十万元以上一百万元以下的罚款,对其直接负责的主管人员和其他直接责任人员处五万元以上十万元以下的罚款;构成犯罪的,依照刑法有关规定追究刑事责任:

(一)未按照规定对矿山、金属冶炼建设项目或者用于生产、储存、装卸危险物品的建设项目进行安全评价的;

(二)矿山、金属冶炼建设项目或者用于生产、储存、装卸危险物品的建设项目没有安全设施设计或者安全设施设计未按照规定报经有关部门审查同意的;

(三)矿山、金属冶炼建设项目或者用于生产、储存、装卸危险物品的建设项目的施工单位未按照批准的安全设施设计施工的;

(四)矿山、金属冶炼建设项目或者用于生产、储存、装卸危险物品的建设项目竣工投入生产或者使用前,安全设施未经验收合格的。

第九十九条　生产经营单位有下列行为之一的,责令限期改正,处五万元以下的罚款;逾期未改正的,处五万元以上二十万元以下的罚款,对其直接负责的主管人员和其他直接责任人员处一万元以上二万元以下的罚款,情节严重的,责令停产停业整顿;构成犯罪的,依照刑法有关规定追究刑事责任:

(一)未在有较大危险因素的生产经营场所和有关设施、设备上设置明显的安全警示标志的;

(二)安全设备的安装、使用、检测、改造和报废不符合国家标准或者行业标准的;

(三)未对安全设备进行经常性维护、保养和定期检测的;

(四)关闭、破坏直接关系生产安全的监控、报警、防护、救生设备、设施,或者篡改、隐瞒、销毁其相关数据、信息的;

(五)未为从业人员提供符合国家标准或者行业标准的劳动防护用品的;

(六)危险物品的容器、运输工具,以及涉及人身安全、危险性较大的海洋

石油开采特种设备和矿山井下特种设备未经具有专业资质的机构检测、检验合格,取得安全使用证或者安全标志,投入使用的;

(七)使用应当淘汰的危及生产安全的工艺、设备的;

(八)餐饮等行业的生产经营单位使用燃气未安装可燃气体报警装置的。

第一百条　未经依法批准,擅自生产、经营、运输、储存、使用危险物品或者处置废弃危险物品的,依照有关危险物品安全管理的法律、行政法规的规定予以处罚;构成犯罪的,依照刑法有关规定追究刑事责任。

第一百零一条　生产经营单位有下列行为之一的,责令限期改正,处十万元以下的罚款;逾期未改正的,责令停产停业整顿,并处十万元以上二十万元以下的罚款,对其直接负责的主管人员和其他直接责任人员处二万元以上五万元以下的罚款;构成犯罪的,依照刑法有关规定追究刑事责任:

(一)生产、经营、运输、储存、使用危险物品或者处置废弃危险物品,未建立专门安全管理制度、未采取可靠的安全措施的;

(二)对重大危险源未登记建档,未进行定期检测、评估、监控,未制定应急预案,或者未告知应急措施的;

(三)进行爆破、吊装、动火、临时用电以及国务院应急管理部门会同国务院有关部门规定的其他危险作业,未安排专门人员进行现场安全管理的;

(四)未建立安全风险分级管控制度或者未按照安全风险分级采取相应管控措施的;

(五)未建立事故隐患排查治理制度,或者重大事故隐患排查治理情况未按照规定报告的。

第一百零二条　生产经营单位未采取措施消除事故隐患的,责令立即消除或者限期消除,处五万元以下的罚款;生产经营单位拒不执行的,责令停产停业整顿,对其直接负责的主管人员和其他直接责任人员处五万元以上十万元以下的罚款;构成犯罪的,依照刑法有关规定追究刑事责任。

第一百零三条　生产经营单位将生产经营项目、场所、设备发包或者出租给不具备安全生产条件或者相应资质的单位或者个人的,责令限期改正,没收违法所得;违法所得十万元以上的,并处违法所得二倍以上五倍以下的罚款;

没有违法所得或者违法所得不足十万元的,单处或者并处十万元以上二十万元以下的罚款;对其直接负责的主管人员和其他直接责任人员处一万元以上二万元以下的罚款;导致发生生产安全事故给他人造成损害的,与承包方、承租方承担连带赔偿责任。

生产经营单位未与承包单位、承租单位签订专门的安全生产管理协议或者未在承包合同、租赁合同中明确各自的安全生产管理职责,或者未对承包单位、承租单位的安全生产统一协调、管理的,责令限期改正,处五万元以下的罚款,对其直接负责的主管人员和其他直接责任人员处一万元以下的罚款;逾期未改正的,责令停产停业整顿。

矿山、金属冶炼建设项目和用于生产、储存、装卸危险物品的建设项目的施工单位未按照规定对施工项目进行安全管理的,责令限期改正,处十万元以下的罚款,对其直接负责的主管人员和其他直接责任人员处二万元以下的罚款;逾期未改正的,责令停产停业整顿。以上施工单位倒卖、出租、出借、挂靠或者以其他形式非法转让施工资质的,责令停产停业整顿,吊销资质证书,没收违法所得;违法所得十万元以上的,并处违法所得二倍以上五倍以下的罚款,没有违法所得或者违法所得不足十万元的,单处或者并处十万元以上二十万元以下的罚款;对其直接负责的主管人员和其他直接责任人员处五万元以上十万元以下的罚款,构成犯罪的,依照刑法有关规定追究刑事责任。

第一百零四条 两个以上生产经营单位在同一作业区域内进行可能危及对方安全生产的生产经营活动,未签订安全生产管理协议或者未指定专职安全生产管理人员进行安全检查与协调的,责令限期改正,处五万元以下的罚款,对其直接负责的主管人员和其他直接责任人员处一万元以下的罚款;逾期未改正的,责令停产停业。

第一百零五条 生产经营单位有下列行为之一的,责令限期改正,处五万元以下的罚款,对其直接负责的主管人员和其他直接责任人员处一万元以下的罚款;逾期未改正的,责令停产停业整顿;构成犯罪的,依照刑法有关规定追究刑事责任:

(一)生产、经营、储存、使用危险物品的车间、商店、仓库与员工宿舍在同

205

一座建筑内,或者与员工宿舍的距离不符合安全要求的;

(二)生产经营场所和员工宿舍未设有符合紧急疏散需要、标志明显、保持畅通的出口、疏散通道,或者占用、锁闭、封堵生产经营场所或者员工宿舍出口、疏散通道的。

第一百零六条 生产经营单位与从业人员订立协议,免除或者减轻其对从业人员因生产安全事故伤亡依法应承担的责任的,该协议无效;对生产经营单位的主要负责人、个人经营的投资人处二万元以上十万元以下的罚款。

第一百零七条 生产经营单位的从业人员不落实岗位安全责任,不服从管理,违反安全生产规章制度或者操作规程的,由生产经营单位给予批评教育,依照有关规章制度给予处分;构成犯罪的,依照刑法有关规定追究刑事责任。

第一百零八条 违反本法规定,生产经营单位拒绝、阻碍负有安全生产监督管理职责的部门依法实施监督检查的,责令改正;拒不改正的,处二万元以上二十万元以下的罚款;对其直接负责的主管人员和其他直接责任人员处一万元以上二万元以下的罚款;构成犯罪的,依照刑法有关规定追究刑事责任。

第一百零九条 高危行业、领域的生产经营单位未按照国家规定投保安全生产责任保险的,责令限期改正,处五万元以上十万元以下的罚款;逾期未改正的,处十万元以上二十万元以下的罚款。

第一百一十条 生产经营单位的主要负责人在本单位发生生产安全事故时,不立即组织抢救或者在事故调查处理期间擅离职守或者逃匿的,给予降级、撤职的处分,并由应急管理部门处上一年年收入百分之六十至百分之一百的罚款;对逃匿的处十五日以下拘留;构成犯罪的,依照刑法有关规定追究刑事责任。

生产经营单位的主要负责人对生产安全事故隐瞒不报、谎报或者迟报的,依照前款规定处罚。

第一百一十一条 有关地方人民政府、负有安全生产监督管理职责的部门,对生产安全事故隐瞒不报、谎报或者迟报的,对直接负责的主管人员和其他直接责任人员依法给予处分;构成犯罪的,依照刑法有关规定追究刑事责任。

第一百一十二条 生产经营单位违反本法规定,被责令改正且受到罚款处罚,拒不改正的,负有安全生产监督管理职责的部门可以自作出责令改正之日的次日起,按照原处罚数额按日连续处罚。

第一百一十三条　生产经营单位存在下列情形之一的,负有安全生产监督管理职责的部门应当提请地方人民政府予以关闭,有关部门应当依法吊销其有关证照。生产经营单位主要负责人五年内不得担任任何生产经营单位的主要负责人;情节严重的,终身不得担任本行业生产经营单位的主要负责人:

(一)存在重大事故隐患,一百八十日内三次或者一年内四次受到本法规定的行政处罚的;

(二)经停产停业整顿,仍不具备法律、行政法规和国家标准或者行业标准规定的安全生产条件的;

(三)不具备法律、行政法规和国家标准或者行业标准规定的安全生产条件,导致发生重大、特别重大生产安全事故的;

(四)拒不执行负有安全生产监督管理职责的部门作出的停产停业整顿决定的。

第一百一十四条　发生生产安全事故,对负有责任的生产经营单位除要求其依法承担相应的赔偿等责任外,由应急管理部门依照下列规定处以罚款:

(一)发生一般事故的,处三十万元以上一百万元以下的罚款;

(二)发生较大事故的,处一百万元以上二百万元以下的罚款;

(三)发生重大事故的,处二百万元以上一千万元以下的罚款;

(四)发生特别重大事故的,处一千万元以上二千万元以下的罚款。

发生生产安全事故,情节特别严重、影响特别恶劣的,应急管理部门可以按照前款罚款数额的二倍以上五倍以下对负有责任的生产经营单位处以罚款。

第一百一十五条　本法规定的行政处罚,由应急管理部门和其他负有安全生产监督管理职责的部门按照职责分工决定;其中,根据本法第九十五条、第一百一十条、第一百一十四条的规定应当给予民航、铁路、电力行业的生产经营单位及其主要负责人行政处罚的,也可以由主管的负有安全生产监督管理职责的部门进行处罚。予以关闭的行政处罚,由负有安全生产监督管理职责的部门报请县级以上人民政府按照国务院规定的权限决定;给予拘留的行政处罚,由公安机关依照治安管理处罚的规定决定。

第一百一十六条 生产经营单位发生生产安全事故造成人员伤亡、他人财产损失的,应当依法承担赔偿责任;拒不承担或者其负责人逃匿的,由人民法院依法强制执行。

生产安全事故的责任人未依法承担赔偿责任,经人民法院依法采取执行措施后,仍不能对受害人给予足额赔偿的,应当继续履行赔偿义务;受害人发现责任人有其他财产的,可以随时请求人民法院执行。

第七章 附 则

第一百一十七条 本法下列用语的含义:

危险物品,是指易燃易爆物品、危险化学品、放射性物品等能够危及人身安全和财产安全的物品。

重大危险源,是指长期地或者临时地生产、搬运、使用或者储存危险物品,且危险物品的数量等于或者超过临界量的单元(包括场所和设施)。

第一百一十八条 本法规定的生产安全一般事故、较大事故、重大事故、特别重大事故的划分标准由国务院规定。

国务院应急管理部门和其他负有安全生产监督管理职责的部门应当根据各自的职责分工,制定相关行业、领域重大危险源的辨识标准和重大事故隐患的判定标准。

第一百一十九条 本法自 2002 年 11 月 1 日起施行。

《公共娱乐场所消防安全管理规定》

《公共娱乐场所消防安全管理规定》已经 1999 年 5 月 11 日公安部部长办公会议通过,现予发布实行。1995 年 1 月 26 日公安部第 22 号令发布的《公共娱乐场所消防安全管理规定》同时废止。

第一条　为了预防火灾,保障公共安全,依据《中华人民共和国消防法》制定本规定。

第二条　本规定所称公共娱乐场所,是指向公众开放的下列室内场所:

(一)影剧院、录像厅、礼堂等演出、放映场所;

(二)舞厅、卡拉 OK 厅等歌舞娱乐场所;

(三)具有娱乐功能的夜总会、音乐茶座和餐饮场所;

(四)游艺、游乐场所;

(五)保龄球馆、旱冰场、桑拿浴室等营业性健身、休闲场所。

第三条　公共娱乐场所应当在法定代表人或者主要负责人中确定一名本单位的消防安全责任人。在消防安全责任人确定或者变更时,应当向当地公安消防机构备案。

消防安全责任人应当依照《消防法》第十四条和第十六条规定履行消防安全职责,负责检查和落实本单位防火措施、灭火预案的制定和演练以及建筑消防设施、消防通道、电源和火源管理等。

公共娱乐场所的房产所有者在与其他单位、个人发生租赁、承包等关系后,公共娱乐场所的消防安全由经营者负责。

第四条　新建、改建、扩建公共娱乐场所或者变更公共娱乐场所内部装修的,其消防设计应当符合国家有关建筑消防技术标准的规定。

第五条　新建、改建、扩建公共娱乐场所或者变更公共娱乐场所内部装修的,建设或者经营单位应当依法将消防设计图纸报送当地公安消防机构审核,经审核同意方可施工;工程竣工时,必须经公安消防机构进行消防验收;未经验收或者经验收不合格的,不得投入使用。

第六条　公众聚集的娱乐场所在使用或者开业前,必须具备消防安全条件,依法向当地公安消防机构申报检查,经消防安全检查合格后,发给《消防安全检查意见书》,方可使用或者开业。

第七条　公共娱乐场所宜设置在耐火等级不低于二级的建筑物内;已经核准设置在三级耐火等级建筑内的公共娱乐场所,应当符合特定的防火安全要求。

公共娱乐场所不得设置在文物古建筑和博物馆、图书馆建筑内,不得毗连重要仓库或者危险物品仓库;不得在居民住宅楼内改建公共娱乐场所。

公共娱乐场所与其他建筑相毗连或者附设在其他建筑物内时,应当按照独立的防火分区设置;商住楼内的公共娱乐场所与居民住宅的安全出口应当分开设置。

第八条 公共娱乐场所的内部装修设计和施工,应当符合《建筑内部装修设计防火规范》和有关建筑内部装饰装修防火管理的规定。

第九条 公共娱乐场所的安全出口数目、疏散宽度和距离,应当符合国家有关建筑设计防火规范的规定。

安全出口处不得设置门槛、台阶,疏散门应向外开启,不得采用卷帘门、转门、吊门和侧拉门,门口不得设置门帘、屏风等影响疏散的遮挡物。

公共娱乐场所在营业时必须确保安全出口和疏散通道畅通无阻,严禁将安全出口上锁、阻塞。

第十条 安全出口、疏散通道和楼梯口应当设置符合标准的灯光疏散指示标志。指示标志应当设在门的顶部、疏散通道和转角处距地面一米以下的墙面上。设在走道上的指示标志的间距不得大于二十米。

第十一条 公共娱乐场所内应当设置火灾事故应急照明灯,照明供电时间不得少于二十分钟。

第十二条 公共娱乐场所必须加强电气防火安全管理,及时消除火灾隐患。不得超负荷用电,不得擅自拉接临时电线。

第十三条 在地下建筑内设置公共娱乐场所,除符合本规定其他条款的要求外,还应当符合下列规定:

(一)只允许设在地下一层;

(二)通往地面的安全出口不应少于二个,安全出口、楼梯和走道的宽度应当符合有关建筑设计防火规范的规定;

(三)应当设置机械防烟排烟设施;

(四)应当设置火灾自动报警系统和自动喷水灭火系统;

(五)严禁使用液化石油气。

第十四条 公共娱乐场所内严禁带入和存放易燃易爆物品。

第十五条　严禁在公共娱乐场所营业时进行设备检修、电气焊、油漆粉刷等施工、维修作业。

第十六条　演出、放映场所的观众厅内禁止吸烟和明火照明。

第十七条　公共娱乐场所在营业时,不得超过额定人数。

第十八条　卡拉OK厅及其包房内,应当设置声音或者视像警报,保证在火灾发生初期,将各卡拉OK房间的画面、音响消除,播送火灾警报,引导人们安全疏散。

第十九条　公共娱乐场所应当制定防火安全管理制度,制定紧急安全疏散方案。在营业时间和营业结束后,应当指定专人进行安全巡视检查。

第二十条　公共娱乐场所应当建立全员防火安全责任制度,全体员工都应当熟知必要的消防安全知识,会报火警,会使用灭火器材,会组织人员疏散。新职工上岗前必须进行消防安全培训。

第二十一条　公共娱乐场所应当按照《建筑灭火器配置设计规范》配置灭火器材,设置报警电话,保证消防设施、设备完好有效。

第二十二条　对违反本规定的行为,依照《中华人民共和国消防法》和地方性消防法规、规章予以处罚;构成犯罪的,依法追究刑事责任。

第二十三条　本规定自发布之日起施行。一九九五年一月二十六日公安部发布的《公共娱乐场所消防安全管理规定》同时废止。

《机关、团体、企业、事业单位消防安全管理规定》

(2001年10月19日公安部部长办公会议通过,公安部令第61号公布,自2002年5月1日起施行。)

第一章　总　则

第一条　为了加强和规范机关、团体、企业、事业单位的消防安全管理,预防火灾和减少火灾危害,根据《中华人民共和国消防法》,制定本规定。

第二条　本规定适用于中华人民共和国境内的机关、团体、企业、事业单位(以下统称单位)自身的消防安全管理。

法律、法规另有规定的除外。

第三条　单位应当遵守消防法律、法规、规章(以下统称消防法规),贯彻预防为主、防消结合的消防工作方针,履行消防安全职责,保障消防安全。

第四条　法人单位的法定代表人或者非法人单位的主要负责人是单位的消防安全责任人,对本单位的消防安全工作全面负责。

第五条　单位应当落实逐级消防安全责任制和岗位消防安全责任制,明确逐级和岗位消防安全职责,确定各级、各岗位的消防安全责任人。

第二章　消防安全责任

第六条　单位的消防安全责任人应当履行下列消防安全职责:

(一)贯彻执行消防法规,保障单位消防安全符合规定,掌握本单位的消防安全情况;

(二)将消防工作与本单位的生产、科研、经营、管理等活动统筹安排,批准实施年度消防工作计划;

(三)为本单位的消防安全提供必要的经费和组织保障;

(四)确定逐级消防安全责任,批准实施消防安全制度和保障消防安全的操作规程;

(五)组织防火检查,督促落实火灾隐患整改,及时处理涉及消防安全的重大问题;

(六)根据消防法规的规定建立专职消防队、义务消防队;

(七)组织制定符合本单位实际的灭火和应急疏散预案,并实施演练。

第七条　单位可以根据需要确定本单位的消防安全管理人。消防安全管理人对单位的消防安全责任人负责,实施和组织落实下列消防安全管理工作:

(一)拟订年度消防工作计划,组织实施日常消防安全管理工作;

(二)组织制订消防安全制度和保障消防安全的操作规程并检查督促其落实;

(三)拟订消防安全工作的资金投入和组织保障方案;

（四）组织实施防火检查和火灾隐患整改工作；

（五）组织实施对本单位消防设施、灭火器材和消防安全标志的维护保养，确保其完好有效，确保疏散通道和安全出口畅通；

（六）组织管理专职消防队和义务消防队；

（七）在员工中组织开展消防知识、技能的宣传教育和培训，组织灭火和应急疏散预案的实施和演练；

（八）单位消防安全责任人委托的其他消防安全管理工作。

消防安全管理人应当定期向消防安全责任人报告消防安全情况，及时报告涉及消防安全的重大问题。未确定消防安全管理人的单位，前款规定的消防安全管理工作由单位消防安全责任人负责实施。

第八条　实行承包、租赁或者委托经营、管理时，产权单位应当提供符合消防安全要求的建筑物，当事人在订立的合同中依照有关规定明确各方的消防安全责任；消防车通道、涉及公共消防安全的疏散设施和其他建筑消防设施应当由产权单位或者委托管理的单位统一管理。

承包、承租或者受委托经营、管理的单位应当遵守本规定，在其使用、管理范围内履行消防安全职责。

第九条　对于有两个以上产权单位和使用单位的建筑物，各产权单位、使用单位对消防车通道、涉及公共消防安全的疏散设施和其他建筑消防设施应当明确管理责任，可以委托统一管理。

第十条　居民住宅区的物业管理单位应当在管理范围内履行下列消防安全职责：

（一）制定消防安全制度，落实消防安全责任，开展消防安全宣传教育；

（二）开展防火检查，消除火灾隐患；

（三）保障疏散通道、安全出口、消防车通道畅通；

（四）保障公共消防设施、器材以及消防安全标志完好有效。

其他物业管理单位应当对受委托管理范围内的公共消防安全管理工作负责。

第十一条　举办集会、焰火晚会、灯会等具有火灾危险的大型活动的主办单位、承办单位以及提供场地的单位，应当在订立的合同中明确各方的消防安全责任。

第十二条 建筑工程施工现场的消防安全由施工单位负责。实行施工总承包的,由总承包单位负责。分包单位向总承包单位负责,服从总承包单位对施工现场的消防安全管理。

对建筑物进行局部改建、扩建和装修的工程,建设单位应当与施工单位在订立的合同中明确各方对施工现场的消防安全责任。

第三章 消防安全管理

第十三条 下列范围的单位是消防安全重点单位,应当按照本规定的要求,实行严格管理:

(一)商场(市场)、宾馆(饭店)、体育场(馆)、会堂、公共娱乐场所等公众聚集场所(以下统称公众聚集场所);

(二)医院、养老院和寄宿制的学校、托儿所、幼儿园;

(三)国家机关;

(四)广播电台、电视台和邮政、通信枢纽;

(五)客运车站、码头、民用机场;

(六)公共图书馆、展览馆、博物馆、档案馆以及具有火灾危险性的文物保护单位;

(七)发电厂(站)和电网经营企业;

(八)易燃易爆化学物品的生产、充装、储存、供应、销售单位;

(九)服装、制鞋等劳动密集型生产、加工企业;

(十)重要的科研单位;

(十一)其他发生火灾可能性较大以及一旦发生火灾可能造成重大人身伤亡或者财产损失的单位。

高层办公楼(写字楼)、高层公寓楼等高层公共建筑,城市地下铁道、地下观光隧道等地下公共建筑和城市重要的交通隧道,粮、棉、木材、百货等物资集中的大型仓库和堆场,国家和省级等重点工程的施工现场,应当按照本规定对消防安全重点单位的要求,实行严格管理。

第十四条 消防安全重点单位及其消防安全责任人、消防安全管理人应当报当地公安消防机构备案。

第十五条　消防安全重点单位应当设置或者确定消防工作的归口管理职能部门，并确定专职或者兼职的消防管理人员；其他单位应当确定专职或者兼职消防管理人员，可以确定消防工作的归口管理职能部门。归口管理职能部门和专兼职消防管理人员在消防安全责任人或者消防安全管理人的领导下开展消防安全管理工作。

第十六条　公众聚集场所应当在具备下列消防安全条件后，向当地公安消防机构申报进行消防安全检查，经检查合格后方可开业使用：

（一）依法办理建筑工程消防设计审核手续，并经消防验收合格；

（二）建立健全消防安全组织，消防安全责任明确；

（三）建立消防安全管理制度和保障消防安全的操作规程；

（四）员工经过消防安全培训；

（五）建筑消防设施齐全、完好有效；

（六）制定灭火和应急疏散预案。

第十七条　举办集会、焰火晚会、灯会等具有火灾危险的大型活动，主办或者承办单位应当在具备消防安全条件后，向公安消防机构申报对活动现场进行消防安全检查，经检查合格后方可举办。

第十八条　单位应当按照国家有关规定，结合本单位的特点，建立健全各项消防安全制度和保障消防安全的操作规程，并公布执行。

单位消防安全制度主要包括以下内容：消防安全教育、培训；防火巡查、检查；安全疏散设施管理；消防（控制室）值班；消防设施、器材维护管理；火灾隐患整改；用火、用电安全管理；易燃易爆危险物品和场所防火防爆；专职和义务消防队的组织管理；灭火和应急疏散预案演练；燃气和电气设备的检查和管理（包括防雷、防静电）；消防安全工作考评和奖惩；其他必要的消防安全内容。

第十九条　单位应当将容易发生火灾、一旦发生火灾可能严重危及人身和财产安全以及对消防安全有重大影响的部位确定为消防安全重点部位，设置明显的防火标志，实行严格管理。

第二十条　单位应当对动用明火实行严格的消防安全管理。禁止在具有火灾、爆炸危险的场所使用明火;因特殊情况需要进行电、气焊等明火作业的,动火部门和人员应当按照单位的用火管理制度办理审批手续,落实现场监护人,在确认无火灾、爆炸危险后方可动火施工。动火施工人员应当遵守消防安全规定,并落实相应的消防安全措施。

公众聚集场所或者两个以上单位共同使用的建筑物局部施工需要使用明火时,施工单位和使用单位应当共同采取措施,将施工区和使用区进行防火分隔,清除动火区域的易燃、可燃物,配置消防器材,专人监护,保证施工及使用范围的消防安全。

公共娱乐场所在营业期间禁止动火施工。

第二十一条　单位应当保障疏散通道、安全出口畅通,并设置符合国家规定的消防安全疏散指示标志和应急照明设施,保持防火门、防火卷帘、消防安全疏散指示标志、应急照明、机械排烟送风、火灾事故广播等设施处于正常状态。

严禁下列行为:

(一)占用疏散通道;

(二)在安全出口或者疏散通道上安装栅栏等影响疏散的障碍物;

(三)在营业、生产、教学、工作等期间将安全出口上锁、遮挡或者将消防安全疏散指示标志遮挡、覆盖;

(四)其他影响安全疏散的行为。

第二十二条　单位应当遵守国家有关规定,对易燃易爆危险物品的生产、使用、储存、销售、运输或者销毁实行严格的消防安全管理。

第二十三条　单位应当根据消防法规的有关规定,建立专职消防队、义务消防队,配备相应的消防装备、器材,并组织开展消防业务学习和灭火技能训练,提高预防和扑救火灾的能力。

第二十四条　单位发生火灾时,应当立即实施灭火和应急疏散预案,务必做到及时报警,迅速扑救火灾,及时疏散人员。邻近单位应当给予支援。任何单位、人员都应当无偿为报火警提供便利,不得阻拦报警。

单位应当为公安消防机构抢救人员、扑救火灾提供便利和条件。

火灾扑灭后,起火单位应当保护现场,接受事故调查,如实提供火灾事故的情况,协助公安消防机构调查火灾原因,核定火灾损失,查明火灾事故责任。未经公安消防机构同意,不得擅自清理火灾现场。

第四章　防火检查

第二十五条　消防安全重点单位应当进行每日防火巡查,并确定巡查的人员、内容、部位和频次。其他单位可以根据需要组织防火巡查。巡查的内容应当包括:

(一)用火、用电有无违章情况;

(二)安全出口、疏散通道是否畅通,安全疏散指示标志、应急照明是否完好;

(三)消防设施、器材和消防安全标志是否在位、完整;

(四)常闭式防火门是否处于关闭状态,防火卷帘下是否堆放物品影响使用;

(五)消防安全重点部位的人员在岗情况;

(六)其他消防安全情况。

公众聚集场所在营业期间的防火巡查应当至少每二小时一次;营业结束时应当对营业现场进行检查,消除遗留火种。医院、养老院、寄宿制的学校、托儿所、幼儿园应当加强夜间防火巡查,其他消防安全重点单位可以结合实际组织夜间防火巡查。

防火巡查人员应当及时纠正违章行为,妥善处置火灾危险,无法当场处置的,应当立即报告。发现初起火灾应当立即报警并及时扑救。

防火巡查应当填写巡查记录,巡查人员及其主管人员应当在巡查记录上签名。

第二十六条　机关、团体、事业单位应当至少每季度进行一次防火检查,其他单位应当至少每月进行一次防火检查。检查的内容应当包括:

(一)火灾隐患的整改情况以及防范措施的落实情况;

(二)安全疏散通道、疏散指示标志、应急照明和安全出口情况;

(三)消防车通道、消防水源情况;

(四)灭火器材配置及有效情况;

(五)用火、用电有无违章情况;

（六）重点工种人员以及其他员工消防知识的掌握情况；

（七）消防安全重点部位的管理情况；

（八）易燃易爆危险物品和场所防火防爆措施的落实情况以及其他重要物资的防火安全情况；

（九）消防（控制室）值班情况和设施运行、记录情况；

（十）防火巡查情况；

（十一）消防安全标志的设置情况和完好、有效情况；

（十二）其他需要检查的内容。

防火检查应当填写检查记录。检查人员和被检查部门负责人应当在检查记录上签名。

第二十七条　单位应当按照建筑消防设施检查维修保养有关规定的要求，对建筑消防设施的完好有效情况进行检查和维修保养。

第二十八条　设有自动消防设施的单位，应当按照有关规定定期对其自动消防设施进行全面检查测试，并出具检测报告，存档备查。

第二十九条　单位应当按照有关规定定期对灭火器进行维护保养和维修检查。对灭火器应当建立档案资料，记明配置类型、数量、设置位置、检查维修单位（人员）、更换药剂的时间等有关情况。

第五章　火灾隐患整改

第三十条　单位对存在的火灾隐患，应当及时予以消除。

第三十一条　对下列违反消防安全规定的行为，单位应当责成有关人员当场改正并督促落实：

（一）违章进入生产、储存易燃易爆危险物品场所的；

（二）违章使用明火作业或者在具有火灾、爆炸危险的场所吸烟、使用明火等违反禁令的；

（三）将安全出口上锁、遮挡，或者占用、堆放物品影响疏散通道畅通的；

（四）消火栓、灭火器材被遮挡影响使用或者被挪作他用的；

（五）常闭式防火门处于开启状态，防火卷帘下堆放物品影响使用的；

（六）消防设施管理、值班人员和防火巡查人员脱岗的；

（七）违章关闭消防设施、切断消防电源的；

（八）其他可以当场改正的行为。

违反前款规定的情况以及改正情况应当有记录并存档备查。

第三十二条　对不能当场改正的火灾隐患，消防工作归口管理职能部门或者专兼职消防管理人员应当根据本单位的管理分工，及时将存在的火灾隐患向单位的消防安全管理人或者消防安全责任人报告，提出整改方案。消防安全管理人或者消防安全责任人应当确定整改的措施、期限以及负责整改的部门、人员，并落实整改资金。

在火灾隐患未消除之前，单位应当落实防范措施，保障消防安全。不能确保消防安全，随时可能引发火灾或者一旦发生火灾将严重危及人身安全的，应当将危险部位停产停业整改。

第三十三条　火灾隐患整改完毕，负责整改的部门或者人员应当将整改情况记录报送消防安全责任人或者消防安全管理人签字确认后存档备查。

第三十四条　对于涉及城市规划布局而不能自身解决的重大火灾隐患，以及机关、团体、事业单位确无能力解决的重大火灾隐患，单位应当提出解决方案并及时向其上级主管部门或者当地人民政府报告。

第三十五条　对公安消防机构责令限期改正的火灾隐患，单位应当在规定的期限内改正并写出火灾隐患整改复函，报送公安消防机构。

第六章　消防安全宣传教育和培训

第三十六条　单位应当通过多种形式开展经常性的消防安全宣传教育。消防安全重点单位对每名员工应当至少每年进行一次消防安全培训。宣传教育和培训内容应当包括：

（一）有关消防法规、消防安全制度和保障消防安全的操作规程；

（二）本单位、本岗位的火灾危险性和防火措施；

（三）有关消防设施的性能、灭火器材的使用方法；

（四）报火警、扑救初起火灾以及自救逃生的知识和技能。

公众聚集场所对员工的消防安全培训应当至少每半年进行一次,培训的内容还应当包括组织、引导在场群众疏散的知识和技能。

单位应当组织新上岗和进入新岗位的员工进行上岗前的消防安全培训。

第三十七条 公众聚集场所在营业、活动期间,应当通过张贴图画、广播、闭路电视等向公众宣传防火、灭火、疏散逃生等常识。

学校、幼儿园应当通过寓教于乐等多种形式对学生和幼儿进行消防安全常识教育。

第三十八条 下列人员应当接受消防安全专门培训:

(一)单位的消防安全责任人、消防安全管理人;

(二)专、兼职消防管理人员;

(三)消防控制室的值班、操作人员;

(四)其他依照规定应当接受消防安全专门培训的人员。

前款规定中的第(三)项人员应当持证上岗。

第七章 灭火、应急疏散预案和演练

第三十九条 消防安全重点单位制定的灭火和应急疏散预案应当包括下列内容:

(一)组织机构,包括:灭火行动组、通讯联络组、疏散引导组、安全防护救护组;

(二)报警和接警处置程序;

(三)应急疏散的组织程序和措施;

(四)扑救初起火灾的程序和措施;

(五)通讯联络、安全防护救护的程序和措施。

第四十条 消防安全重点单位应当按照灭火和应急疏散预案,至少每半年进行一次演练,并结合实际,不断完善预案。其他单位应当结合本单位实际,参照制定相应的应急方案,至少每年组织一次演练。

消防演练时,应当设置明显标识并事先告知演练范围内的人员。

第八章　消防档案

第四十一条　消防安全重点单位应当建立健全消防档案。消防档案应当包括消防安全基本情况和消防安全管理情况。消防档案应当翔实,全面反映单位消防工作的基本情况,并附有必要的图表,根据情况变化及时更新。

单位应当对消防档案统一保管、备查。

第四十二条　消防安全基本情况应当包括以下内容:

(一)单位基本概况和消防安全重点部位情况;

(二)建筑物或者场所施工、使用或者开业前的消防设计审核、消防验收以及消防安全检查的文件、资料;

(三)消防管理组织机构和各级消防安全责任人;

(四)消防安全制度;

(五)消防设施、灭火器材情况;

(六)专职消防队、义务消防队人员及其消防装备配备情况;

(七)与消防安全有关的重点工种人员情况;

(八)新增消防产品、防火材料的合格证明材料;

(九)灭火和应急疏散预案。

第四十二条　消防安全管理情况应当包括以下内容:

(一)公安消防机构填发的各种法律文书;

(二)消防设施定期检查记录、自动消防设施全面检查测试的报告以及维修保养的记录;

(三)火灾隐患及其整改情况记录;

(四)防火检查、巡查记录;

(五)有关燃气、电气设备检测(包括防雷、防静电)等记录资料;

(六)消防安全培训记录;

(七)灭火和应急疏散预案的演练记录;

(八)火灾情况记录;

(九)消防奖惩情况记录。

前款规定中的第(二)、(三)、(四)、(五)项记录,应当记明检查的人员、时间、部位、内容、发现的火灾隐患以及处理措施等;第(六)项记录,应当记明培训的时间、参加人员、内容等;第(七)项记录,应当记明演练的时间、地点、内容、参加部门以及人员等。

第四十四条 其他单位应当将本单位的基本概况、公安消防机构填发的各种法律文书、与消防工作有关的材料和记录等统一保管备查。

第九章 奖 惩

第四十五条 单位应当将消防安全工作纳入内部检查、考核、评比内容。对在消防安全工作中成绩突出的部门(班组)和个人,单位应当给予表彰奖励。对未依法履行消防安全职责或者违反单位消防安全制度的行为,应当依照有关规定对责任人员给予行政纪律处分或者其他处理。

第四十六条 违反本规定,依法应当给予行政处罚的,依照有关法律、法规予以处罚;构成犯罪的,依法追究刑事责任。

第十章 附 则

第四十七条 公安消防机构对本规定的执行情况依法实施监督,并对自身滥用职权、玩忽职守、徇私舞弊的行为承担法律责任。

第四十八条 规定自 2002 年 5 月 1 日起施行。本规定施行以前公安部发布的规章中的有关规定与本规定不一致的,以本规定为准。

《高层民用建筑消防安全管理规定》

(2020 年 12 月 28 日应急管理部第 39 次部务会议审议通过,应急管理部令第 5 号,自 2021 年 8 月 1 日起施行。)

第一章 总则

第一条 为了加强高层民用建筑消防安全管理,预防火灾和减少火灾危害,根据《中华人民共和国消防法》等法律、行政法规和国务院有关规定,制定本规定。

第二条 本规定适用于已经建成且依法投入使用的高层民用建筑(包括高层住宅建筑和高层公共建筑)的消防安全管理。

第三条 高层民用建筑消防安全管理贯彻预防为主、防消结合的方针,实行消防安全责任制。

建筑高度超过100米的高层民用建筑应当实行更加严格的消防安全管理。

第二章 消防安全职责

第四条 高层民用建筑的业主、使用人是高层民用建筑消防安全责任主体,对高层民用建筑的消防安全负责。高层民用建筑的业主、使用人是单位的,其法定代表人或者主要负责人是本单位的消防安全责任人。

高层民用建筑的业主、使用人可以委托物业服务企业或者消防技术服务机构等专业服务单位(以下统称消防服务单位)提供消防安全服务,并应当在服务合同中约定消防安全服务的具体内容。

第五条 同一高层民用建筑有两个及以上业主、使用人的,各业主、使用人对其专有部分的消防安全负责,对共有部分的消防安全共同负责。

同一高层民用建筑有两个及以上业主、使用人的,应当共同委托物业服务企业,或者明确一个业主、使用人作为统一管理人,对共有部分的消防安全实行统一管理,协调、指导业主、使用人共同做好整栋建筑的消防安全工作,并通过书面形式约定各方消防安全责任。

第六条 高层民用建筑以承包、租赁或者委托经营、管理等形式交由承包人、承租人、经营管理人使用的,当事人在订立承包、租赁、委托管理等合同时,应当明确各方消防安全责任。委托方、出租方依照法律规定,可以对承包方、承租方、受托方的消防安全工作统一协调、管理。

实行承包、租赁或者委托经营、管理时,业主应当提供符合消防安全要求的建筑物,督促使用人加强消防安全管理。

第七条　高层公共建筑的业主单位、使用单位应当履行下列消防安全职责:

(一)遵守消防法律法规,建立和落实消防安全管理制度;

(二)明确消防安全管理机构或者消防安全管理人员;

(三)组织开展防火巡查、检查,及时消除火灾隐患;

(四)确保疏散通道、安全出口、消防车通道畅通;

(五)对建筑消防设施、器材定期进行检验、维修,确保完好有效;

(六)组织消防宣传教育培训,制定灭火和应急疏散预案,定期组织消防演练;

(七)按照规定建立专职消防队、志愿消防队(微型消防站)等消防组织;

(八)法律、法规规定的其他消防安全职责。

委托物业服务企业,或者明确统一管理人实施消防安全管理的,物业服务企业或者统一管理人应当按照约定履行前款规定的消防安全职责,业主单位、使用单位应当督促并配合物业服务企业或者统一管理人做好消防安全工作。

第八条　高层公共建筑的业主、使用人、物业服务企业或者统一管理人应当明确专人担任消防安全管理人,负责整栋建筑的消防安全管理工作,并在建筑显著位置公示其姓名、联系方式和消防安全管理职责。

高层公共建筑的消防安全管理人应当履行下列消防安全管理职责:

(一)拟订年度消防工作计划,组织实施日常消防安全管理工作;

(二)组织开展防火检查、巡查和火灾隐患整改工作;

(三)组织实施对建筑共用消防设施设备的维护保养;

(四)管理专职消防队、志愿消防队(微型消防站)等消防组织;

(五)组织开展消防安全的宣传教育和培训;

(六)组织编制灭火和应急疏散综合预案并开展演练。

高层公共建筑的消防安全管理人应当具备与其职责相适应的消防安全知识和管理能力。对建筑高度超过100米的高层公共建筑,鼓励有关单位聘用相应级别的注册消防工程师或者相关工程类中级及以上专业技术职务的人员担任消防安全管理人。

第九条 高层住宅建筑的业主、使用人应当履行下列消防安全义务：

（一）遵守住宅小区防火安全公约和管理规约约定的消防安全事项；

（二）按照不动产权属证书载明的用途使用建筑；

（三）配合消防服务单位做好消防安全工作；

（四）按照法律规定承担消防服务费用以及建筑消防设施维修、更新和改造的相关费用；

（五）维护消防安全，保护消防设施，预防火灾，报告火警，成年人参加有组织的灭火工作；

（六）法律、法规规定的其他消防安全义务。

第十条 接受委托的高层住宅建筑的物业服务企业应当依法履行下列消防安全职责：

（一）落实消防安全责任，制定消防安全制度，拟订年度消防安全工作计划和组织保障方案；

（二）明确具体部门或者人员负责消防安全管理工作；

（三）对管理区域内的共用消防设施、器材和消防标志定期进行检测、维护保养，确保完好有效；

（四）组织开展防火巡查、检查，及时消除火灾隐患；

（五）保障疏散通道、安全出口、消防车通道畅通，对占用、堵塞、封闭疏散通道、安全出口、消防车通道等违规行为予以制止；制止无效的，及时报告消防救援机构等有关行政管理部门依法处理；

（六）督促业主、使用人履行消防安全义务；

（七）定期向所在住宅小区业主委员会和业主、使用人通报消防安全情况，提示消防安全风险；

（八）组织开展经常性的消防宣传教育；

（九）制定灭火和应急疏散预案，并定期组织演练；

（十）法律、法规规定和合同约定的其他消防安全职责。

第十一条 消防救援机构和其他负责消防监督检查的机构依法对高层民

用建筑进行消防监督检查,督促业主、使用人、受委托的消防服务单位等落实消防安全责任;对监督检查中发现的火灾隐患,通知有关单位或者个人立即采取措施消除隐患。

消防救援机构应当加强高层民用建筑消防安全法律、法规的宣传,督促、指导有关单位做好高层民用建筑消防安全宣传教育工作。

第十二条　村民委员会、居民委员会应当依法组织制定防火安全公约,对高层民用建筑进行防火安全检查,协助人民政府和有关部门加强消防宣传教育;对老年人、未成年人、残疾人等开展有针对性的消防宣传教育,加强消防安全帮扶。

第十三条　供水、供电、供气、供热、通信、有线电视等专业运营单位依法对高层民用建筑内由其管理的设施设备消防安全负责,并定期进行检查和维护。

第三章　消防安全管理

第十四条　高层民用建筑施工期间,建设单位应当与施工单位明确施工现场的消防安全责任。施工期间应当严格落实现场防范措施,配置消防器材,指定专人监护,采取防火分隔措施,不得影响其他区域的人员安全疏散和建筑消防设施的正常使用。

高层民用建筑的业主、使用人不得擅自变更建筑使用功能、改变防火防烟分区,不得违反消防技术标准使用易燃、可燃装修装饰材料。

第十五条　高层民用建筑的业主、使用人或者物业服务企业、统一管理人应当对动用明火作业实行严格的消防安全管理,不得在具有火灾、爆炸危险的场所使用明火;因施工等特殊情况需要进行电焊、气焊等明火作业的,应当按照规定办理动火审批手续,落实现场监护人,配备消防器材,并在建筑主入口和作业现场显著位置公告。作业人员应当依法持证上岗,严格遵守消防安全规定,清除周围及下方的易燃、可燃物,采取防火隔离措施。作业完毕后,应当进行全面检查,消除遗留火种。

高层公共建筑内的商场、公共娱乐场所不得在营业期间动火施工。

高层公共建筑内应当确定禁火禁烟区域,并设置明显标志。

第十六条　高层民用建筑内电器设备的安装使用及其线路敷设、维护保养和检测应当符合消防技术标准及管理规定。

高层民用建筑业主、使用人或者消防服务单位,应当安排专业机构或者电工定期对管理区域内由其管理的电器设备及线路进行检查;对不符合安全要求的,应当及时维修、更换。

第十七条　高层民用建筑内燃气用具的安装使用及其管路敷设、维护保养和检测应当符合消防技术标准及管理规定。禁止违反燃气安全使用规定,擅自安装、改装、拆除燃气设备和用具。

高层民用建筑使用燃气应当采用管道供气方式。禁止在高层民用建筑地下部分使用液化石油气。

第十八条　禁止在高层民用建筑内违反国家规定生产、储存、经营甲、乙类火灾危险性物品。

第十九条　设有建筑外墙外保温系统的高层民用建筑,其管理单位应当在主入口及周边相关显著位置,设置提示性和警示性标识,标示外墙外保温材料的燃烧性能、防火要求。对高层民用建筑外墙外保温系统破损、开裂和脱落的,应当及时修复。高层民用建筑在进行外墙外保温系统施工时,建设单位应当采取必要的防火隔离以及限制住人和使用的措施,确保建筑内人员安全。

禁止使用易燃、可燃材料作为高层民用建筑外墙外保温材料。禁止在其建筑内及周边禁放区域燃放烟花爆竹;禁止在其外墙周围堆放可燃物。对于使用难燃外墙外保温材料或者采用与基层墙体、装饰层之间有空腔的建筑外墙外保温系统的高层民用建筑,禁止在其外墙动火用电。

第二十条　高层民用建筑的电缆井、管道井等竖向管井和电缆桥架应当在每层楼板处进行防火封堵,管井检查门应当采用防火门。

禁止占用电缆井、管道井,或者在电缆井、管道井等竖向管井堆放杂物。

第二十一条　高层民用建筑的户外广告牌、外装饰不得采用易燃、可燃材料,不得妨碍防烟排烟、逃生和灭火救援,不得改变或者破坏建筑立面防火结构。

禁止在高层民用建筑外窗设置影响逃生和灭火救援的障碍物。

建筑高度超过 50 米的高层民用建筑外墙上设置的装饰、广告牌应当采用不燃材料并易于破拆。

第二十二条　禁止在消防车通道、消防车登高操作场地设置构筑物、停车泊位、固定隔离桩等障碍物。

禁止在消防车通道上方、登高操作面设置妨碍消防车作业的架空管线、广告牌、装饰物等障碍物。

第二十三条　高层公共建筑内餐饮场所的经营单位应当及时对厨房灶具和排油烟罩设施进行清洗，排油烟管道每季度至少进行一次检查、清洗。

高层住宅建筑的公共排油烟管道应当定期检查，并采取防火措施。

第二十四条　除为满足高层民用建筑的使用功能所设置的自用物品暂存库房、档案室和资料室等附属库房外，禁止在高层民用建筑内设置其他库房。

高层民用建筑的附属库房应当采取相应的防火分隔措施，严格遵守有关消防安全管理规定。

第二十五条　高层民用建筑内的锅炉房、变配电室、空调机房、自备发电机房、储油间、消防水泵房、消防水箱间、防排烟风机房等设备用房应当按照消防技术标准设置，确定为消防安全重点部位，设置明显的防火标志，实行严格管理，并不得占用和堆放杂物。

第二十六条　高层民用建筑消防控制室应当由其管理单位实行 24 小时值班制度，每班不应少于 2 名值班人员。

消防控制室值班操作人员应当依法取得相应等级的消防行业特有工种职业资格证书，熟练掌握火警处置程序和要求，按照有关规定检查自动消防设施、联动控制设备运行情况，确保其处于正常工作状态。

消防控制室内应当保存高层民用建筑总平面布局图、平面布置图和消防设施系统图及控制逻辑关系说明、建筑消防设施维修保养记录和检测报告等资料。

第二十七条　高层公共建筑内有关单位、高层住宅建筑所在社区居民委员会或者物业服务企业按照规定建立的专职消防队、志愿消防队（微型消防站）等消防组织，应当配备必要的人员、场所和器材、装备，定期进行消防技能培训和演练,开展防火巡查、消防宣传,及时处置、扑救初起火灾。

第二十八条　高层民用建筑的疏散通道、安全出口应当保持畅通,禁止堆放物品、锁闭出口、设置障碍物。平时需要控制人员出入或者设有门禁系统的疏散门,应当保证发生火灾时易于开启,并在现场显著位置设置醒目的提示和使用标识。

高层民用建筑的常闭式防火门应当保持常闭,闭门器、顺序器等部件应当完好有效;常开式防火门应当保证发生火灾时自动关闭并反馈信号。

禁止圈占、遮挡消火栓,禁止在消火栓箱内堆放杂物,禁止在防火卷帘下堆放物品。

第二十九条　高层民用建筑内应当在显著位置设置标识,指示避难层(间)的位置。

禁止占用高层民用建筑避难层(间)和避难走道或者堆放杂物,禁止锁闭避难层(间)和避难走道出入口。

第三十条　高层公共建筑的业主、使用人应当按照国家标准、行业标准配备灭火器材以及自救呼吸器、逃生缓降器、逃生绳等逃生疏散设施器材。

高层住宅建筑应当在公共区域的显著位置摆放灭火器材,有条件的配置自救呼吸器、逃生绳、救援哨、疏散用手电筒等逃生疏散设施器材。

鼓励高层住宅建筑的居民家庭制定火灾疏散逃生计划,并配置必要的灭火和逃生疏散器材。

第三十一条　高层民用建筑的消防车通道、消防车登高操作场地、灭火救援窗、灭火救援破拆口、消防车取水口、室外消火栓、消防水泵接合器、常闭式防火门等应当设置明显的提示性、警示性标识。消防车通道、消防车登高操作场地、防火卷帘下方还应当在地面标识出禁止占用的区域范围。消火栓箱、灭火器箱上应当张贴使用方法的标识。

高层民用建筑的消防设施配电柜电源开关、消防设备用房内管道阀门等应当标识开、关状态;对需要保持常开或者常闭状态的阀门,应当采取铅封等限位措施。

第三十二条　不具备自主维护保养检测能力的高层民用建筑业主、使用人或者物业服务企业应当聘请具备从业条件的消防技术服务机构或者消防设施施工安装企业对建筑消防设施进行维护保养和检测;存在故障、缺损的,应当立即组织维修、更换,确保完好有效。

因维修等需要停用建筑消防设施的,高层民用建筑的管理单位应当严格履行内部审批手续,制定应急方案,落实防范措施,并在建筑入口处等显著位置公告。

第三十三条　高层公共建筑消防设施的维修、更新、改造的费用,由业主、使用人按照有关法律规定承担,共有部分按照专有部分建筑面积所占比例承担。

高层住宅建筑的消防设施日常运行、维护和维修、更新、改造费用,由业主依照法律规定承担;委托消防服务单位的,消防设施的日常运行、维护和检测费用应当纳入物业服务或者消防技术服务专项费用。共用消防设施的维修、更新、改造费用,可以依法从住宅专项维修资金列支。

第三十四条　高层民用建筑应当进行每日防火巡查,并填写巡查记录。其中,高层公共建筑内公众聚集场所在营业期间应当至少每2小时进行一次防火巡查,医院、养老院、寄宿制学校、幼儿园应当进行白天和夜间防火巡查,高层住宅建筑和高层公共建筑内的其他场所可以结合实际确定防火巡查的频次。

防火巡查应当包括下列内容:

(一)用火、用电、用气有无违章情况;

(二)安全出口、疏散通道、消防车通道畅通情况;

(三)消防设施、器材完好情况,常闭式防火门关闭情况;

(四)消防安全重点部位人员在岗在位等情况。

第三十五条　高层住宅建筑应当每月至少开展一次防火检查,高层公共建筑应当每半个月至少开展一次防火检查,并填写检查记录。

防火检查应当包括下列内容:

(一)安全出口和疏散设施情况;

(二)消防车通道、消防车登高操作场地和消防水源情况;

（三）灭火器材配置及有效情况；

（四）用火、用电、用气和危险品管理制度落实情况；

（五）消防控制室值班和消防设施运行情况；

（六）人员教育培训情况；

（七）重点部位管理情况；

（八）火灾隐患整改以及防范措施的落实等情况。

第三十六条　对防火巡查、检查发现的火灾隐患，高层民用建筑的业主、使用人、受委托的消防服务单位，应当立即采取措施予以整改。

对不能当场改正的火灾隐患，应当明确整改责任、期限，落实整改措施，整改期间应当采取临时防范措施，确保消防安全；必要时，应当暂时停止使用危险部位。

第三十七条　禁止在高层民用建筑公共门厅、疏散走道、楼梯间、安全出口停放电动自行车或者为电动自行车充电。鼓励在高层住宅小区内设置电动自行车集中存放和充电的场所。电动自行车存放、充电场所应当独立设置，并与高层民用建筑保持安全距离；确需设置在高层民用建筑内的，应当与该建筑的其他部分进行防火分隔。

电动自行车存放、充电场所应当配备必要的消防器材，充电设施应当具备充满自动断电功能。

第三十八条　鼓励高层民用建筑推广应用物联网和智能化技术手段对电气、燃气消防安全和消防设施运行等进行监控和预警。

未设置自动消防设施的高层住宅建筑，鼓励因地制宜安装火灾报警和喷水灭火系统、火灾应急广播以及可燃气体探测、无线手动火灾报警、无线声光火灾警报等消防设施。

第三十九条　高层民用建筑的业主、使用人或者消防服务单位、统一管理人应当每年至少组织开展一次整栋建筑的消防安全评估。消防安全评估报告应当包括存在的消防安全问题、火灾隐患以及改进措施等内容。

第四十条　鼓励、引导高层公共建筑的业主、使用人投保火灾公众责任保险。

第四章 消防宣传教育和灭火疏散预案

第四十一条 高层公共建筑内的单位应当每半年至少对员工开展一次消防安全教育培训。

高层公共建筑内的单位应当对本单位员工进行上岗前消防安全培训,并对消防安全管理人员、消防控制室值班人员和操作人员、电工、保安员等重点岗位人员组织专门培训。

高层住宅建筑的物业服务企业应当每年至少对居住人员进行一次消防安全教育培训,进行一次疏散演练。

第四十二条 高层民用建筑应当在每层的显著位置张贴安全疏散示意图,公共区域电子显示屏应当播放消防安全提示和消防安全知识。

高层公共建筑除遵守本条第一款规定外,还应当在首层显著位置提示公众注意火灾危险,以及安全出口、疏散通道和灭火器材的位置。

高层住宅小区除遵守本条第一款规定外,还应当在显著位置设置消防安全宣传栏,在高层住宅建筑单元入口处提示安全用火、用电、用气,以及电动自行车存放、充电等消防安全常识。

第四十三条 高层民用建筑应当结合场所特点,分级分类编制灭火和应急疏散预案。

规模较大或者功能业态复杂,且有两个及以上业主、使用人或者多个职能部门的高层公共建筑,有关单位应当编制灭火和应急疏散总预案,各单位或者职能部门应当根据场所、功能分区、岗位实际编制专项灭火和应急疏散预案或者现场处置方案(以下统称分预案)。

灭火和应急疏散预案应当明确应急组织机构,确定承担通信联络、灭火、疏散和救护任务的人员及其职责,明确报警、联络、灭火、疏散等处置程序和措施。

第四十四条 高层民用建筑的业主、使用人、受委托的消防服务单位应当结合实际,按照灭火和应急疏散总预案和分预案分别组织实施消防演练。

高层民用建筑应当每年至少进行一次全要素综合演练,建筑高度超过100

米的高层公共建筑应当每半年至少进行一次全要素综合演练。编制分预案的,有关单位和职能部门应当每季度至少进行一次综合演练或者专项灭火、疏散演练。

演练前,有关单位应当告知演练范围内的人员并进行公告;演练时,应当设置明显标识;演练结束后,应当进行总结评估,并及时对预案进行修订和完善。

第四十五条　高层公共建筑内的人员密集场所应当按照楼层、区域确定疏散引导员,负责在火灾发生时组织、引导在场人员安全疏散。

第四十六条　火灾发生时,发现火灾的人员应当立即拨打 119 电话报警。

火灾发生后,高层民用建筑的业主、使用人、消防服务单位应当迅速启动灭火和应急疏散预案,组织人员疏散,扑救初起火灾。

火灾扑灭后,高层民用建筑的业主、使用人、消防服务单位应当组织保护火灾现场,协助火灾调查。

第五章　法律责任

第四十七条　违反本规定,有下列行为之一的,由消防救援机构责令改正,对经营性单位和个人处 2000 元以上 10000 元以下罚款,对非经营性单位和个人处 500 元以上 1000 元以下罚款:

(一)在高层民用建筑内进行电焊、气焊等明火作业,未履行动火审批手续、进行公告,或者未落实消防现场监护措施的;

(二)高层民用建筑设置的户外广告牌、外装饰妨碍防烟排烟、逃生和灭火救援,或者改变、破坏建筑立面防火结构的;

(三)未设置外墙外保温材料提示性和警示性标识,或者未及时修复破损、开裂和脱落的外墙外保温系统的;

(四)未按照规定落实消防控制室值班制度,或者安排不具备相应条件的人员值班的;

(五)未按照规定建立专职消防队、志愿消防队等消防组织的;

(六)因维修等需要停用建筑消防设施未进行公告、未制定应急预案或者

未落实防范措施的;

(七)在高层民用建筑的公共门厅、疏散走道、楼梯间、安全出口停放电动自行车或者为电动自行车充电,拒不改正的。

第四十八条 违反本规定的其他消防安全违法行为,依照《中华人民共和国消防法》第六十条、第六十一条、第六十四条、第六十五条、第六十六条、第六十七条、第六十八条、第六十九条和有关法律法规予以处罚;构成犯罪的,依法追究刑事责任。

第四十九条 消防救援机构及其工作人员在高层民用建筑消防监督检查中,滥用职权、玩忽职守、徇私舞弊的,对直接负责的主管人员和其他直接责任人员依法给予处分;构成犯罪的,依法追究刑事责任。

第六章 附则

第五十条 本规定下列用语的含义:

(一)高层住宅建筑,是指建筑高度大于 27 米的住宅建筑。

(二)高层公共建筑,是指建筑高度大于 24 米的非单层公共建筑,包括宿舍建筑、公寓建筑、办公建筑、科研建筑、文化建筑、商业建筑、体育建筑、医疗建筑、交通建筑、旅游建筑、通信建筑等。

(三)业主,是指高层民用建筑的所有权人,包括单位和个人。

(四)使用人,是指高层民用建筑的承租人和其他实际使用人,包括单位和个人。

第五十一条 本规定自 2021 年 8 月 1 日起施行。

《社会消防技术服务管理规定》

(2021 年 8 月 17 日应急管理部第 27 次部务会议审议通过,现予公布,应急管理部令第 7 号,自 2021 年 11 月 9 日起施行。)

第一章 总则

第一条 为规范社会消防技术服务活动,维护消防技术服务市场秩序,促进提高消防技术服务质量,根据《中华人民共和国消防法》,制定本规定。

第二条 在中华人民共和国境内从事社会消防技术服务活动、对消防技术服务机构实施监督管理,适用本规定。

本规定所称消防技术服务机构是指从事消防设施维护保养检测、消防安全评估等社会消防技术服务活动的企业。

第三条 消防技术服务机构及其从业人员开展社会消防技术服务活动应当遵循客观独立、合法公正、诚实信用的原则。

本规定所称消防技术服务从业人员,是指依法取得注册消防工程师资格并在消防技术服务机构中执业的专业技术人员,以及按照有关规定取得相应消防行业特有工种职业资格,在消防技术服务机构中从事社会消防技术服务活动的人员。

第四条 消防技术服务行业组织应当加强行业自律管理,规范从业行为,促进提升服务质量。

消防技术服务行业组织不得从事营利性社会消防技术服务活动,不得从事或者通过消防技术服务机构进行行业垄断。

第二章 从业条件

第五条 从事消防设施维护保养检测的消防技术服务机构,应当具备下列条件:

(一)取得企业法人资格;

(二)工作场所建筑面积不少于 200 平方米;

(三)消防技术服务基础设备和消防设施维护保养检测设备配备符合有关规定要求;

(四)注册消防工程师不少于 2 人,其中一级注册消防工程师不少于 1 人;

(五)取得消防设施操作员国家职业资格证书的人员不少于 6 人,其中中级技能等级以上的不少于 2 人；

（六）健全的质量管理体系。

第六条　从事消防安全评估的消防技术服务机构,应当具备下列条件：

（一）取得企业法人资格；

（二）工作场所建筑面积不少于 100 平方米；

（三）消防技术服务基础设备和消防安全评估设备配备符合有关规定要求；

（四）注册消防工程师不少于 2 人,其中一级注册消防工程师不少于 1 人；

（五）健全的消防安全评估过程控制体系。

第七条　同时从事消防设施维护保养检测、消防安全评估的消防技术服务机构,应当具备下列条件：

（一）取得企业法人资格；

（二）工作场所建筑面积不少于 200 平方米；

（三）消防技术服务基础设备和消防设施维护保养检测、消防安全评估设备配备符合规定的要求；

（四）注册消防工程师不少于 2 人,其中一级注册消防工程师不少于 1 人；

（五）取得消防设施操作员国家职业资格证书的人员不少于 6 人,其中中级技能等级以上的不少于 2 人；

（六）健全的质量管理和消防安全评估过程控制体系。

第八条　消防技术服务机构可以在全国范围内从业。

第三章　社会消防技术服务活动

第九条　消防技术服务机构及其从业人员应当依照法律法规、技术标准和从业准则,开展下列社会消防技术服务活动,并对服务质量负责：

（一）消防设施维护保养检测机构可以从事建筑消防设施维护保养、检测活动；

（二）消防安全评估机构可以从事区域消防安全评估、社会单位消防安全评估、大型活动消防安全评估等活动,以及消防法律法规、消防技术标准、火灾隐患整改、消防安全管理、消防宣传教育等方面的咨询活动。

消防技术服务机构出具的结论文件,可以作为消防救援机构实施消防监督管理和单位(场所)开展消防安全管理的依据。

第十条　消防设施维护保养检测机构应当按照国家标准、行业标准规定的工艺、流程开展维护保养检测,保证经维护保养的建筑消防设施符合国家标准、行业标准。

第十一条　消防技术服务机构应当依法与从业人员签订劳动合同,加强对所属从业人员的管理。注册消防工程师不得同时在两个以上社会组织执业。

第十二条　消防技术服务机构应当设立技术负责人,对本机构的消防技术服务实施质量监督管理,对出具的书面结论文件进行技术审核。技术负责人应当具备一级注册消防工程师资格。

第十三条　消防技术服务机构承接业务,应当与委托人签订消防技术服务合同,并明确项目负责人。项目负责人应当具备相应的注册消防工程师资格。

消防技术服务机构不得转包、分包消防技术服务项目。

第十四条　消防技术服务机构出具的书面结论文件应当由技术负责人、项目负责人签名并加盖执业印章,同时加盖消防技术服务机构印章。

消防设施维护保养检测机构对建筑消防设施进行维护保养后,应当制作包含消防技术服务机构名称及项目负责人、维护保养日期等信息的标识,在消防设施所在建筑的醒目位置上予以公示。

第十五条　消防技术服务机构应当对服务情况作出客观、真实、完整的记录,按消防技术服务项目建立消防技术服务档案。

消防技术服务档案保管期限为 6 年。

第十六条　消防技术服务机构应当在其经营场所的醒目位置公示营业执照、工作程序、收费标准、从业守则、注册消防工程师注册证书、投诉电话等事项。

第十七条　消防技术服务机构收费应当遵守价格管理法律法规的规定。

第十八条　消防技术服务机构在从事社会消防技术服务活动中,不得有下列行为：

（一）不具备从业条件，从事社会消防技术服务活动；

（二）出具虚假、失实文件；

（三）消防设施维护保养检测机构的项目负责人或者消防设施操作员未到现场实地开展工作；

（四）泄露委托人商业秘密；

（五）指派无相应资格从业人员从事社会消防技术服务活动；

（六）冒用其他消防技术服务机构名义从事社会消防技术服务活动；

（七）法律、法规、规章禁止的其他行为。

第四章　监督管理

第十九条　县级以上人民政府消防救援机构依照有关法律、法规和本规定，对本行政区域内的社会消防技术服务活动实施监督管理。

消防技术服务机构及其从业人员对消防救援机构依法进行的监督管理应当协助和配合，不得拒绝或者阻挠。

第二十条　应急管理部消防救援局应当建立和完善全国统一的社会消防技术服务信息系统，公布消防技术服务机构及其从业人员的有关信息，发布从业、诚信和监督管理信息，并为社会提供有关信息查询服务。

第二十一条　县级以上人民政府消防救援机构对社会消防技术服务活动开展监督检查的形式有：

（一）结合日常消防监督检查工作，对消防技术服务质量实施监督抽查；

（二）根据需要实施专项检查；

（三）发生火灾事故后实施倒查；

（四）对举报投诉和交办移送的消防技术服务机构及其从业人员的违法从业行为进行核查。

开展社会消防技术服务活动监督检查可以根据实际需要，通过网上核查、服务单位实地核查、机构办公场所现场检查等方式实施。

第二十二条　消防救援机构在对单位（场所）实施日常消防监督检查时，

可以对为该单位(场所)提供服务的消防技术服务机构的服务质量实施监督抽查。抽查内容为:

(一)是否冒用其他消防技术服务机构名义从事社会消防技术服务活动;

(二)从事相关社会消防技术服务活动的人员是否具有相应资格;

(三)是否按照国家标准、行业标准维护保养、检测建筑消防设施,经维护保养的建筑消防设施是否符合国家标准、行业标准;

(四)消防设施维护保养检测机构的项目负责人或者消防设施操作员是否到现场实地开展工作;

(五)是否出具虚假、失实文件;

(六)出具的书面结论文件是否由技术负责人、项目负责人签名、盖章,并加盖消防技术服务机构印章;

(七)是否与委托人签订消防技术服务合同;

(八)是否在经其维护保养的消防设施所在建筑的醒目位置公示消防技术服务信息。

第二十三条 消防救援机构根据消防监督管理需要,可以对辖区内从业的消防技术服务机构进行专项检查。专项检查应当随机抽取检查对象,随机选派检查人员,检查情况及查处结果及时向社会公开。专项检查可以抽查下列内容:

(一)是否具备从业条件;

(二)所属注册消防工程师是否同时在两个以上社会组织执业;

(三)从事相关社会消防技术服务活动的人员是否具有相应资格;

(四)是否转包、分包消防技术服务项目;

(五)是否出具虚假、失实文件;

(六)是否设立技术负责人、明确项目负责人,出具的书面结论文件是否由技术负责人、项目负责人签名、盖章,并加盖消防技术服务机构印章;

(七)是否与委托人签订消防技术服务合同;

(八)是否在经营场所公示营业执照、工作程序、收费标准、从业守则、注册消防工程师注册证书、投诉电话等事项;

(九)是否建立和保管消防技术服务档案。

第二十四条　发生有人员死亡或者造成重大社会影响的火灾,消防救援机构开展火灾事故调查时,应当对为起火单位(场所)提供服务的消防技术服务机构实施倒查。

消防救援机构组织调查其他火灾,可以根据需要对为起火单位(场所)提供服务的消防技术服务机构实施倒查。

倒查按照本规定第二十二条、第二十三条的抽查内容实施。

第二十五条　消防救援机构及其工作人员不得设立消防技术服务机构,不得参与消防技术服务机构的经营活动,不得指定或者变相指定消防技术服务机构,不得利用职务接受有关单位或者个人财物,不得滥用行政权力排除、限制竞争。

第五章　法律责任

第二十六条　消防技术服务机构违反本规定,冒用其他消防技术服务机构名义从事社会消防技术服务活动的,责令改正,处 2 万元以上 3 万元以下罚款。

第二十七条　消防技术服务机构违反本规定,有下列情形之一的,责令改正,处 1 万元以上 2 万元以下罚款:

(一)所属注册消防工程师同时在两个以上社会组织执业的;

(二)指派无相应资格从业人员从事社会消防技术服务活动的;

(三)转包、分包消防技术服务项目的。

对有前款第一项行为的注册消防工程师,处 5000 元以上 1 万元以下罚款。

第二十八条　消防技术服务机构违反本规定,有下列情形之一的,责令改正,处 1 万元以下罚款:

(一)未设立技术负责人、未明确项目负责人的;

(二)出具的书面结论文件未经技术负责人、项目负责人签名、盖章,或者未加盖消防技术服务机构印章的;

(三)承接业务未依法与委托人签订消防技术服务合同的;

（四）消防设施维护保养检测机构的项目负责人或者消防设施操作员未到现场实地开展工作的；

（五）未建立或者保管消防技术服务档案的；

（六）未公示营业执照、工作程序、收费标准、从业守则、注册消防工程师注册证书、投诉电话等事项的。

第二十九条　消防技术服务机构不具备从业条件从事社会消防技术服务活动或者出具虚假文件、失实文件的，或者不按照国家标准、行业标准开展社会消防技术服务活动的，由消防救援机构依照《中华人民共和国消防法》第六十九条的有关规定处罚。

第三十条　消防设施维护保养检测机构未按照本规定要求在经其维护保养的消防设施所在建筑的醒目位置上公示消防技术服务信息的，责令改正，处5000元以下罚款。

第三十一条　消防救援机构对消防技术服务机构及其从业人员实施积分信用管理，具体办法由应急管理部消防救援局制定。

第三十二条　消防技术服务机构有违反本规定的行为，给他人造成损失的，依法承担赔偿责任；经维护保养的建筑消防设施不能正常运行，发生火灾时未发挥应有作用，导致伤亡、损失扩大的，从重处罚；构成犯罪的，依法追究刑事责任。

第三十三条　本规定中的行政处罚由违法行为地设区的市级、县级人民政府消防救援机构决定。

第三十四条　消防技术服务机构及其从业人员对消防救援机构在消防技术服务监督管理中作出的具体行政行为不服的，可以依法申请行政复议或者提起行政诉讼。

第三十五条　消防救援机构的工作人员设立消防技术服务机构，或者参与消防技术服务机构的经营活动，或者指定、变相指定消防技术服务机构，或者利用职务接受有关单位、个人财物，或者滥用行政权力排除、限制竞争，或者有其他滥用职权、玩忽职守、徇私舞弊的行为，依照有关规定给予处分；构成犯罪的，依法追究刑事责任。

第六章　附则

第三十六条　保修期内的建筑消防设施由施工单位进行维护保养的,不适用本规定。

第三十七条　本规定所称虚假文件,是指消防技术服务机构未提供服务或者以篡改结果方式出具的消防技术文件,或者出具的与当时实际情况严重不符、结论定性严重偏离客观实际的消防技术文件。

本规定所称失实文件,是指消防技术服务机构出具的与当时实际情况部分不符、结论定性部分偏离客观实际的消防技术文件。

第三十八条　本规定中的"以上""以下"均含本数。

第三十九条　执行本规定所需要的文书式样,以及消防技术服务机构应当配备的仪器、设备、设施目录,由应急管理部制定。

第四十条　本规定自 2021 年 11 月 9 日起施行。

第十一章　典型火灾案例评析

第一节　浙江省台州市某足浴中心"2·5"重大火灾(2017年)

2017年2月5日17时20分许,浙江省台州市某足浴中心发生重大火灾事故,造成18人死亡、18人受伤和16户住户房屋不同程度受损的严重后果。经火灾事故认定,起火部位在足浴中心一层西北部北数第二间汗蒸房,起火点在北数第二间汗蒸房北墙和西墙北端,起火原因为该汗蒸房西北角墙面的电热膜导电部分故障,产生局部过热,电热膜被聚苯乙烯保温层、铝箔反射膜及木质装修材料包敷导致散热不良,热量积聚,温度持续升高,引燃周围可燃物蔓延成灾。经浙江某检测集团股份有限公司鉴定,足浴中心低温辐射电热膜供暖系统的设计施工存在严重缺陷,使用的低温辐射电热膜不符合国家行业标准要求,可能造成安全隐患。经司法鉴定中心鉴定,18名死者系CO中毒死亡或烧死。经重大火灾事故调查组认定,被告人厉某某、熊某某、徐某某未落实安全生产主体责任,被告人朱某某协助该足浴中心以弄虚作假方式取得消防许可证,均对火灾事故发生负有主要责任。

经人民法院审理判决厉某某、熊某某、徐某某、朱某某的行为均构成消防责任事故罪,分别被判处有期徒刑六年六个月、五年六个月、五年、五年。

《中华人民共和国刑法》第一百三十九条规定:违反消防管理法规,经消防监督机构通知采取改正措施而拒绝执行,造成严重后果的,对直接责任人员,处三年以下有期徒刑或者拘役;后果特别严重的,处三年以上七年以下有期徒刑。

"协助足浴中心以弄虚作假方式取得消防许可证"的朱某某为何可作为消防责任事故罪的主体?按照《消防法》和《机关、团体、企业、事业单位消防安全管理规定》等消防法律法规的规定,任何单位、任何公民都有遵守消防法律法规的义务,负有一定的消防安全职责。任何单位、公民在现实生活、工作中若违反消防法规,造成严重后果的发生,均可构成消防责任事故罪的主体。因此《刑法》第一百三十九条规定的消防责任事故罪的犯罪主体是一般主体,它既包括单位的负责人、负有防火义务的管理人员,也包括其他直接责任人员。具体至本案,被告人朱某某明知该足浴中心在违规经营汗蒸房,仍与被告人厉某某商谋采取弄虚作假的手段取得消防合格证;且其明知该足浴中心在取得消防合格证后恢复了汗蒸房的经营,却未予制止。在足浴中心拒绝执行消防部门的整改行为中,被告人朱某某起到积极参与和帮助的作用,因此被告人朱某某对事故的发生亦负有主要责任,其应视为火灾事故的直接责任人员,故可构成本罪的犯罪主体。

第二节　浙江省宁波市某日用品有限公司"9·29"重大火灾(2019 年)

2019 年 9 月 29 日 13 时 10 分许,浙江宁波某日用品有限公司发生重大火灾事故,造成 19 人死亡,3 人受伤,过火面积约 1100 平方米,直接经济损失约 2380.4 万元。起火建筑占地面积 1081 平方米,分东西两幢砖混结构,其中东侧建筑共两层,单层面积 160 平方米,一层为门卫室、餐厅,二层为办公区域;西侧建筑共三层,单层面积 280 平方米,一层为香水灌装车间,二层、三层为包装车间,三层顶部为闲置阁楼;两幢建筑之间空地搭有钢棚,内设泡壳(吸塑)车间,堆放塑料物品、包装纸箱等。西侧建筑一层灌装车间内储存各类生产原料,包括香精(主要成分为酮醚醇类溶剂)、稀释剂(主要成分为异构烷烃)、甲醇、酒精、乙酸甲酯等,其中装稀释剂的铁桶 33 个,单桶容积为 200L。生产香水的主要原料为异构烷烃,大部分由二甲基烷烃和三甲基烷烃等组成,闪点大于或等于 63℃,火灾危险性为丙类。该起事故的直接原因是某公司员工孙某在将加热后的异构烷烃混合物倒入塑料桶时,因静电放电引起可燃蒸气起火并蔓延成灾。事故企业股东葛某、违法建筑业主单位法定代表人林某均被追究刑事责任,事故企业法定代表人张某、实际控制人孙某及负有直接责任的员工孙某 3 人因在事故中分别死亡,免予追究责任。

第三节　浙江省台州市某鞋业有限公司 "1·14"重大火灾(2014 年)

2014 年 1 月 14 日 14 时 40 分左右,浙江台州某鞋业有限公司发生火灾,过火面积约 1080 平方米,造成 16 人死亡,5 人受伤。失火厂房主体为砖混结构,坐东朝西,地上共有三层。其中,一层是成品鞋生产车间;二层为半成品加工车间和鞋料仓库;三层南半部为鞋帮加工车间,北半部为卫生间、厨房和休息室。主体厂房建筑中部设有一部连通各层的敞开式楼梯,主体建筑北侧外墙设有一部从二层通往一层的钢质疏散楼梯,二层通往该楼梯的疏散门为卷帘门。主厂房只在首层和二层室内楼梯处各设置了 1 个室内消火栓,但室内消火栓未接入市政消防管网,也未设屋顶水箱,故消火栓处于无水状态。租赁之初,该鞋厂未经审批擅自在主体建筑东、南、北三面加建了由单层铁皮棚和砖墙围成的不规则形状违章建筑用作生产。铁皮棚高 2 米,建筑面积 400 余平方米。火灾直接原因是位于鞋厂东侧钢棚北半间的电气线路故障,引燃周围鞋盒等可燃物引发火灾。事发鞋厂法人代表、执行董事、经理,该鞋厂股东、监事等 2 人对事故发生负有直接责任,被依法追究刑事责任,并承担相应的民事赔偿责任。

第四节 浙江省温州市苍南县"4·11"较大火灾(2011年)

2011年4月11日23时25分,浙江温州苍南县龙港镇一民房(家庭作坊)发生火灾,过火面积270平方米,烧损生产原材料、成品、半成品及生活用品等,造成7人死亡,3人受伤,直接经济损失98.9万元。起火建筑主体为七层民用"通天房"式住宅,起火的230号房进深约14米,宽度约3.5米,建筑面积约350平方米,一至二层楼梯为水泥材质,三至七层为木质楼梯。平时该房屋一层用作注塑加工;二层局部用作烫金作业,后间设置厨房;三至七层用作出租住宿。事故发生当晚共有15人在该房屋内,其中一层谢某、黄某在进行注塑加工作业,其余人员在屋内休息。事故直接原因为烫金机电热棒长时间通电、过热,最终引燃机器周围可燃物,引发火灾。火灾产生的烟气通过设在建筑中部的开敞式楼梯间迅速向上层蔓延,造成人员伤亡。该家庭作坊负责人傅某的行为触犯《中华人民共和国刑法》第一百三十四条之规定,涉嫌重大责任事故罪。家庭作坊员工黄某擅自操作烫金机,致使烫金机电热棒长时间通电、过热,最终引燃烫金机及周围可燃物品发生火灾,对该起事故负有直接责任,因黄某不满十六周岁,不追究其刑事责任。

第五节 消防责任事故案例分析(2017年)

案例1:

2017年6月23日2时26分,杭州一印染有限公司三楼厂房发生火灾,烧毁机器若干,布料成品、半成品若干,亡1人。经法院审判,被告人陈某某作为该公司的消防直接责任人员,违反消防管理法规,经消防监督机构通知采取改正措施而未予执行,发生火灾造成严重后果,其行为已构成消防责任事故罪。依照《中华人民共和国刑法》第一百三十九条、第六十七条第一款及《最高人民法院、最高人民检察院关于办理危害生产安全刑事案件适用法律若干问题的解释》第六条之规定,判决被告人陈某某犯消防责任事故罪,判处有期徒刑九个月,缓刑一年。

案例2:

2017年4月22日,杭州一村民自建待拆迁出租房发生火灾,造成5人死亡。起火原因为租客使用蚊香不慎点燃棉被,对棉被进行泼水处理后,将棉被扔于门口电瓶车旁,带火种棉被阴燃引发火灾。调查发现起火建筑一层为砖混结构,二层为彩钢板搭建,部分电动自行车停放在楼梯口。经法院审判,孙某夫妇均以消防安全责任事故罪被判处有期徒刑二年九个月,缓刑三年;郭某以失火罪被判处有期徒刑四年三个月。

消防责任事故罪犯罪构成分析:

《刑法》第一百三十九条第一款规定:"违反消防管理法规,经消防监督机构通知采取改正措施而拒绝执行,造成严重后果的,对直接责任人员,处三年以下有期徒刑或者拘役;后果特别严重的,处三年以上七年以下有期徒刑。"即消防责任事故罪,从犯罪构成分析,客观违法行为需要同时具备三个条件:一是违反消防管理法规;二是经消防监督机构通知采取改正措施而拒绝执行;三是造成严重后果。

《关于印发〈最高人民检察院、公安部关于公安机关管辖的刑事案件立案追诉标准的规定〉(一)的通知》(公通字〔2008〕36号)明确了消防责任事故罪的立案追诉标准,对《刑法》第一百三十九条中"造成严重后果"作出界定:(一)造成死亡一人以上,或者重伤三人以上的;(二)造成直接经济损失五十万元以上的;(三)造成森林火灾,过火有林地面积2公顷以上,或者过火疏林地、灌木林地、未成林地、苗圃地面积4公顷以上的;(四)其他造成严重后果的情形。

2015年12月,最高人民法院、最高人民检察院出台的《关于办理危害生产安全刑事案件适用法律若干问题的解释》进一步明确了危害生产安全犯罪的定罪量刑标准,尤其是对"严重后果""特别严重后果"的情形作了具体规定。认定为"造成严重后果"情形:(一)造成死亡一人以上,或者重伤三人以上的;(二)造成直接经济损失一百万元以上的;(三)其他造成严重后果或者重大安全事故的情形。认定为"后果特别严重"情形:(一)造成死亡三人以上或者重伤十人以上,负事故主要责任的;(二)造成直接经济损失五百万元以上,负事故主要责任的;(三)其他造成特别严重后果、情节特别恶劣或者后果特别严重的情形。